신주사기 1

오제본기

이 책은 롯데장학재단의 지원을 받아 번역, 출간되었습니다.

신주사기 1/ 오제본기

초판 1쇄 인쇄 2020년 3월 1일
초판 1쇄 발행 2020년 3월 16일

지은이 (본문) 사마천
     (삼가주석) 배인·사마정·장수절
번역 및 신주 한가람역사문화연구소 사기연구실

펴낸이 이덕일
펴낸곳 한가람역사문화연구소

등록번호 제2019-000147호
주소 서울특별시 마포구 마포대로라길 8 2층
전화 02) 711-1379
팩스 02) 704-1390
이메일 hgr4012@naver.com

ISBN 979-11-969482-1-4 93910

값은 뒤표지에 있습니다.

이 도서의 국립중앙도서관 출판시도서목록(CIP)은
서지정보유통지원시스템 홈페이지(http://seoji.nl.go.kr)와
국가자료공동목록시스템(http://www.nl.go.kr/kolisnet)에서 이용하실 수 있습니다.
(CIP제어번호: CIP2020005123)

세계 최초
**삼가주석
완역!**

신주
사기

①

오제본기

지은이
본문_ 사마천
삼가주석_ 배인·사마정·장수절
번역 및 신주
한가람역사문화연구소 사기연구실

한가람역사문화연구소

오제본기 五帝本紀 사기제1권 史記卷一

신주사기를 발간하며_
《사기》 중국사의 탄생

사마천과 기전체 《사기》 … 8

사마천, 그 사람 … 14

중국사의 탄생 … 28

새로운 시작을 위하여 … 36

삼가주석 서문

《사기집해》 서 … 44

《사기색은》 서 … 74

《사기색은》 후서 … 83

《사기정의》 서 … 92

《사기정의》 논사례論史例 … 98

제1장 황제

황제와 치우의 전쟁 … 113

주도권을 장악하다 … 151

제2장 제전욱

황제의 손자가 제위를 계승하다 … 187

新註史記

신주사기2	사기 2권	하본기	편
신주사기3	사기 3권	은본기	편
	사기 4권	주본기	편
신주사기4	사기 5권	진본기	편
신주사기5	사기 6권	진시황본기	편
신주사기6	사기 7권	항우본기	편
신주사기7	사기 8권	고조본기	편
신주사기8	사기 9권	여태후본기	편
	사기 10권	효문본기	편
신주사기9	사기 11권	효경본기	편
	사기 12권	효무본기	편

제3장 제곡

소호의 손자가 제위를 계승하다 … 203

제4장 제요

제요는 소호의 증손자 … 217

인재를 천거 받다 … 241

순舜이 후계 수업을 받다 … 286

제5장 제순

순임금은 동이 사람 … 307

황제 자손들의 분열 … 329

제왕의 자격을 시험하다 … 344

61세에 천자의 자리에 오르다 … 378

《사기》 중국사의 탄생

사마천과 기전체 《사기》

1. 사마천과 헤로도투스

고대 로마의 철학자이자 정치가였던 키케로Cicero는 페르시아 전쟁사에 관한《역사》를 서술한 헤로도투스를 '역사의 아버지'라고 불렀다. 서양 사의 아버지라는 뜻으로 해석할 수 있다. 국사를 '애국심의 원천'이라고 불렀던 청말의 개혁사상가 양계초梁啓超는 "사마천司馬遷은 사학계의 태조太祖"이고 "사학계의 조물주"라고 높였다. 그런데 헤로도투스나 사 마천은 둘 다 인생의 굴곡을 맛봤던 역사가들이다. 사마천은 궁형宮刑 을 당했고, 헤로도투스는 가깝게 지내던 서사시인 파니아시스가 참주 僭主 리그다미스 2세에게 피살되자 일족을 이끌고 사모스섬으로 망명 했다. 이런 신산스러운 경험들은 역사가의 안목을 기르는 주요한 자양 분이 된다.

E·H 카는《역사란 무엇인가》에서 역사서를 보기 전에 역사가를 보 라고 말했다. 맞는 말이다. 그런데 사마천(서기전 145, 혹 135~서기전 86)은

이미 너무 유명한 인물이어서 《사기》를 이해하는 데 장애가 되는 점도 있다. 중국공산당 주석 모택동毛澤東은 1944년 9월 자신의 경호원이었던 장사덕張思德(1915~1944)의 추도식에서 '인민을 위해 복무하라[爲人民服務]'라는 연설을 했다. 거기서 "인간은 누구나 죽음을 중요하게 여기지만, 단 죽음의 의미는 같지 않다."면서 사마천이 〈임안任安에게 보낸 편지〉 중 "사람은 진실로 한 번 죽지만 어떤 죽음은 태산보다 무겁고, 어떤 죽음은 기러기털처럼 가볍다[人固有一死, 死有重於泰山, 或輕於鴻毛]"라는 말을 인용하여 인민의 이익을 위해서 죽는 것은 태산의 무거움에 비견될 정도로 위대한 일임을 강조했다. 많은 이들이 중요한 자리에서 인용할 정도로 사마천과 《사기》는 잘 알려져 있다. 사마천이 궁형의 치욕을 당하고도 살아남은 이유는 《사기》를 쓰기 위한 것이라는 데는 이론의 여지가 없다. 그러나 그가 《사기》를 쓴 진정한 이유는 오히려 궁형 때문에 가려진 측면이 있다.

먼저 그는 살아생전의 명예회복을 꿈꾸지는 않았다. 그는 〈임안에게 보낸 편지〉에서 이렇게 말했다.

"그러나 초고도 다 쓰지 못하고서 때마침 이런 화를 만났으나, 이를 이루지 못할 것을 애석하게 여겨서 극형을 당하고도 성난 기색을 나타내지 않았습니다. 제가 진실로 이 책(《사기》)을 저술했으니 명산名山에 간직해두었다가 이 책에 있는 바를 행하는 자에게 전해서 여러 읍과 대도大都에 두루 통한다면 저는 전에 당한 치욕을 보상받은 것이니 비록 만 번 주륙을 당해도 어찌 후회하겠습니까?(《한서》〈사마천열전〉)"

궁형을 당한 사대부는 자결하는 것으로 마지막 자존심을 지키는 것이 상례지만 그는 그 길을 걷지 않았다. 그리고 미래를 기약했다. 현재를 불살라 미래를 밝히는 길을 택한 것이다. 그가 〈백이열전〉에서 공자의 입을 빌려 "군자는 세상을 떠난 후에 이름이 일컬어지지 않는 것을 두려워한다[君子疾沒世而名不稱焉]"라고 말한 것은 현생에서 실패한 한 지식인이 미래세대에게 던지는 절규 같은 것이기도 했다. 그는 후대에게 무슨 이야기를 하고 싶었던 것일까?

2. 기전체라는 서술형식

사마천은 기전체紀傳體라는 역사 서술 체제를 만들었다. 황제들의 사적인 〈본기本紀〉, 각종 통계자료 및 연표인 〈표表〉, 여러 전문 분야에 대해 정리 서술한 〈서書〉, 제후들의 사적인 〈세가世家〉, 신하들의 사적인 〈열전列傳〉으로 구성된 사서다.

사마천은 왜 기전체라는 형식을 만들었을까? 사마천 이전에도 공자가 쓴 편년체編年體《춘추春秋》나 좌구명이 쓴 국별체國別體《국어國語》 같은 역사서가 없었던 것은 아니다. 편년체는 연대순으로 서술하는 사서이고, 국별체는 《삼국지》처럼 여러 나라의 역사를 병렬식으로 서술하는 사서다. 그때까지 대부분의 역사서는 이 두 형식 중의 하나였다. 사마천은 편년체나 국별체로는 자신이 나타내려는 뜻을 제대로 드러낼 수 없다고 판단하고 기전체라는 새로운 사서 형식을 만들었다.

기전체는 황제들의 사적인 〈본기〉가 중심인 사서다. 물론 편년체나 국별체 사서들도 황제의 사적이 중심인 것은 맞지만 기전체 사서와는 체

제가 다르다. 기전체 사서는 황제의 사적인 〈본기〉가 〈표〉·〈서〉·〈세가〉·
〈열전〉의 내용까지 규정짓는 사서다. 황제의 사적이 중심 기둥이 되어
우산을 펼치면 그 우산 아래 세가, 열전, 지·표 등이 종적, 횡적 연결관
계를 갖고 움직이는 체제인데, 그 정점에는 항상 〈본기〉가 있다. 사마천
이 기전체 사서를 고안한 이유는 중국사의 시조부터 시작하는 계통을
세우기 위한 것이었다. 사마천이 한漢나라뿐만 아니라 상고사까지 쓴 이
유는 바로 중국사의 계통을 세우기 위한 것이었다.《사기》는 중국 최초
의 중국민족사, 즉 중국한족사中國漢族史인 것이다. 이것이 한나라의 역
사만으로《한서漢書》를 쓴 반고班固와 다른 점이었다.

　사마천의《사기》는 한나라의 역사서가 아니라 천하가 어떻게 시작해
서 한나라까지 왔는지 서술한 일종의 천하사였다. 이런 역사서에서 가
장 중요한 것은 이 천하의 시조가 누구인가, 즉 천하의 첫 제왕이 누구
인가, 중국사의 시조가 누구인가 하는 점이었다. 바로 이점에서《사기》
는 그때까지 나온 여느 역사서와 달랐다.

　양계초가 사마천을 "사학계의 조물주"라고 부른 것은 과장이 아니었
다. 그는 황제가 아니었던 항우項羽의 사적을 〈항우본기〉로 편성해 황
제의 반열에 올려놓았고, 제후가 아니었던 공자를 〈공자세가〉로 편성해
제후의 반열에 올려놓았다.《한서》에서 항우를 본기는커녕 일종의 반란
자들의 사적인 〈진승항적열전〉[陳勝項籍傳](항우의 이름이 적籍, 자가 우羽다)
에 수록한 반고로서는 상상하기도 힘든 파격이기도 했다. 중요한 것은
사마천에게 이런 파격이 모두 치밀하게 계산된 결과라는 점이다.

3. 중국도 긍정하는 동이족의 역사

《사기》의 다른 특징은 각 권 말미에 "태사공은 말한다"라는 사평史評을 실은 점이다. 그 첫 사평인 〈오제본기〉 끝의 "태사공은 말한다"에서 "나는 일찍이 서쪽으로 공동空桐에 이르고, 북쪽으로 탁록涿鹿을 지나고, 동쪽으로 바다까지 나아가고 남쪽으로 강수江水와 회수淮水까지 배를 타고 건넜었다."라고 말했다. 아마도 사마천은 문헌 기록을 현장과 맞춰보려고 답사한 최초의 역사가일 것이다. 필자는 때로는 단독으로 때로는《사기》번역진과 함께 중국 답사를 다녔다. 가장 인상 깊은 것은 2019년 12월에 '동이문화를 찾아서'라는 주제로 떠났던 답사였다. 산동성 제남齊南에서 시작해 태산을 둘러보고 산동성 남쪽의 임기臨沂, 강소성 서주徐州, 하남성 상구商丘를 거쳐 산서성 진성晉城에 올랐다가 다시 하남성 북부 안양安陽을 거쳐 돌아오는 여정이었다. 가는 곳곳마다 동이족의 유적이 널려 있었는데, 놀라운 것은 중국이 이제 동이족의 역사를 내놓고 긍정하기 시작했다는 점이다.

산동성 내 동이문화의 두 중심지는 공자 고향이기도 한 산동성 중부 곡부曲阜와 남부의 임기인데, 임기시에는 거대한 '동이문화박물관東夷文化博物館'까지 세워놓았다. 2014년에 준공한 임기동이문화박물관에서 편찬한《도설동이圖說東夷》에는 동이족에 대한 여러 고고학 유적과 동이족 국가 및 인물들을 함께 싣고 있었다. 동이족의 고고학 유적이 후리문화后李文化(8,500~7,500년 전)에서 북신문화北辛文化(7,500~6,300년 전)로 이어졌다가 대문구문화大汶口文化(6,300~4,600년 전)와 용산문화龍山文化(4,600~4,000년 전)를 거쳐 악석문화岳石文化(4,000~3,500년 전)로 이어진다는 설명이었다. 특히 황하문명의 중심 중의 하나인 용산문화까지 동이문화로 긍정하는 전환이 놀라웠다. 1931년 중국 전야田野 고고학의 아버지라는 양계초의 아들 양사영梁思永이 앙소仰韶문화 → 용산문화 → 은허殷墟를 서로 계승관계에 있는 '삼첩층三疊層'이라고 설명한 것이 다시금 되살아난 셈이었다.

경제적 성장과 더불어 동이문화까지 중국사로 긍정하고 포괄하겠다는 자신감이 느껴지는 현장이었다. 주변 이민족의 역사를 중국사로 용해시켰던 전통적 중화사관이 만들어지는 현장을 목도하는 것이기도 했다. 《도설동이》에는 〈동이영웅東夷英雄〉이란 항목에 네 명의 동이족 군주를 서술했는데, 태호 복희씨, 소호 김천씨, 치우, 제순帝舜(순임금)이 그들이었다. 사마천이 '역사학의 조물주'로서 《사기》 〈오제본기〉에서 지웠던 태호와 소호가 '동이영웅'으로 되살아난 것이었다.

역사를 흔히 이긴 자의 기록이라고 말한다. 이는 역사 사료와 실제 역사 사실 사이의 괴리에 대한 다른 표현이라고 해도 과언이 아니다. 사마천의 《사기》야말로 동이족의 역사를 한족漢族, 즉 하화족夏華族의 역사로 바꾼 대표적인 사서인데, 이런 이긴 자의 시각에서 지어진 동이족의 역사가 2,000여 년의 공백을 뚫고 중국에서 되살아나고 있었다.

사마천, 그 사람

1. 부친 사마담의 유언

사마천이 궁형의 치욕을 딛고 사기를 쓴 이유에 대해 부친 사마담司馬
談의 유언을 많이 언급한다.《한서》〈사마천열전〉에는 사마담의 유언
내용이 생생하게 기록되어 있다.

> 이해(서기전 110) 천자가 처음 한漢 왕조의 봉封(하늘에 제사 지내는 것)
> 을 거행했는데, 태사공太史公(사마담)은 주남周南(낙양)에 머물러 이를
> 따르지 못해 울분이 일어나 거의 죽으려 했다. 이때 아들인 천遷이
> 돌아와 하락河雒(황하와 낙수) 사이에서 부친을 뵈었다. 태사공은 천
> 의 손을 잡고 울면서 말했다.
> "나의 선조는 주周나라 왕실의 태사太史였다. 먼 옛날인 우虞와 하대
> 夏代 때부터 일찍이 공명이 드러나 천관天官의 일을 맡아했으나 후세
> 에 쇠퇴했으니, 내게 와서 끊어지려는 것인가? 너는 다시 태사가 되

어 우리 조상들의 뒤를 이어라. 지금 천자께서 천년 대통을 이어서 태산에서 봉하시는데 나는 따라가서 행함을 얻지 못했다. 이는 천명일진저! 천명일진저! 내가 죽으면 너는 반드시 태사가 되어라. 태사가 되어서 내가 논하고 드러내고자 했던 것을 잊지 말아라. 무릇 효는 부모를 섬기는 것에서 시작해서 중간에 임금을 섬기다가 마침내 입신해서 이름을 후세에 남겨 부모를 드러내는 것, 이것이 효도의 큰 것이다.(《한서》〈사마천열전〉)"

사마담이 "내가 논하고 드러내고자 했던 것"을 쓰라고 당부했는데, 이것이 《사기》라는 것이다. 유학자였던 부친 사마담은 유가儒家에 입각한 역사서술을 당부하며 이렇게 말했다.

"유왕幽王(서주의 마지막 왕)과 여왕厲王(국인들에게 쫓겨난 서주 왕) 이후 왕도가 무너지고 예악이 쇠하게 되자 공자께서 옛것을 고치고 버려진 것을 다시 일으켰으며,《시경詩經》과《서경書經》을 논하고,《춘추春秋》를 지어서 학자들이 지금까지 규칙으로 삼고 있다. 기린을 얻은 [획린獲麟]이래 400여 년 동안 제후들이 서로 영토를 빼앗으면서 역사기록도 흩어지고 끊어졌다. 지금 한나라가 일어서고 천하가 하나로 통일되어 밝은 임금과 현명한 신하들과 충신, 의사들이 있었는데도 나는 태사太史로써 이를 싣지 못해서 천하의 문文을 폐하게 했으니 나는 심히 부끄럽다. 너는 이를 염두에 두어라."

천은 머리를 숙이고 눈물을 흘리면서 말했다.

"소자가 불민하지만 선인께서 남기신 옛날 기록들을 논하여 기록하고 감히 빠뜨리지 않겠습니다.”

마침내 3년 후에 사마천이 태사령太史令이 되어 역사 기록과 석실의 금궤 속에 있던 서책들을 모았다.(《한서》〈사마천열전〉)

획린獲麟이란 《춘추》 애공哀公 14년(서기전 481) 기사에 “봄, 서쪽으로 사냥을 나가 기린을 잡았다[西狩獲麟]”는 기사를 말한다. 기린은 성왕聖王 시대에 나타나는 상서로운 동물인데, 난세에 나타났기 때문에 공자가 ‘획린’에서 붓을 멈추고 더 이상 쓰지 않았다고도 해석되는 사건이다. 기린이 나타난 서기전 481년부터 사마천이 부친의 유언을 들은 서기전 110년까지는 대략 400여 년이 된다. 사마천은 부친의 유언을 가슴 깊이 새겨서 역사서를 쓰려고 마음먹었다. 사마천은 부친의 유언을 들은 3년 후 태사령이 되면서 《사기》 구상에 몰두했다. 그런데 태사령이 된 9년 후 사마천은 이릉李陵(?~서기전 74) 사건에 휘말리면서 전혀 예기치 못하던 상황 속에 놓이게 되었다.

2. 궁형과 익주자사 임안

한무제 천한天漢 3년(서기전 98) 장군 이릉이 흉노匈奴와 전쟁에 나섰다가 격전 끝에 항복했는데, 사마천이 이에 휘말린 것이다. 사마천이 무제 및 조정 중신들의 생각과 달리 이릉을 옹호한 것이 그를 궁형宮刑으로 몰고 갔다. 궁형은 부형腐刑, 음형陰刑, 극형極刑이라고도 불리는데 한나라 공안국孔安國이 “궁형은 음형淫刑인데, 남자는 거세하고 여자는 유폐幽閉하는 것으로 사형에 버금가는 형벌이다.”라고 말한 것처럼 사형보다 덜하지 않은 형벌이었다. 잠실에서 거세당한 후 바람과 햇빛이 없는 곳에서 100일 동안 견뎌내야 목숨을 건질 수 있다는 형벌이었다. 궁형을 선고받으면 사형을 자청할 정도로 치욕스런 형벌이었으므로 사대부로서 이를 당하면 자결하는 것이 상례였다. 대부분 사마천이 자결할 것으로 예상했지만 그는 사는 길을 택했다.

그렇게 살아남은 사마천을 무제는 2년 후인 태시太始 원년(서기전 96년) 중서알자령中書謁者令에 임명했다. 환관들을 관장하는 벼슬이었으므로 사대부 출신이지만 환관과 같은 몸이 된 사마천으로서 달가운 벼슬은 아니었을 것이다. 그러나 거부할 처지가 아니었고, 중서알자령은 황제를 만날 일이 많은 벼슬이었다.

그 3년 후인 태시 4년(서기전 93) 익주자사益州刺史 임안任安이 사마천에게 인재를 천거해달라는 편지를 보내왔다. 사마천은 답장을 하지 않았다. 궁형을 당해 천하의 웃음거리가 된 자신이 인재를 천거한다면 세상의 조롱을 부를 일이라고 생각했을 것이다. 그런데 그 2년 후인 무제 정화征和 2년(서기전 91) 예상치 못한 사태가 발생했다. 무고지화巫蠱之禍라고도 불리는 강충江充 사건이 발생해 임안이 연루된 것이다.

한무제 유철劉徹(서기전 156~서기전 87)은 의심이 많았고, 이 때문에 무고한 사람들을 다수 죽였다. 사마천이 〈효무본기〉에서 무제가 방사 소옹少翁을 문성장군에 임명했다가 죽인 후 그 방술을 다 사용해보지 못하고 일찍 죽인 것을 후회했다고 기록한 것처럼 먼저 죽이고 나서 후회하는 일도 적지 않았다. 한무제는 이 무렵 병치레를 자주 했는데 누가 저주한 것이 아닌가 의심했다. 이때 무제의 신임을 받던 강충이 태자 유거劉据(서기전 128~서기전 91)의 궁중에 목인木人이 많이 묻혀 있다고 무고했다. 이 소식에 분노한 여태자戾太子 유거는 군사를 일으켜 강충을 제거했다. 이때 태자는 북군北軍을 감독하는 호군護軍이었던 임안에게 부절符節을 내려주면서 군사 동원을 요청했다. 임안은 태자의 부절은 절하고 받았지만 성문을 닫고 군사는 동원하지 않았다. 무제가 군사를 동원해 진압하려 하자 태자는 자결했는데, 무제는 임안이 태자의 부절은 받고 군사는 동원하지 않은 이유가 궁금했다. 이때 과거 임안에게 모욕을 당했던 하급관리가 임안이 태자에게 붙으려 했다고 고변하자 무제는 임안을 하옥시켰다. 이 사건으로 전후 수만 명이 죽어나갔으므로 임안이 살아날 가능성은 거의 없었다.

비로소 사마천은 임안에게 뒤늦은 답장을 썼다. 절박한 처지에 몰린 임안을 상대로 궁형을 당하고도 살아남은 자신의 처절한 심경을 토로한 것이다. 이것이 《한서》〈사마천열전〉에 실린 〈임안에게 드리는 편지 [보임안서報任安書]〉, 또는 〈임소경에게 보내는 편지[보임소경서報任少卿書]〉라고 불리는 유명한 편지다. 소경少卿은 임안의 자字다.

3. 임안에게 보낸 편지

사마천은 임안이 자신에게 보낸 편지를 언급하면서 자신은 인재를 천거할 수 없다고 말했다.

"돌이켜보면 저는 몸에는 병이 있고 더러운 곳에 처해 있습니다. 움직이면 오히려 허물을 입고, 이익을 바라면 도리어 손해를 보는데 이런 억울함을 이야기할 사람도 없습니다. 속담에 "누구를 위해 일을

하는가? 누구 들으라고 말하는가?"라는 말이 있습니다. 대개 종자기
鍾子期가 죽자 백아伯牙는 죽을 때까지 다시 거문고를 타지 않았습니
다. 왜냐? 선비[士]는 자기를 알아주는 사람을 위해 행동하고, 여자
는 자기를 기쁘게 하는 사람을 위해 화장을 하는 법입니다. 저 같은
사람은 큰 바탕이 이미 이지러지고 망가졌으니 비록 수후隨侯나 화
씨和氏의 옥과 같은 보물이 있고[수재회수화 雖材懷隨和], 허유許由나 백
이伯夷 같은 행실이 있어도[행약유이行若由夷] 끝내 영예롭지 못하게 되
고, 도리어 남의 웃음이나 일으켜 스스로를 돌아보기에 족할 뿐입니
다.(《한서》〈사마천열전〉)"

이 편지에는 사마천의 절망감이 잘 드러나 있다. 궁형을 당해 몸은
병들고, 거세된 환관들과 같이 있는 처지라는 것이다. 수화隨和란 각각
수후隨侯와 화씨和氏를 뜻하는 말이다. 수후는 《회남자淮南子》〈남명훈
覽冥訓〉에 나오는데 춘추시대 한수漢水 동쪽에 있던 수隨나라 제후이
다. 수후가 창자가 끊긴 뱀을 보고 불쌍하게 여겨 약을 붙여주었는데,
나중에 그 뱀이 강에서 큰 구슬을 물고 나와 은혜를 갚았다는 것이다.
그 구슬을 '수후의 구슬'(수후지주隨候之珠)'이라고 한다.
　화씨는 《한비자韓非子》〈화씨和氏〉에 나오는데 초나라 사람 변화卞和
가 형산에서 박옥璞玉(다듬지 않은 천연옥)을 얻어 여왕厲王에게 바쳤는데,
이를 감정한 옥공玉工이 돌이라고 하자 여왕이 변화의 왼쪽 발을 잘랐
다. 무왕武王이 즉위하자 변화가 또 박옥을 올렸는데 옥공이 다시 돌이
라고 하자 무왕이 오른쪽 발마저 잘랐다. 문왕文王이 즉위하자 변화는
박옥을 안고 형산 아래에서 통곡했는데, 문왕이 사람을 보내 이유를

묻자, "보옥을 돌이라고 하고 정직한 사람을 간사한 자라고 하니 슬퍼서 웁니다."라고 답했다. 문왕이 옥공을 시켜 박옥을 쪼개보니 진귀한 보옥이 나왔는데, 이것이 화씨벽和氏璧이라 불리는 중원 제일의 보옥이었다는 이야기다.

허유는 기산箕山에 숨어살던 은사隱士인데 요堯임금이 구주九州의 우두머리로 삼으려고 부르자 영수潁水 물가에서 귀를 씻었다는 인물로서 《장자莊子》〈소요유逍遙遊〉나 《사기史記》〈연세가燕世家〉등에 나온다. 백이伯夷는 은殷나라 제후국 고죽국孤竹國의 왕자로서 주무왕이 임금으로 섬겼던 은나라 주왕을 치려하자 극력 말렸다. 무왕이 끝내 은나라를 멸망시키자 아우 숙제叔齊와 수양산에 들어가 고사리를 캐먹으며 살다가 굶어죽었는데, 공자와 맹자가 인仁을 이루었다고 크게 칭찬했던 인물들이다. 사마천은 《사기》 열전의 시작을 〈백이열전〉으로 삼았을 만큼 백이에게 큰 인상을 받았다.

이 비유는 사마천의 절망감 정도를 잘 말해준다. 자신에게는 수후의 구슬이나 화씨의 옥 같은 보물이 있어도 소용없고, 허유나 백이 같은 행실도 아무 소용이 없다는 말이다. 궁형을 당하고도 살아남은 자신은 어떠한 행위를 해도 군자로 대접받을 수 없다는 자괴감이었다. 사마천은 자신의 처지에 대해서 이렇게 한탄했다.

"마음이 상하는 고통보다 더 슬픈 것은 없고, 선조를 욕되게 하는 것보다 더 더러운 행실은 없으며, 궁형宮刑을 받는 것보다 더 큰 부끄러움은 없습니다. 이 형을 받고 살아남은 사람의 수를 비교한 바는 없지만 한 세대만이 아니라 먼 옛날부터 그랬습니다.(《한서》〈사마천열전〉)"

궁형을 당하는 것보다 더 큰 부끄러움이 없는 것은 곧 환관과 같은 몸이 되기 때문이다.

"옛날 위령공衛靈公이 옹거雍渠(환관)와 함께 수레를 타자 공자가 진陳나라로 떠났고, 상앙商鞅이 경감景監(환관)으로 인해 군주(진나라 효공)를 만나자 조량趙良이 한심하게 여겼습니다. 동자同子(환관 조담)가 군주의 수레를 타자 원사袁絲의 낯빛이 변했으니 자고로 치욕으로 여겼던 것입니다. 무릇 중간 정도의 재능을 지닌 사람들도 일이 환관에게 관계되면 기氣가 상한다고 여겼는데, 하물며 강개한 선비[士]로서 어떠했겠습니까?(《한서》〈사마천열전〉)"

공자는 물론 조량, 원사같은 중간 사람들도 환관과 연루되는 것을 수치로 여겼는데, 자신이 환관 같은 몸이 되었다는 한탄이었다. 사마천은 이릉李陵을 변호한 것은 친하기 때문이 아니라고 말했다.

"저는 이릉과 같은 시중이었지만 평소 서로 좋게 지내지는 않았습니다. 나아가고 머무르고자 하는 바가 달라서 일찍이 술잔을 나누며 은근히 환대한 적도 없습니다. 그러나 제가 보기에 그는 사람됨이 뛰어난 선비여서 부모를 효도로 섬겼고, 선비와 더불어 신의가 있었고, 재물에 청렴했으며, 주고받는 것이 의로웠고, 분별해서 사양함이 있었고, 아랫사람에게 공손했습니다. 나라가 급할 때는 몸을 돌보지 않고 나라를 위해 죽으려고 늘 생각했습니다.(《한서》〈사마천열전〉)"

장군 이릉李陵(서기전 134~서기전 74)은 이광李廣의 장손으로서 무제천한天漢 2년(서기전 99) 이사장군貳師將軍 이광리李廣利와 함께 흉노 정벌에 나섰다. 이릉은 불과 5,000의 보병으로 8만 흉노군과 준계산浚稽山에서 격전을 벌여 처음에는 승리했다가 중과부적으로 패하자 남은 군사들을 이끌고 투항했다.

사마천은 당초 이릉의 승전 소식이 전해지자 공경公卿과 왕후王侯들이 모두 황제에게 축수했다가 며칠 후 패전 소식이 전해지자 태도가 일변해 황제는 음식도 들지 않고 대신들도 근심해서 어쩔 줄을 몰랐다고 말했다. 그래서 자신이 이릉을 변호하기로 결심했다는 것이다.

"저는 마음에 품은 바를 아뢰려고 했으나 길이 없었는데, 때마침 부르셔서 물으시기에 이런 뜻으로 이릉의 공적을 지목해 추천해서 주상主上의 생각을 넓혀드리고 이릉을 흘겨보고 비방하는 말들을 막으려고 했습니다. 그러나 이를 모두 밝히지 못했고, 현명하신 군주께서도 깊게 깨닫지 못하시고 제가 이사장군(이광리)을 가로막고 이릉을 위해서 유세한다고 여기셔서 마침내 하옥되었습니다. 제 참다운 충성을 끝내 모두 말씀드릴 수 없었고, 주상을 속였다는 하급 관리의 의논에 따르지 않을 수 없었을 것입니다.《한서》〈사마천열전〉"

무제가 사마천에게 이릉의 일을 물은 것은 변호의 말을 들고자 한 것이 아니었다. 사건의 진실을 알고자 한 것도 아니었다. 무제는 이미 이릉을 버렸다. 그런 이릉을 옹호하자 무제의 분노는 사마천에게 향했고, 이릉을 비방하던 입들도 사마천을 과녁으로 삼았다. 사마천은 궁형을 선고받았다. 한漢나라는 돈을 내면 형을 면제 받는 속전贖錢제도가 있었지만 그는 돈도 없었다.

"집안은 가난해서 자속自贖하기에 재산은 부족했고, 교유하던 자들도 구하지 않았고, 좌우의 근친들도 저를 위해 한마디도 해주지 않았습니다… 이릉은 살아서 항복함으로써 그 집안의 명성을 무너뜨렸고 저는 또 잠실蠶室(거세하는 곳)에 옮겨져 거듭 천하의 웃음거리가 되었습니다. 슬프고도, 슬픕니다!(《한서》〈사마천열전〉)"

사대부로서 자속自贖할 수 있는 돈도 없다면 자결하는 것이 그나마 남은 명예를 지키는 길이었다. 그러나 사마천은 다수의 예상과 달리 자결을 택하지 않았다. 그런 자신에게 인재를 천거해 달라는 임안의 편지는 조롱으로 여겨졌을지도 몰랐다. 그래서 답장하지 않고 있던 사이 임안이 거꾸로 불측지죄不測之罪(앞날을 예상할 수 없는 죄)에 빠져 당장 내일을 기약할 수 없는 처지가 되었다.

"졸지에 당신께서 말할 수 없는 일을 당하셔서 제 마음 속의 분노와 번민의 모든 것을 풀어내지 않는다면 돌아가신 분의 혼백에 제 한이 다함이 없을 것이므로, 제 비루한 생각을 말씀드리고자 합니다. 오랫동안 답장하지 않은 것을 허물로 여기지 마시기 바랍니다.(《한서》〈사마천열전〉)"

그렇게 사마천은 곧 사형당할 임안을 자신의 심경 토로 대상으로 삼

았다. 궁형을 당한 이후 7년 동안 가슴 속에 품고 있었던 속마음을 털
어놓았다.

4. 사마천이 살아남은 이유

사마천은 임안에게 궁형을 당하고도 살아남은 이유를 설명했다.

> "또 내가 죽는다고 해도 세상에서는 절개를 위해 죽은 자라고 하지
> 않을 것이며, 특히 슬기가 다하고 죄가 극에 달해서 면할 수 없기에
> 스스로 죽음으로 나아갔을 뿐이라고 여길 것입니다. 왜냐하면 평소
> 에 제가 세운 것들이 그렇게 만든 것입니다. 사람은 진실로 한 번 죽
> 지만 어떤 죽음은 태산보다 무겁고, 어떤 죽음은 기러기털보다 가벼
> 우니 이는 그 추구하는 바에 따라 쓰인 것이 다르기 때문입니다.(《한
> 서》〈사마천열전〉)"

지금 자결하는 것은 혼자 도랑에서 목을 매어 죽는 자경구독自經溝瀆
으로 아무도 알아주지 않을 것이라는 토로였다. 그런 죽음은 사마천에
게 의미가 없었다. 그는 자신이 자결하지 않은 이유에 대해서 설명했다.

> "저는 불행히도 일찍이 부모님을 여의어, 홀로 형제도 없는 몸이 되
> 었습니다…또 용기 있는 자라고 반드시 절개를 위해 죽지는 않으며
> 비겁한 사내도 의義를 사모하면 어찌 힘을 쓰지 못하겠습니까?… 또
> 한 노비나 비첩婢妾도 오히려 능히 자결할 수 있는데 하물며 저 같은

사람이 이를 얻지 못하겠습니까?(《한서》〈사마천열전〉)"

사마천은 귀한 신분으로 치욕스런 형벌을 당했지만 자결하지 않고
살아남은 많은 사람들의 사례를 알고 있었다. 주나라 서백은 백작이었
지만 유리羑里에 갇혔고, 이사李斯는 재상이었지만 다섯 형벌을 다 당했
고, 회음淮陰은 왕이었지만 진陳나라에서 형장을 받았고, 팽월彭越과 장
오張敖는 남쪽을 향해 고孤(제후의 자칭)라고 자칭했지만 옥에 갇혀 죄를
받았고, 강후絳侯는 여러 여呂씨를 주살해 권력이 오백五伯(오패)보다 더
했지만 죄를 청하는 방에 갇혔고, 위기魏其는 대장이었지만 붉은 수의
를 입고, 손발에 차꼬를 찼으며, 계포季布는 주가朱家에 의탁해 종이 되
었고, 관부灌夫는 권세 있는 집안 (무안후武安侯)에서 욕을 당했다는 것이
다. 사마천은 이들의 사례를 길게 나열하는 것으로 자신이 자결하지 않
은 이유를 대신했다.

그러나 귀한 신분으로 치욕을 받고도 살아남았다는 자체가 의미가
있는 것은 아니었다. 그런 치욕을 견디고 살아남은 이유가 있어야 했다.
그렇지 못하면 치욕스런 삶에 대한 애착으로 귀결되는 것이었다. 사마
천은 "옛날에 부귀했으면서도 이름이 사라진 사람들이 셀 수 없이 많았
지만 오직 기개가 빼어나고 비상한 사람들이 칭송받았다."면서 치욕을
견디고 업적을 남긴 사람들의 사례를 들었다.

"서백西伯(주문왕)은 구속된 후《주역周易》을 풀이했고, 중니仲尼(공자)
는 곤궁할 때《춘추春秋》를 지었고, 굴원屈原은 쫓겨 난 후《이소離
騷》를 지었고, 좌구명左丘明은 실명한 후에《국어國語》를 지었고, 손

자孫子는 발이 잘린 후 병법兵法을 닦았고, 여불위呂不韋는 촉蜀에 유배된 후《여람呂覽》을 세상에 전했고, 한비韓非는 진秦나라에 갇힌 후《세난說難》,《고분孤憤》을 지었습니다.《시경詩經》300편도 대저 성현聖賢(공자)께서 발분發憤해서 지으신 것입니다.(《한서》〈사마천열전〉)"

이들이 훗날 당나라 한유韓愈가 불평지론不平之論, 또는 불평지명不平之鳴의 문학으로 높인 인물들이었다. 한유는〈잡설雜說〉의 '마설馬說'에서 '세상에는 백락伯樂이 있은 연후에 천리마가 있다. 천리마는 늘 있지만 백락伯樂은 늘 있는 것이 아니다'라고 말했다. 백락은 말을 잘 감정했다는 진목공穆公의 신하였는데, 천리마가 소금 수레를 끌고 태행산을 오르다가 백락을 보고 크게 울자 백락이 수레에서 내려 눈물을 흘렸다는 고사가《열자列子》〈설부說符〉편과《회남자淮南子》〈도응道應〉편 등에 실려 있다. 세상이 알아주지 않아 우는 울음이자 공평하지 못한 세상 때문에 우는 울음이 불평지명이다. 사마천은 이런 위인들이 남긴 업적에서 자신이 살아남아야 했던 이유를 찾았다.

"이 사람들은 모두 답답하고 맺힌 것이 있었지만 그 도가 통하지 못하자 지난 일을 서술해서 앞으로 올 사람들을 생각한 것입니다. 좌구명은 눈이 멀었고, 손자는 발이 잘려 끝내 쓰여질 수 없었으므로 물러나 서書와 책策을 논해서 그 맺힌 것을 풀고, 공문空文(당시에는 실현될 수 없던 글)을 전해 스스로 드러내려고 생각했습니다.(《한서》〈사마천열전〉)"

사마천도 후세에 할 말이 있어서 살아남았다는 것이었다. 가슴 속에 드러내지 못한 것을 그대로 남기고 죽으면 그야말로 한이 될 것이었다.

"꾹 참으면서 구차하게 살려고 하고, 분토糞土(감옥) 속에 갇혀서도 사양하지 않은 것은 제 마음 속에 다하지 못한 바가 있는 것이 한恨이 되었고, 비루하게 죽으면 문채文采가 후세에 드러나지 못할 것이기 때문이었습니다.《한서》〈사마천열전〉)"

한恨 때문에 살아남았다는 말이다. 마음속에 다하지 못한 것을 풀어내지 못한 것이 한이 되었다는 것이다. 즉 한恨 때문에 죽지 못했음을 이르는 말이다. 그 한을 푸는 방법은 문채를 후세에 전하는 길이었다. 사마천은 임안에게 보낸 편지를 이렇게 끝맺었다.

"죽을 날을 기다린 연후에야 옳고 그름이 판정될 것입니다. 글로써 제 뜻을 다 전할 수는 없지만 제 누추한 뜻을 대략 말씀드렸습니다.《한서》〈사마천열전〉)"

임안은 "일의 성패를 보아서 처신하려 했다"는 '좌관성패坐觀成敗'의 죄로 허리를 끊어 죽이는 요참腰斬을 당했다. 죽음을 앞두고 사마천의 편지를 읽는 임안의 마음은 어땠을까? 그리고 사마천이 살아남아 전하려던 말은 무엇이었을까?

중국사의 탄생

1. 《사기》와 《한서》

《사기》와 《한서》는 고대부터 비교의 대상이었다. 《한서》를 편찬한 반고班固(서기 32~92)는 사마천보다 약 150여 년 후의 사람인데, 그 역시 대를 이은 사관 집안 출신이었다. 반고의 부친 반표班彪는 《사기》에서 부족한 점을 느꼈고, 또한 《사기》가 무제武帝에서 끝났기에 이를 계속 잇기 위해 《후전後傳》을 편찬했으나 서기 54년 사망했다. 반고는 부친의 유지를 계승해 사서를 편찬하다가 '국사를 사사롭게 개작한다'는 혐의로 고발당했다. 그러나 그가 보던 문헌들을 보고 받은 후한後漢 명제明帝가 난대령사蘭臺令史라는 벼슬을 내리면서 오히려 국가의 지원을 받으며 《한서》 편찬에 들어갔다. 반고는 〈팔표八表〉와 〈천문지天文志〉는 완성하지 못한 상태에서 세상을 떠났지만 누이동생 반소班昭가 화제和帝의 명으로 편찬을 계속했고, 마속馬續이 보완해 완성했다. 《한서》도 많은 곡절을 거쳐 탄생한 사서였다.

두 사서 중에 당唐나라 전까지는 사대부들 사이에서 《한서》가 사기보다 높게 평가를 받았다. 그러나 당나라 중기 한유韓愈(768~824)가 《사기》를 불평지명不平之鳴의 문학으로 높이 평가하면서 평가의 기류가 달라지기 시작했다.

그러나 《사기》와 《한서》는 같은 기준으로 평가하기 힘든 역사서다.

첫째 편찬 목적이 달랐다. 《사기》는 천하사天下史인 반면 《한서》는 제목 그대로 한漢(전한前漢)나라의 역사다. 서술 대상으로 삼은 시기가 달랐다. 《한서》는 전한의 역사만 다루었지만 《사기》는 오제五帝부터 시작해 삼대三代로 불렸던 하·은·주와 춘추·전국시대를 거쳐 진秦나라와 한무제 태초太初 연간(서기전 104~서기전 101)까지 장구한 역사를 다루었다.

둘째 가치 기준이 달랐다. 《한서》는 한나라의 체제를 벗어나지 않았다. 《사기》도 한나라를 중시했지만 그 틀에 갇히지 않았다. 《사기》가 한고조 유방과 중원의 패권을 다툰 항우를 〈본기〉에 넣어 황제들의 사적으로 다루다면 《한서》에서는 〈진승항적열전〉으로 낮춰 다루었다. 《사기》가 제후들의 사적을 〈세가〉에 실어 어느 정도의 독립성을 인정한 반면에 《한서》는 〈세가〉 자체를 설정하지 않고 모두 〈열전〉으로 낮추어 실었다.

사마천은 일종의 '전지적 사가 시점全知的史家視點'으로 《사기》를 서술했다. 그리고 "태사공은 말한다"라는 사평史評을 실어 여러 왕조는 물론 각 사건과 인물들에 대해서 직접 평가했다. 사마천은 〈항우본기〉의 사평에서 (항우는) "하늘이 나를 망하게 한 것이지 군사를 잘못 움직인 죄가 아니다."라고 말한 것을 크게 비판했다. 표면적으로는 '옛날 일

을 스승으로 삼지 않고 패왕의 사업만을 말하면서 힘으로 천하를 정벌'
하려다가 멸망했다면서 하늘이 망하게 한 것이 아니라고 서술했다. 항
우와 유방이 맞붙은 초한대전楚漢大戰의 승패는 천명에 의해서 결정된
것이 아니라 유방과 항우의 용병술의 차이에 있었던 것처럼 서술했다.
유방과 항우의 홍문연鴻門宴에 대한 기술은 항우가 이때 책사 범증의
건의대로 유방의 목을 벴으면 중원의 패자가 되었을 것이라고 역설하는
듯하다. 그래서 이때 유방의 목을 벨 것을 주장했던 항우의 왕사王師
범증范增이 "오호라! 어린아이(수자豎子)와는 일을 도모할 수 없구나. 항
왕(항우)의 천하를 빼앗을 자는 반드시 패공일 것이다."라고 한탄한 말
을 인용했다.

사실 왕조국가에서 사마천의 이런 역사서술은 위험한 행위였다. 《후
한서後漢書》〈채옹蔡邕열전〉에는 사도司徒 왕윤王允이 "옛날 무제武帝께
서 사마천을 죽이지 않았기 때문에 비방서를 짓게 해서 후세에 돌아다
니게 되었다."라고 비판한 것이 이를 말해준다. 그러나 사마천의 《사기》
는 비방서의 차원을 넘는 역사서다. 《사기》가 자신을 궁형에 처한 것 때
문에 비방하는 마음만으로 썼다면 지금껏 살아남았을 수가 없었을 것
이다. 《사기》에서 사마천은 그동안 그 누구도 하지 못한 과업을 이룩했
다. 그것은 바로 하화족夏華族의 중국민족사를 탄생시킨 것이다. 《사기》
는 중국 최초의 한민족사漢民族史였다. 사마천은 이를 자신의 책무로 여
겼고, 이를 위해 사마천은 고대 제왕들의 계보 조정도 서슴지 않았다.

2. 중국사의 탄생

사마천은 〈오제본기〉 끝의 "태사공은 말한다"에서 "학자들이 오제五
帝에 대해 많이 일컬은 지가 오래 되었다… 나는 일찍이 서쪽으로 공
동空桐에 이르고, 북쪽으로 탁록을 지나고…"라고 말했다. 사마천 최초
의 답사지가 공동과 탁록이란 뜻인데 이곳들은 모두 황제의 유적지였
다. 사마천이 이들 지역을 최초의 답사지로 든 이유가 있었다. 사마천은
〈오제본기〉 본문에서도 "(황제는)…서쪽으로 공동에 이르러…"라고 썼
다. 사마천이 중국사의 시조, 즉 첫 제왕을 찾고자 했다면 "학자들이 삼
황三皇에 대해 많이 일컬은 지가 오래되었다."로 시작했어야 했다. 그러
나 사마천은 삼황에 대해서는 침묵하는 대신 오제를 중국사의 첫머리
로 삼고, 첫 제왕들을 황제로 설정했다. 현재 중국인들이 황제를 중국
하화족의 공동시조로 인식하게 된 결정적 계기는 《사기》 때문이다.

　사마천이 설정한 이런 계보에 대해 문제를 제기한 학자들은 많았다.
그때까지는 물론 사마천 이후의 많은 지식인들과 민중들은 중국사의
첫 제왕들을 삼황三皇이라고 생각했지 오제라고 생각하지 않았다. 오제
는 삼황의 뒤를 이은 후세 제왕들이라고 인식했다. 삼황이 누구인가는
사서마다 일치하지 않지만 태호 복희씨, 염제 신농씨, 황제黃帝 헌원씨
라고 보는 시각이 가장 많았다. 그러나 사마천은 삼황 중 태호 복희씨
와 두 번째 염제 신농씨를 지웠다. 반면 삼황의 세 번째인 황제 헌원씨
를 오제의 첫 군주이자 중국사의 첫 제왕으로 설정했다. 게다가 황제의
적장자였던 소호를 제위에서 지웠다. 중국사의 첫 제왕이었던 태호 복
희씨와 황제의 적장자였던 소호少昊를 계보에서 지웠으므로 많은 의문
이 일어난 것은 당연했다. 사마천은 ①황제 ②제전욱 ③제곡 ④제요 ⑤

제순을 오제로 설정했는데, 황제의 제위를 소호의 조카 전욱이 이어받았다는 왕통은 아무래도 어색했다.

사마천의 이런 오제관에 반고도 동의하지 않았다. 반고는《한서》〈고금인표古今人表〉에서 '삼황' '오제'라는 표현은 쓰지 않았지만 태호 복희씨, 염제 신농씨, 황제 헌원씨를 먼저 서술하고, 황제의 적장자 소호가 제위를 이은 것으로 서술했다. 사마천과 달리 반고는 삼황을 인정하고 오제의 첫 번째 제왕으로 소호를 설정한 것이다. 이는 사마천이 삼황과 소호를 지운 것에 동의하지 않는다는 명확한 의사표현이었다. 다시 말해 반고가 참고한 사료들은 삼황과 소호를 모두 제왕으로 수록하고 있었다는 뜻이기도 했다. 심지어《사기》삼가주석의 하나인《색은》을 편찬한 당나라 사마정司馬貞은 삼황을 추가한《사기》를 다시 편찬했을 정도였다.

그러나 이들은 사마천이 삼황 중 복희와 신농, 오제 중 소호를 수록하지 않은 의도를 알지 못했다. 사마천이 황제 앞에 복희와 신농씨가 있었거나 황제의 제위를 소호가 계승했다는 사료가 있다는 사실을 몰라서 이들을 수록하지 않은 것은 아니었다. 사마천에게 중국사의 첫 제왕은 복희가 아니어야 했고. 오제의 첫 제왕도 소호가 아니어야 했다. 그들은 모두 동이족東夷族이었기 때문이다. 황제를 시작으로 삼대, 춘추·전국과 진秦나라를 거쳐 한나라에 이르는 하화족夏華族의 중국사를 서술하는 것이 사마천이《사기》를 편찬한 목적이었다. 이를 위해 동이족의 역사를 지울 수밖에 없었다.

서이西夷였던 주나라가 자국을 중심으로 중국中國이란 개념을 만들고, 공자가《춘추》에서 주나라를 중심으로 춘추필법春秋筆法을 만들었지만 사마천 이전에 하화족과 이족이란 민족을 구분한 중국사는 존재하지 않았다. 사마천은 황제부터 시작해 한나라에 이르는 하화족의 중국사를 만들었다. 이런 중국사에서 가장 중요한 것은 시조였다.

그래서 사마천은 태호 복희씨·염제 신농씨·소호 김천씨를 서술할 수 없었다. 셋 다 동이족 제왕들이기 때문이다. 현재 중국의《백도백과百度百科》는 태호 복희씨, 소호 김천씨에 대해 하화족의 시조도 되고 동이족의 시조도 된다고 모순되게 설명하고 있다. 하화족이 동이족에서 갈라져 나온 민족이라면 맞는 말이지만 하화족과 동이족이 시초부터 서로 다른 민족이라면 자기모순에 불과하다.

사마천은 왜 황제를 중국사의 시조로 설정했을까? 탁록전투 등에서 치우蚩尤와 치열한 주도권 다툼을 한 것에 착안했을 가능성이 크다. 황제와 치우의 싸움은 서로 다른 민족 사이의 투쟁이 아니라 동이족 내부의 주도권 다툼이었다. 치우는 널리 알려진 동이족이기 때문에 사마천은 치우와 싸운 황제를 중국인의 시조로 설정하는 계보를 작성했다.

남은 문제는 황제의 적장자 소호였다. 황제는 정비正妃 누조에게서 적장자 소호와 둘째 창의를 낳았다. 소호가 황제의 제위를 계승했다는 기록들이 많았지만 사마천은 이를 인정하지 않고 소호의 조카 전욱顓頊이 황제의 뒤를 이었다고 설정했다. 그러나 소호를 전혀 쓰지 않을 수는 없기에 소호 대신 잘 알려지지 않은 현효玄囂라는 이름을 쓰고는 현효의 손자 곡嚳이 전욱의 제위를 계승했다고 서술했다. 사마천이 첫 답사지로 공동과 탁록을 언급한 것은 왜 삼황 대신 황제를 중국사의 시작으로 설정했는지에 대한 자기변명이기도 했다. 그렇게 사마천은 황제를 시조로 삼는 중국사를 탄생시켰다.

양계초가 사마천을 "사학계의 조물주"라고 부른 것은 여러 모로 과

장이 아니다. 중국사의 첫 시조를 만드는 것은 조물주만이 할 수 있는 일이기 때문이다. 그의 이런 계보 서술에 대해 여러 학자들이 문제를 제기했지만《사기》의 위세를 넘을 수는 없었다. 그렇게 황제를 시조로 삼는 하화족의 중국사가 만들어졌다.

사마천이 무제를 박하게 서술한 이유도 여기에 있을 것이었다. 사마천은 〈효무본기〉에서 "효무황제(무제)는 즉위 초에 더욱 공경하게 귀신의 제사를 받들었다."라고 무제를 영생불사를 꿈꾸는 방사方士 군주처럼 그렸다. 사마천은 또 무제가 "더 많은 배를 띄워 해중海中에 신산神山이 있다고 말하는 자 수천 명에게 봉래산 신선을 찾으라고 명했다."라고 서술해 신선을 찾는 것이 무제의 최우선 국정과제인 것처럼 묘사했다.

무제는 늘 수세였던 흉노와의 관계를 우세로 전환시킨 최초의 제왕이었다. 그러나 사마천은 무제의 조선 침략에 대해 "이듬해 조선을 정벌했다."라고 한마디로 묘사하고, 대원국大宛國 정벌에 대해서도 "이해에 서쪽 대원국을 정벌했다."라고 한마디로 정리했다. 또한 "건장궁建章宮을 지었는데 헤아려보니 문이 1,000개이고 방이 1만 개였다."라고. 진시황 못지않게 거대한 역사役使를 좋아하는 군주로 묘사했다. 무제에 대한 이런 박한 기술은 그가 당한 궁형과 아무런 관련이 없을까? 황제부터 시작해 한나라로 계승되는 천하사를 만들어 한나라를 반석 위에 세우려는 자신을 몰라주고 궁형에 처했다는 원망감은 없었을까?

그러나 역사 사실을 바꾼다는 것이 쉬운 일은 아니다. 사마천도《사기》곳곳에 자신이 감추어 놓은 진실을 찾을 수 있는 내용들을 남겨놓을 수밖에 없었다.《삼가주석》으로 대표되는 여러 주석자들은 사마천이 숨기려고 했던 여러 사실들을 알려주고 있다. 이제 이런 내용들을 바탕으로 《사기》는 새롭게 해석되어야 할 때가 되었다. 지금 새로 출간하는 《신주사기》는 전 세계에서 처음 시도되는 《사기》에 대한 새로운 해석이라고 할 수 있다.

새로운 시작을 위하여

1. 우리 눈으로 본 《신주사기》

원말명초元末明初의 나관중羅貫中(1330~1400)은 《삼국지연의三國志演義》
에서 "나뉜 것이 오래되면 합해지고, 합한 것이 오래되면 나뉘어진다."라
고 말했다. 중국사의 흐름이 "주나라 말기에 7국이 분쟁하다가 진秦나
라에 모두 병합되었다."는 것인데, 이는 중국사의 특징을 잘 정리한 명언
으로 손꼽힌다. 진시황이 전국시대를 통일하지 않았다면 중국은 지금의
유럽 같이 여러 국가들이 병존하는 상태로 흘러갔을지도 몰랐다. 뒤늦
게 제후의 반열에 오른 진秦나라가 전국을 통일하면서 중국사는 이전과
는 전혀 다른 길을 걸었다. 진나라가 중원을 통일한 결정적 계기는 장평
대전長平大戰에서 조趙나라 40여만 대군을 전멸시킨 사건이었다. 그런데
진나라나 조나라는 모두 동이족 소호의 후손이고, 특히 진나라 영성嬴
姓에서 갈라진 것이 조씨趙氏라는 점에서 장평대전은 동이족 형제국 사
이의 혈투였다. 같은 동이족이었던 황제와 치우가 치열한 주도권 다툼을

한 것처럼 영씨와 조씨도 중원의 패권을 놓고 사생결단을 전개한 것이었다. 〈본기〉뿐만 아니라 〈세가〉·〈열전〉 및 〈지〉·〈표〉에도 이런 내용들이 곳곳에 숨어있다. 지금까지 그렇게 해석해오지 못했을 뿐이다.

우리 연구진들이 이런 해석을 시도할 수 있었던 것은 여러 선학先學들의 선행 연구가 있었기 때문이다. 대한민국 임시정부 2대 대통령 백암 박은식, 초대 국무령 석주 이상룡 등을 필두로 단재 신채호, 위당 정인보 등 여러 선학들이 이런 역사학의 씨앗을 뿌려놓았다. 광복 후에는 일제 하 관료였던 행적에 대한 반성으로 우리 역사 바로 찾기에 나섰던 문정창 같은 여러 학자들이 중국 사료에 숨겨진 우리 역사의 진실을 찾는데 일생을 바쳤다. 이런 선학들이 뿌린 씨앗이 척박한 토양을 뚫고 이제야 싹을 돋는 것이다.

중국학자들의 도움이 컸던 것은 말할 필요도 없다. 《사기》는 본문 못지 않게 주석자들의 주석이 중요한 책이다. 그 중에서도 삼가주석三家註釋이 대표적이다. 남북조시대 남조 송宋나라의 배인裴駰의 《사기집해史記集解》, 당나라 현종 때 사마정司馬貞의 《사기색은史記索隱》, 같은 당나라 장수절張守節의 《사기정의史記正義》가 삼가주석인데, 이들이 살던 때까지 수많은 여러 학자들이 주석한 내용들이 집대성되어 있다. 《사기》 본문과 이 주석들에는 한국 고대사 규명에 중요한 내용들이 다수 담겨 있다.

《신주사기》는 한자를 모국어로 사용하지 않는 나라에서 삼가주석 전체를 완역한 최초의 사업일 것이다. 일본 명치서원明治書院에서 1973년부터 《신역한문대계新譯漢文大系》의 하나로 15권의 《사기史記》를 간행한 것이 중국 이외에서 진행된 가장 방대한 사기 편찬사업이었다. 이 사업도 사기 연구에 한 획을 그은 대사업이지만 삼가주석 전체를 완역하지 못했고, 무엇보다 자신들의 눈으로 《사기》를 바라보지 못한 한계가 있다. 《신주사기》는 삼가주석 전체를 완역했을 뿐만 아니라 무엇보다도 《사기》에 감춰진 우리 역사에 대한 여러 내용을 우리 시각으로 정리한 '신주'를 달았다는 점이 다르다.

2. 오늘과 내일을 위한 문화사업

한 나라가 물질적으로 성장하면 그에 걸맞는 정신세계를 갖고자 하는 경향이 있다. 청나라가 대표적이다. 청나라 4대 강희제康熙帝(재위 1661~1722)는 재위 49년(1710) 대학사 진정경陳廷敬 등 30여 명의 학자들에게 그때까지 존재했던 여러 자서字書를 망라해 새로운 자전字典을 만들 것을 명했고, 강희 55년(1716) 방대한 《강희자전康熙字典》이 완성되었다. 현재 전 세계에서 사용하는 한자 자전의 체제가 《강희자전》에 뿌리를 둔 것이다.

6대 건륭제乾隆帝(재위 1735~1795)는 중국 역사상 최대 규모의 편찬사업을 진행했다. 건륭제는 재위 38년(1773) 《사고전서四庫全書》를 편찬하기 위해 '사고전서관四庫全書館'을 건립하고 여섯째 아들 애신각라愛新覺羅 영용永瑢에게 책임을 맡겼다. 애신각라는 김씨라는 뜻으로 청나라 황족들이 신라 김씨의 후예라는 뜻이다. 무려 3,600여 명의 학자와 3,800여 명의 필사 인원이 이 사업에 참여해 건륭 49년(1784) 3,503종, 7만 9,337권에 달하는 방대한 《사고전서》가 편찬되었다. 경·사·자·집 經史子集이란 동양의 전통 도서 분류법에 따라 경서와 역사서, 제자백가, 주석집 등이 총 정리되었는데, 제목과 해제를 단 《사고전서 총목總

目》만 200권일 정도였다. 《사고전서》는 자금성 내 문연각文淵閣, 심양 고궁故宮의 문소각文溯閣, 북경 교외 원명원圓明園의 문원각文源閣, 승덕承德(열하) 피서산장의 문진각文津閣에 각각 한 질씩 소장했는데, 이를 '내정사각內廷四閣' 또는 '북사각北四閣'이라고 불렀다. 청나라 남부의 금강鎭江 금산사金山寺에 문종각文宗閣, 양주揚州 대관당大觀堂에 문회각文匯閣, 항주杭州 서호행궁西湖行宮에 문란각文瀾閣을 건립해서 각각 《사고전서》를 소장하게 했는데, 이를 '강절삼각江浙三閣' 또는 '남삼각南三閣'이라고 불렀다. 《사고전서》는 소수의 만주족이 다수의 한족 지식인을 체제 내로 융합하기 위한 대규모 연구 출판사업이었는데, 그 방대한 규모는 이미 만주족과 한족 지식인의 경계를 무너뜨렸다고 해도 과언이 아니었다. 건륭제가 이런 사업을 수행할 수 있었던 자신감은 청나라가 중국문화의 정수를 계승했다는 자신감에 세계 최고의 경제력을 구가하던 국력이 맞물린 결과였다.

건륭제의 이런 문화사업에 큰 관심을 가졌던 조선 임금이 정조대왕이었다. 그는 즉위 직후 창덕궁 금원禁苑 북쪽에 규장각을 세웠다. 규장각 남쪽에 열고관閱古觀을 세우고, 그 북쪽에 개유와皆有窩를 세워 청나라에서 들여온 도서와 문적들을 수장하고 연구하게 했다. 규장각 서쪽에는 이안각移安閣을 세워 어진御眞(역대 임금의 초상화), 어제御製(임금의 글), 어필御筆(임금의 글씨) 등을 보관했고, 그 서북쪽 서고書庫에는 우리나라 전래의 도서와 문적을 보관했다. 또한 임진자壬辰字를 비롯해 생생자生生字·춘추관자春秋館字 등 여러 활자를 만들어 《증보 동국문헌비고》, 《국조보감》 등 수많은 서적을 편찬했다. 이 역시 조선이 중국 못지않은 문화의 나라라는 자부심의 표현이었다. 한 개명 군주가 남긴 이런 문화적 안목과 정책이 정약용 형제와 이덕무를 비롯한 규장각 사검서 같은 수많은 학자를 배출하는 기본 소양이 되었고 지금껏 우리가 향유하고 있는 중요한 문화 자산이 되었다.

그럼 현재 우리는 어떤가? 대한민국은 6·25 전쟁 직후인 1953년도의 국내총생산(GDP) 규모가 13억 달러, 1인당 국민소득(GNP)이 67달러 정도였다. 66년 후인 2019년도의 국내총생산 규모는 1조 6,932억 달러, 1인당 국민소득은 3만 2,775달러로 성장했다. 국내 총생산 규모는 1,200배 이상, 1인당 국민소득은 500배 가량 성장한 것이다. 여기에 제도적 민주화까지 달성했으니 2차세계대전 이후 독립한 나라 중에서 가장 모범 국가라고 해도 과언이 아니다.

그러나 나라의 문화나 정신도 그만큼 성장했는지 물어보면 선뜻 '그렇다'고 답하기는 어렵다. 육체는 급격하게 성장했지만 정신은 오히려 전쟁 직후에 비해서도 퇴화한 것이 아닌가 여겨질 정도다. 일반 국민들의 문맹률文盲率은 낮아졌을지 몰라도 정치·사회 지도층의 (역사에 대해 무지한) 사맹률史盲率은 훨씬 높아졌다고 해도 과언이 아니다. 앞서 언급한 박은식·이상룡·신채호 등 많은 독립운동가들이 역사학자이기도 했던 것은 조선 사대부들의 기본 소양이 역사학이었던 현상의 연장선상이다. 어느 분야를 막론하고 조선 때만 해도 역사는 사회 지도층의 기본 필수 소양이었다. 그러나 일제강점기를 거치고, 광복 이후 경제성장 제일주의 사상이 계속된 결과 물질은 풍부해졌지만 정신은 빈곤해졌다.

이런 상황에서 방대한 《신주사기》가 발간되는 것은 고무적인 현상이다. 《사기》는 단순한 중국의 역사서가 아니라 동아시아의 정신세계와 문화세계를 형성한 동아시아 전체의 자산이다. 앞서 설명한 것처럼 우리 민족의 원 뿌리인 동이족 역사의 원형질이 그대로 담겨 있는 우리 역사서이기도 하다.

40여 권 정도로 예상되는 《신주사기》 발간에는 역사에 깊은 조예를 가진 롯데장학재단 허성관 이사장의 안목과 지원이 큰 역할을 했다. 나아가 재단의 여러 이사들과 재단 관계자 여러분들의 지지와 각종 도움도 방대한 《신주사기》를 국민들 앞에 선보이는 데 큰 역할을 했다. 《신주사기》 사업에 대해서 전해들은 많은 사람들은 이런 사업이야말로 국책사업으로 진행되어야 하는 일이라고 입을 모았다. 맞는 말이다. 건륭제의 《사고전서》나 정조의 출판 사업 등은 모두 국책사업으로 진행되었다. 그러나 민간재단 사업으로 진행되는 것이 어떤 점에서는 더 의미 있는 일이기도 하다. 우리 사회의 민간 부분이 이 정도로 성장했다는 증거이기 때문이다. 앞으로 국가는 물론 보다 많은 민간 재단들이 앞장서서 이 나라의 정신세계를 풍부하게 하는 각종 문화사업을 전개함으로써 청나라 건륭제나 조선의 정조 시절처럼 문예 부흥운동이 일어나기를 기대해본다.

2020년 3월 연구진을 대표해서 이산夷山 이덕일 기記

원 사료는 중화서국中華書局 발행의 《사기》와 영인본 《백납본사기百衲本史記》를 기본으로 삼고, 인터넷 사료로는 대만 중앙연구원 역사어언연구소歷史語言研究所에서 제공하는 한적전자문헌자료고漢籍電子文獻資料庫의 《사기》를 참조했다.

일러두기

❶ 네모 상자 안의 글은 사기 본문 및 삼가주석 서문의 글이다.

❷ 한글 번역문 바로 아래 한문 원문을 실어 쉽게 대조할 수 있게 했다.

❸ 삼가주석 아래 신주를 실어 우리 연구진의 새로운 해석을 달았다.

❹ 삼가주석 서문은 차례로 먼저 싣고 사기 본문을 싣는 순서로 구성했다.

❺ 사기 분문뿐만 아니라 삼가주석도 필요할 경우 신주를 달았다.

❻ 직역을 원칙으로 삼고 의역은 최대한 피했다.

삼가주석 서문

《사기집해》서

《사기집해》서문, 배인이 지은 것이다.[1]

史記集解 序 裴駰[1]

①배인裴駰

[색은] 배인의 자字는 용구龍駒로 하동河東사람이다.
송宋(420~479)나라 중랑외병참군中郎外兵參軍을 지냈다. 아버지는 배송
지裴松之이며 태중대부太中大夫를 지냈다.
【索隱】 駰字龍駒 河東人 宋中郎外兵參軍 父松之 太中大夫

[정의] 배인은 구경九經과 여러 사서史書를 탐구하고 아울러《한서음
의漢書音義》와 여러 서적을 보고《사기》를 해석했다. 그래서《사기집해
서史記集解序》라고 제목을 붙인 것이다. 序는 緒(실마리)다. 손염孫炎은
단서端緒라고 일렀다. 공자孔子는 역서괘易序卦를 지었고 자하子夏는 시
서詩序를 지었다. 서문의 뜻은 그 유래한 바가 오래되었다.
【正義】 裴駰採九經諸史 并漢書音義及衆書之目而解史記 故題 史記集解

序 序 緒也 孫炎云 謂端緒也 孔子作易序卦 子夏作詩序 序之義其來尚矣

신주 《송서宋書》〈배송지열전〉에 따르면 배인의 아버지 배송지는 자字가 세기世期인데, 하동 문희聞喜 사람이고, 할아버지는 배미裵昧로서 광록대부光祿大夫를 역임했고, 아버지 배규정裵珪正은 원외랑을 역임했다. 배송지는 여덟 살 때 《논어》, 《모시毛詩》 등에 통달했다고 한다. 배인도 이런 학문 분위기에서 자라나 사기 주석서인 《집해》를 지은 것이다.

반고가 말했다.[1]

班固有言曰[1]

①班固有言曰반고유언왈

색은 반고는 《한서》를 편찬하면서 〈사마천열전〉을 지었는데, 그가 《사기》를 지으면서 여러 책에서 채록한 것을 평가하고 겸해서 그 득실을 논했다. 그래서 배인이 이 서문에서 먼저 인용하고 설명한 것이다. 반고의 자字는 맹견孟堅이고, 부풍扶風 사람이다. 후한 명제 때 벼슬이 중호군中護軍에 이르렀다. 할아버지 반치班穉는 광천태수를 지냈다. 아버지 반표班彪는 서현徐縣 현령[2]을 지냈다. 〈속태사공서續太史公書〉《사기》를 이었다.

【索隱】 固撰漢書 作司馬遷傳 評其作史記所採之書 兼論其得失 故裴駰此

序先引之爲說也 按 固字孟堅 扶風人 後漢明帝時仕至中護軍 祖穉 廣川太
守 父彪 徐令② 續太史公書

② 徐令서령

반포가 현령으로 있던 서현은 임회군臨淮郡 산하였다가 후한 때
하비군下邳郡에 속하게 되었다. 현재는 강소성江蘇省 사홍현泗洪縣 경내
이다.

사마천①은 좌씨(좌구명)의 《국어》에 근거하고,②《세본》과 《전국
책》에서 채집했으며,③ 《초한춘추》에서 기술한 내용들을④ 그 후
사後事에 접목하여 무제武帝 천한天漢 연간에서 끝마쳤다.⑤
司馬遷① 據左氏 國語② 釆世本 戰國策③ 述楚漢春秋④ 接其後事 訖
于天漢⑤

---

①司馬遷사마천

정의 사마천의 자는 자장子長이고 좌풍익左馮翊 사람이다. 한漢나라
무제 때 태사령太史令이 되어 《사기》 130편을 편찬했다. 아버지 사마담
司馬談 또한 태사령을 지냈다.
【正義】 字子長 左馮翊人也 漢武帝時爲太史令 撰史記百三十篇 父談 亦

爲太史令

②據左氏國語거좌씨국어

색은　중니仲尼(공자)가 《춘추경春秋經》을 짓고 노魯나라 사관史官 좌구명左丘明이 《춘추전傳》을 지어 합해서 30편이 되었다. 그래서 《좌씨전左氏傳》이라고 했다. 《국어》도 좌구명이 지은 것이다. 《국어》는 (천자의 사적이) 위로는 주목왕周穆王에서 시작해서 아래로는 경왕敬王에서 끝마쳤다. 제후의 일은 노장공魯莊公에서 시작해 춘추시대 말까지 끝마쳐 총 21편이다.

【索隱】　仲尼作春秋經 魯史左丘明作傳 合三十篇 故曰左氏傳 國語亦丘明所撰 上起周穆王 下訖敬王 其諸侯之事 起魯莊公迄春秋末 凡二十一篇

③采世本戰國策채세본전국책

색은　유향劉向은, "《세본》은 옛 사관이 고사古事를 밝힌 것을 따라서 기록한 것이다. 황제 이래로 제왕과 제후와 경卿과 대부의 계통과 시호와 명호名號를 기록했는데 총 15편이다."라고 했다. 《전국책》에 대해 고유高誘는 "육국六國시대 종횡설縱橫說로써 《단장서》라고도 하며, 또 《국사國事》라고 한다. 유향이 30편으로 편집하여 이름을 《전국책》이라고 했다."고 했다. 배인이 살피건대 이것은 반고가 후대의 이름을 취하여 쓴 것이지, 사마천 때 이미 《전국책》이라고 이름 붙인 것은 아니다.

【索隱】　劉向云 世本 古史官明於古事者之所記也 錄黃帝已來帝王諸侯及

卿大夫系謚名號 凡十五篇也 戰國策 高誘云六國時縱橫之說也 一曰短長
書 亦曰國事 劉向撰爲三十篇 名曰戰國策 按 此是班固取其後名而書之 非
遷時已名戰國策

④述楚漢春秋술초한춘추

색은 한漢나라 태중대부太中大夫를 지낸 초楚나라 출신인 육가陸賈가
지은 것이다. 항씨項氏(항우)와 더불어 한나라 고조高祖가 처음 일어난 것
을 기록하고 혜제惠帝와 문제文帝 사이의 일을 설명하기에 이르렀다.
【索隱】 漢太中大夫楚人陸賈所撰 記項氏與漢高祖初起及說惠文閒事

⑤接其後事訖于天漢접기후사흘우천한

색은 천한天漢은 한무제의 연호이다. 태사공의 기록《사기》이 무제
천한 연간에 끝난다고 말한 것이다.
【索隱】 武帝年號 言太史公所記迄至武帝天漢之年也

신주 한무제 천한天漢 연간은 서기전 100년부터 서기전 97년까지
다. 사마천은 이보다 조금 이른 시기인 서기전 109~108년에 있었던 위
만조선과 한나라의 조한전쟁朝漢戰爭을 직접 목도한 역사가다. 그러나
《사기》〈조선열전〉에서 이 전쟁의 승자가 누구인지 모호하게 기록해서
숱한 논쟁을 불러왔다.

그는 진秦나라와 한漢나라에 대해서는 자세히 언급했다. 하지만 경經에서 채집하고 전傳에서 습득함에 이르러서는[1] 여러 일가一家(국가 또는 학파)의 일들을 분산시켜 소략한 것이 매우 많고 간혹 서로 모순되는 것도 있다.[2]

其言秦漢詳矣 至於采經撫傳[1] 分散數家之事 甚多疏略 或有抵捂[2]

①其言秦漢詳矣至於采經撫傳기언진한상의지어채경척전

색은 《자서字書》를 살피건대 撫은 '습拾(줍다)'이란 뜻으로서 발음은 '적[之亦反]'이다.

【索隱】 按字書 撫 拾也 音之赤反

신주 《사기》는 진한秦漢에 대해서는 자세히 서술했지만 경經과 전傳에서 인용해 쓴 것들은 소략하고 서로 모순되는 것도 많다는 뜻이다. 《사기》는 한자음을 읽는 방법으로 반절半切을 사용한다. 앞 음절에서 초성 자음을 따고 뒤 음절에서 중성과 종성을 따서 음을 설명하는 것이다. '阪音白板反'의 경우 阪의 발음은 白에서 초성 'ㅂ'을 따고 板에서 중성 'ㅏ'와 종성 'ㄴ'을 따서 '반'으로 읽는 것이다. 중국어와 한국어의 발음이 다르지만 사기 주석에서 표기한 반절음이 지금 한국에서 읽는 한자 발음과 대부분 일치하거나 유사하다는 점이 흥미롭다. 한자의 원형이 동이족 은나라 사람들이 만든 갑골문이기 때문에 발생한 현상일 가능성도 있다.

②分散數家之事甚多疏略或有抵捂분산수가지사심다소략혹유저오

색은 抵의 발음은 '계[丁禮反]'이다. 捂는 발음이 '오[吾故反]'다. '저抵(저촉되다)'는 '촉觸(범하다)'이란 뜻이다. 오捂는 또한 기울어져서 서로 저촉되는 것을 이른다. 살펴보니 지금 지붕 들보 위의 기울어진 기둥을 '주오柱捂'라고 하는 것이 이것이다. 세로로 부딪치는 것과 가로로 부딪치는 것을 모두 '저抵'라고 이르고 비스듬히 부딪치는 것을 '오捂'라고 이르며 아래로 부딪치는 것도 '오捂'라고 이른다. 저오抵捂는 들쭉날쭉하여 서로 어긋난 것을 말한다. 이것과 저것 두 문장이 한 가家에서 나왔지만 스스로 서로 어긋난 것을 이른 것이다.

【索隱】 抵音丁禮反 梧音吾故反 抵者 觸也 捂亦斜相抵觸之名 按 今屋梁上斜柱曰 柱捂是也 斜觸謂之捂 下觸謂之捂 抵捂 言其參差也 以言彼此二文同出一家 而自相乖舛

또한 섭렵한 바가 매우 넓고 경전經傳을 꿰뚫어서 고금古今 위아래 수천 년간을 말달리듯 부지런히 기록했다.[①] 또 그는 옳고그름을 보는 방법이 자못 성인聖人(주공, 공자)의 사리에 맞지 않았다.[②]

亦其所涉獵者廣博 貫穿經傳 馳騁古今上下數千載閒 斯已勤矣[①] 又其是非頗謬於聖人[②]

①亦其所涉獵者廣博貫穿經傳~斯已勤矣 역기소섭렵자광박관천경전~사이근의

정의 《사기》를 지을 때 경전經傳과 백가百家의 일, 상하 2,000여 년
의 역사를 채록한 것을 말하는 것인데, 매우 부지런하게 찬록撰錄했다
는 뜻이다.

【正義】 言作史記採經傳百家之事上下二千餘年 此其甚勤於撰錄也

②又其是非頗謬於聖人 우기시비파유어성인

색은 성인은 주공周公과 공자를 이른 것이다. 주공이나 공자의 가르
침은 모두 유儒의 종주로서 덕德을 숭상한 것을 말한 것이다. 지금 태
사공(사마천)은 이보다 황제黃帝와 노자老子를 앞세우고 세력과 이익을
숭상했으니 이것이 성인에게 어긋났다는 것이다.

【索隱】 聖人謂周公 孔子也 言周孔之教皆宗儒尚德 今太史公乃先黃老 崇
勢利 是謬于{於}聖人

정의 태사공의 《사기》는 각각 육가六家의 종宗을 드러내는데 황로黃
老의 도가道家를 종宗으로 하고 육경六經의 유가儒家를 수首로 삼았다.
유협游俠을 서술한 것은 처사處士들을 물리친 것이고, 화식貨殖(재물을 늘
리는 것)을 기술한 것은 세력과 이익을 숭상한 것이다. 처사의 빈천貧賤은
원헌原憲(노나라 출신의 공자 제자로서 가난했음)도 병으로 여기지 않았다.

　무릇 역사를 저술하는 요체는 많은 시대를 섭렵하는 것에 힘쓰고
나라의 법규 중에 좋고 나쁨을 갖추어 펼치는 것이다. 하늘과 사람과

땅의 이치를 모두 갖춰 통하게 하고 하늘이 부여한 재주[天縱之才]를 옮겨서 기술하여 짓는데 막힘이 없어야 하는 것이니 주공과 공자의 도와는 다른 것이다. 그런데 반고가 그 점을 꾸짖고 배인이 이를 서문에 인용했으니 또한 통인通人(학식에 통달한 사람)의 폐단이다.

그러나 반고가 지은 《한서》는 《사기》와 같은 것이 50여 권인데, 삼가 《사기》를 베끼면서 다른 것을 조금 가필했다고 해서 《사기》를 미약하고 용렬庸劣하다고 했으니 어찌 다시 《사기》를 깎아낸 것이 아닐 것이며, 후대의 사인士人이 함부로 전대의 현인賢人을 비난한 것이 아니겠는가? 또 《사기》는 52만 6,500자로서 2,413년간 일을 서술했고, 《한서》는 81만 자로서 224년의 일을 서술했다. 사마천은 아버지의 뜻을 끌어들여 그 뜻에 이르렀으나 반고는 아버지가 닦아놓은 것을 은폐했으니 우열을 알 수 있다.

【正義】 太史公史記各顯六家之宗 黃老道家之宗 六經儒家之首 序游俠則退處士 述貨殖則崇勢利 處士賤貧 原憲非病 夫作史之體 務涉多時 有國之規 備陳臧否 天人地理咸使該通 而遷天縱之才 述作無滯 故異周孔之道 班固詆之 裴駰引序 亦通人之蔽也 而固作漢書 與史記同者五十餘卷 謹寫史記 少加異者 不弱即劣 何更非剝史記 乃是後士妄非前賢 又史記五十二萬六千五百言 敍二千四百一十三年事 漢書八十一萬言 敍二百二十五年事 司馬遷引父致意 班固父修{脩}而蔽之 優劣可知矣

신주 반고가 《한서》를 지을 때 이미 《사기》는 필사본이 50여 본이나 되었다고 전한다. 그 중 어느 것이 실제 사마천이 지은 《사기》의 진본인지 알 수 없고, 다수의 필사본에서 가필하거나 깎아낸 흔적을 볼 수 있다. 특히 저소손褚少孫 등이 가필하거나 깎아낸 부분은 알려져 있지만 그 외에 잘 알려지지 않았지만 다른 사람들이 보태고 뺀 내용들이 있었을 것이다. 당나라 장수절은 《사기》를 52만 6,500자라고 세었지만 현전하는 《사기》를 사마천이 지은 《사기》와 같은 것이라고 볼 수는 없다. 그래서 반고가 《사기》에서 채용한 내용들도 사마천이 지은 진본을 채록한 것인지는 불투명하다.

대도大道를 논하면서도 황로黃老(황제와 노자)를 먼저 하고 육경六經을 뒤로 했다.[1] 유협을 서술하면서 처사들을 물리치고 간웅姦雄을 내세웠으며,[2] 화식貨殖(재산을 늘리는 것)을 기술하면서 곧 권세와 이익을 높이고[3] 빈천貧賤을 부끄럽게 여기게 했다. 이것이 그의 폐단인 바이다.[4]

又其是非頗謬於聖人論大道則先黃老而後六經[1] 序游俠則退處士而進姦雄[2] 述貨殖 則崇勢利[3] 而羞貧賤 此其所蔽也[4]

---

①論大道則先黃老而後六經논대도즉선황로이후육경

정의　대도라는 것은, 대개 자연自然에서 받은 것은 도道라고 일컫지 않는다. 도는 천지天地보다 앞에 있었고 천지보다 먼저 생겨서 그 이름을 알지 못하므로 글자를 '도道'라고 말한 것이다. 황제와 노자는 이 도道를 높였다. 그래서 태사공이 대도를 논하면서 모름지기 먼저 황제와 노자를 먼저 하고 육경을 뒤로 한 것이다.

【正義】 大道者 皆稟乎自然 不可稱道也 道在天地之前 先天地生 不知其
名 字之曰 道 黃帝 老子遵崇斯道 故太史公論大道 須先黃老而後六經

신주 여기에서 말하는 자연은 오늘날 일반적으로 말하는 자연自然
(Nature)과는 다르다. 도가道家에서 말하는 '자연'이란, 천지만물이 스
스로 타고난 바탕으로 스스로 꾸려가는 행위를 말한다. 즉 '스스로 그
러함'이란 뜻이다. 그래서 도를 도라고 할 수 있다면, 원래 주어진 도가
아니라는[道可道 非可道] 말이다. 오늘날의 자연을 옛 동양의 언어로는
천지天地라고 해야 한다.

②序游俠則退處士而進姦雄서유협즉퇴처사이진간웅

색은 유협은 죽음을 가볍게 여기고 기개를 무겁게 여기는 형가荊軻
나 예양豫讓 같은 무리를 이르는 것이다. 유游는 종從(좇는 것)이며 행하
는 것이다. 협俠은 모이는 것[挾]이며 지니는 것[持]이다. 서로 따라서 놀
면서 마음에 품고 있는 일을 행동에 옮길 수 있는 것을 이른다. 또 옳고
그른 것을 함께하는 것을 협俠이라고 이른다.

【索隱】 游俠 謂輕死重氣 如荊軻 豫讓之輩{輩}也 游 從也 行也 俠 挾也 持
也 言能相從游行挾持之事 又曰 同是非曰俠

정의 간웅姦雄은 간사하고 교활하지만 용맹스런 호걸을 뜻한다.
【正義】 姦雄 姦猾雄豪之人

③述貨殖則崇勢利술화식즉숭세리

정의   식殖(불리는 것)은 생生이다. 재물이 불어나는 것을 말한 것이다.
세리勢利는 이로운 것만을 따르는 사람이다.
【正義】 殖 生也 言貨物滋生也 趨利之人

④此其所蔽也차기소폐야

정의   이 세 가지는 사마천이 이치에 통달하지 못했다는 것이다.
【正義】 此三者是司馬遷不達理也

> 그러나 스스로 유향劉向과 양웅揚雄으로부터 여러 서적들을 넓
> 고 자세히 읽고 난 사람들은 모두가 사마천은 양사良史(좋은 역사
> 가)의 재주가 있다고 칭찬했다. 사리事理를 잘 서술하는 것이 알
> 맞았고, 변론하되 화려하지 않았고 질박하되 속되지 않았다.①
> 그 문장도 곧아서 그 일의 핵심을 그려내는데 헛되이 미화하지
> 않았고 악을 숨기지도 않았다. 그래서 실록實錄이라고 했다.
> 然自劉向 楊雄博極羣書 皆稱遷有良史之才 服其善序事理 辯而不
> 華 質而不俚① 其文直 其事核 不虛美 不隱惡 故謂之實錄

①質而不俚질이불리

俚의 발음은 '리里'이다. 유덕劉德은 "이俚는 곧 비鄙의 뜻으로 속되다는 뜻이다."라고 말했다. 최호崔浩는 "세상에는 비속한 말이 있다."라고 했으니 리俚는 거칠고 속된 것이다. 불리不俚는 문장이 속되지 않고 질박한 것을 이른다.

【索隱】 俚音里 劉德曰 俚即鄙也 崔浩云 世有鄙俚之語 則俚亦野也 俗也 不俚謂詞不鄙樸

나는 반고가 말한 바대로 세상에서 그를 칭찬하는 것이 마땅하다고 생각한다.[1] 비록 때때로 과실은 있지만[2] 진실로 편찬하고 정돈하는데 일가를 이루었으니[3] 그 대략을 종합하면[4] 세상에 이름날 만큼 굉장한 재능임이 분명하다.[5]

駰以爲固之所言 世稱其當[1] 雖時有紕繆[2] 實勒成一家[3] 總其大較[4] 信命世之宏才也[5]

①駰以爲固之所言世稱其當인이위고지소언세칭기당

駰은 발음이 '인因'이다. 當은 발음이 '장[丁浪反]'이다. 배인은 반고가 사마천의 《사기》에서 옳고 그름을 기술한 것에 대해 논술했는데, 세상 사람들이 반고의 말을 칭찬한다고 여겼다.

【正義】 駰音因 當音丁浪反 裴駰以班固所論司馬遷史記是非 世人稱班固 之言

②雖時有紕繆수시유비류

[색은] 紕는 발음이 '피[匹之反]'이다. 紕(잘못)는 '착착錯(어긋남)'의 뜻과
같다. 또한 '비牥(어긋남)'로도 쓴다.《자서字書》는 "베를 짜는 데 2개의
실이 물려 들어가는 것을 '비牥'라고 한다."고 했다. 유繆는 또한 '유謬
(어긋남)'와 같다.

【索隱】 紕音匹之反 紕猶錯也 亦作牥 字書云織者兩絲同齒曰牥 繆亦與謬同

③實勒成一家실록성일가

[정의] 비록 작은 과실은 있지만 진실로 편찬하고 정돈해서 일가一家
의 서書를 이루었다는 것이다.

【正義】 雖有小紕繆 實編勒成一家之書矣

[신주] 앞서 살펴본 것처럼, 반고가 비록 사마천을 일부 깎아내리기는
했으나, 전체적으로 사마천을 칭찬했으며,《사기집해》의 저자 배인은 그
것을 높이 평가하고 있다.

④總其大較총기대각

[색은] 較은 발음이 '각角'이다. 각較은 '약略(대략)'과 같다. 곧 대각大
較은 대략大略과 같은 말이다.

【索隱】 較音角 較猶略也 則大較猶言大略也

각較은 밝은 것과 같다.

【正義】 較明也

⑤信命世之宏才也신명세지굉재야

색은 《맹자》에서는 '500년 사이에 반드시 세상을 덮을 이름이 있는 자가 나올 것'이라고 말했다. 조기趙岐가 이르기를 "명세名世는 성인에 버금가는 재주를 가진 인물이 와서 뛰어난 이름으로 한 세상을 바르게 하는 자이며, 성인聖人 (시대) 사이에서 태어난다."라고 말했다. 여기에서 말하는 명命이란 명名이며 현인이 세상에 이름을 드러내는 것을 이른 것이다. 굉재宏才는 큰 재주大才로서 사마천을 이른 것이다.

【索隱】 按 孟子云 五百年生一賢其閒必有名世者 趙岐曰 名世 次聖之才 物來能名 正一世者 生於聖人之閒也 此言命者名也 言賢人有名於世也 宏 才 大才 謂史遷

신주 "500년간에는… 나올 것"이란 말은《맹자》〈공손추 하〉편에 나오는 말이다. 원문은 '五百年必有王者興, 其間必有名世者'. '오백 년 만에 반드시 왕자가 태어나는데, 그 사이에 반드시 세상에 이름난 인물이 있다.'는 것으로 여기에 인용한 문구와 조금 다르다. 조기趙岐 (108~201년)는 이를 왕자王者가 아닌 성인聖人 사이에서 태어난다고 해석했다. 조기는 후한 때의 저명한 경학가로서《맹자》에 주해를 단《맹자장구孟子章句》,《맹자정해孟子精解》,《설효경說孝經》,《삼보결록三輔決錄》등의 저서가 있다. 《후한서》에 열전이 있으며,《삼국지》의 배송지

주석에서도 언급되는 인물이다.

이 책《사기》을 고찰 비교하면, 문구文句가 같지 않고 (내용이) 많
은 것도 있고 적은 것도 있어서 그 실상을 말하기는 어렵다. 세상
에 미혹된 자들이 저렇게 정하고 이렇게 좇아서, 옳고 그른 것이
서로 뒤바뀌고 진실과 거짓이 서로 뒤섞여져 어지럽게 되었다.
考較此書 文句不同 有多有少 莫辯其實 而世之惑者 定彼從此 是非
相貿 真僞舛雜^①

---

①考較此書~眞僞舛雜고각차서~진위천잡

[정의] 貿는 발음이 '무茂'다. 舛은 발음이 '천[昌轉反]'이다. 세상일에
미혹되고 식견이 얕은 사람이 혹 저렇게 정하고 이렇게 좇았기 때문에,
본뜻이 서로 자주 바뀌고, 진실과 거짓이 난잡하게 섞여서 그 옳고 그
름을 분간할 수가 없다는 말이다.
【正義】 貿音茂 舛音昌轉反 言世之迷惑淺識之人 或定彼從此 本更相貿易
真僞雜亂 不能辯其是非

그래서 중산대부中散大夫 동완군東莞郡 서광徐廣이 《사기》의 여러 판본을 정밀하게 조사하여 《음의音義》를 만들어[1] 다르고 같은 것을 구체적으로 열거하고 훈해訓解를 겸해 기술해서[2] 대략 밝혀 놓은 바가 있지만 (대폭) 생략한 것은 매우 유감이다.[3]

故中散大夫東莞徐廣研核衆本 爲作音義[1] 具列異同 兼述訓解[2] 粗有所發明 而殊恨省略[3]

①故中散大夫東莞徐廣研核衆本爲作音義고중산대부동완서광연핵중본위작음의

정의 《음의》 13권卷을 만드는데, 배인의 주注를 위주로 130편에 흩어서 넣었다.

【正義】 作音義十三卷 裴駰爲注 散入百三十篇

신주 중산대부中散大夫는 관직 명칭으로서 동완東莞 서광徐廣(352~425년)을 뜻한다. 동완은 지금의 강소江蘇 상주常州를 뜻하는데, 서광이 이곳 출신이므로 호처럼 사용했다. 동진東晉 때 사람이다.

②具列異同兼述訓解구열이동겸술훈해

정의 서광이 《음의》를 지어 다르고 같은 본本을 구체적으로 열거하고, 겸해서 훈을 서술하고 의미를 해석했다.

【正義】 徐作音義 具列異同之本 兼述訓解釋也

③粗有所發明而殊恨省略조유소발명이수한생략

색은 수殊는 절絶(절망하다)의 뜻이다. 《좌전左傳》에 이르기를 "그 나무를 베어도 비는 내리지 않았다[斬其木不殊]"라고 했는데 그것《음의》)을 편찬하면서 크게 생략한 것에 절망하고 한탄해서 말한 것이다.
【索隱】 殊 絶也 左傳曰 斬其木不殊 言絶恨其所撰大省略

정의 省은 발음이 '셩[山景反]'이다.
【正義】 省音山景反

신주 《춘추좌전》 노소공魯昭公 16년 조에 나온다. 현전하는 《좌전》에는 '그 나무를 베었으나 비를 내려주지 않았다[斬其木, 不雨]'로 되어 있다. 그 내용은 다음과 같다.

"9월에 대우제大雩祭를 지냈는데 가뭄 때문이다[九月大雩旱也]. 정나라에 큰 가뭄이 들어[鄭大旱] 삼대부 도격屠擊·축관祝款·수부豎拊로 하여금 상산桑山에 유사有事를 지내게 하고[使屠擊祝款豎拊有事於桑山] 그 나무를 베었으나 비를 내려주지 않았다[斬其木 不雨] 자산이 말했다[子産曰]. '산에서 해야 하는 일은 산림을 심고 보살피는 것이다[有事於山, 蓻山林也]. 그런데 그 나무를 베어 버렸으니, 그 죄가 크도다[而斬其木 其罪大矣].'라 하고서, 관읍官邑을 빼앗아 버렸다[奪之官邑]."

《색은》에서 '斬其木不殊'라고 달리 인용한 까닭은, 아마 《음의》에서 심하게 생략한 것에 대한 한스러운 마음을 표현한 것일지도 모른다.

> 그래서 애오라지 어리석은 생각으로① 서광의 《사기음의》에 풀어
> 서 더해 놓았다.②
> 聊以愚管① 增演徐氏②

①聊以愚管요이우관

색은 살펴보니 동방삭東方朔은 "대롱을 통해 하늘을 바라보고[以管
窺天이관규천] 표주박으로 바다를 측량한다.[以蠡測海이리측해]"라고 말했
는데, 모두 작은 소견을 비유한 것이다. 그러나 이 말은 본래 《장자莊子》
의 문장에서 나왔다. 지금 '우관愚管(어리석은 소견)'이라고 한 것은 배인
자신이 어리석고 고루한 좁은 소견이어서 아는 바가 넓고 크지 못하다
고 겸손하게 말한 것이다.

【索隱】 按 東方朔云 以管窺天 以蠡測海 皆喻小也 然此語本出莊子文 今
云 愚管者 是駰謙言己愚陋管見 所識不能遠大也

②增演徐氏증연서씨

정의 演은 발음이 '언[羊善反]'이다. '증增은 더한다'는 뜻이다. 배인이
서광의 설명에 다시 더해서 풀었다는 말이다.

【正義】 演音羊善反 增 益也 言裴駰更增益演徐氏之說

경전經傳과 백가百家에서 채집하고 선유先儒의 학설을 아울러 모아[1] 《사기》에 도움되는 것은 집어넣고 모두 다 이 안에 수록했다.[2]

采經傳百家幷先儒之說[1] 豫是有益 悉皆抄內[2]

①采經傳百家幷先儒之說채경전백가병선유지설

[정의] 채采는 '取(취하다)'는 뜻이다. 어떤 것은 전설傳說에서 취하거나 제자백가諸子百家에서 채집하고 겸해서 선유先儒의 의義(뜻)도 취했다는 뜻이다. 선유先儒는 공안국孔安國, 정현鄭玄, 복건服虔, 가규賈逵 등을 뜻한다. 백가는 넓어서 하나가 아니라는 말이다.

【正義】 採 取也 或取傳說 採諸子百家 兼取先儒之義 先儒謂孔安國 鄭玄 服虔 賈逵等是也 言百家 廣其非一

②豫是有益悉皆抄內예시유익실개초내

[정의] 경전經傳의 설을 아울러 취하는 것으로 《사기》에 도움이 될만한 것을 그 안에 전부 수록했다. 抄는 발음이 '쵸[楚交反]'이다.

【正義】 幷採經傳之說 有裨益史記 盡抄內其中 抄音楚交反

그 떠도는 말은 제거하고 그 중요한 사실만 취했으며[1] 혹은 그
뜻에 의심스러운 데가 있으면 여러 학자의 설을 함께 열거했다.[2]
刪其游辭 取其要實[1] 或義在可疑 則數家兼列[2]

①刪其游辭取其要實산기유사취기요실

정의　刪은 발음이 '산[師顏反]'이다. 산刪은 '제除(덜다, 버리다)'라는 뜻
이다. 경전經傳과 제가諸家에서 떠돌아다니는 말을 없애고 그 정요精要
한 진실만을 취했다는 뜻이다.
【正義】　刪音師顏反 刪 除也 去經傳諸家浮游之辭 取其精要之實

②惑義在可疑則數家兼列혹의재가의즉수가겸열

정의　여러 가家의 설이 같지 않았지만 각각 도리가 있기 때문에 의
혹이 생기기에 이르렀더라도 감히 치우쳐서 버리지 않았다. 그래서 모두
겸해서 열거했다.
【正義】　兼列數家之說不同 各有道理 致生疑惑 不敢偏棄 故皆兼列

> 《한서음의漢書音義》에 '신찬臣瓚'이라고 일컬은 것은 씨성氏姓을
> 알지 못하기 때문이므로,[①] 지금 곧바로 '찬왈瓚曰'이라고 일렀고,
> 또 그저 성명이 없는 자는 단지 《한서음의》라고만 일렀는데,[②]
> 때때로 미묘한 뜻이 드러나서 도움이 되는 바가 있었다.[③]
> 漢書音義稱 臣瓚者 莫知氏姓[①] 今直云 瓚曰 又都無姓名者 但云 漢
> 書音義[②] 時見微意 有所裨補[③]

①漢書音義稱臣瓚者莫知氏姓한서음의칭신찬자막지씨성

[색은] 살펴보니 곧 신찬은 부찬傅瓚인데, 유효표劉孝標가 우찬于瓚이
라고 한 것은 잘못이다. 하법성何法盛의 《진서晉書》에 따르면 우찬于瓚
은 (동진東晉) 목제穆帝 때 대장군이 되었다가 처형당했는데 《한서》에 주
석을 달았다는 말은 있지 않았다. 또 그 《한서》 주석에는 《녹질령祿秩
令》과 《무릉서茂陵書》를 인용한 것이 있는데 이 두 서적은 서진西晉 때
없어졌으니 우찬은 보지 못했을 것이다. 그러니 이 사람이 부찬傅瓚임
을 알 것이다. 살펴보니 《목천자전穆天子傳》의 목록에 이르기를 "부찬이
교서랑校書郎이 되어 순욱荀勖과 함께 《목천자전》을 교정했다."고 했으
니 곧 서진의 조정에 해당하는데, 우찬 전의 일이니 일찍이 《무릉서》 등
의 서적을 보았을 것이다. 또 '신臣'이라고 일컬은 것은 그의 직책이 전
비서典秘書였기 때문이었을 것이다. 瓚은 발음이 '잔[殘岸反]'이다.
【索隱】 按 即傅瓚 而劉孝摽以爲于瓚 非也 據何法盛書 于瓚以穆帝時爲

大將軍 誅死 不言有註漢書之事 又其註漢書有引祿秩令及茂陵書 然彼二書亡於西晉 非于所見也 必知是傅瓚者 按 穆天子傳目錄云傅瓚爲校書郎 與荀勗同校定穆天子傳 即當西晉之朝 在于之前 尚見茂陵等書 又稱臣者 以其職典祕書故也 瓚音殘岸反

②今直云瓚曰又都無姓名者但云漢書音義금직운찬왈우도무성명자단운한서음의

[정의] 《한서음의》 안에 성과 이름을 모두 모르는 자는 배인이《사기》를 주석하면서 곧바로《한서음의》라고만 썼다. 살피건대 대안大顏은 《한서음의》라는 책은 이름이 없다고 여겼다. 지금 6권이 있는데 그 제목을 맹강孟康이 붙였다고도 하고 복건服虔이 붙였다고도 한다. 아마도 뒤에 덧붙인 것이지 다 사실은 아니지만 딱히 결론을 내릴만큼 자세히 알지는 못한다.

【正義】 漢書音義中有全無姓名者 裴氏注史記直云 漢書音義 按 大顏以爲 無名義 今有六卷 題云孟康 或云服虔 蓋後所加 皆非其實 未詳指歸也

[신주] 대안大顏은 안사고의 숙부 안유진顏游秦이다. 안사고를 소안小顏이라 부르고, 안유진을 대안大顏이라 부른다.

③時見微意有所裨補시현미의유소비보

[정의] 見은 발음이 '현[賢見反]'이고, 裨는 발음이 '비卑'인데, 또 발음

을 '비[頻移反]'라고도 한다. 비裨는 더하다는 뜻이다. 배인이 이르기를
"때때로 자신이 은미한 뜻을 나타냈으니 또한 도움되는 바가 있을 것이
다."라고 했다.

【正義】 見音賢見反 裨音卑 又音頻移反 裨 益也 裴氏云時見己之微意 亦
有所補益也

이에 혜성嘒星이 조양朝陽(해)을 계승하고① 날아다니는 먼지가
화악華嶽을 이룬다는 말에 비유해서② 서광의《사기음의》를 근
본本으로 삼고③ 이름을 '집해集解'라고 했다.

譬嘒星之繼朝陽① 飛塵之集華嶽② 以徐爲本③ 號曰集解

---

①譬嘒星之繼朝陽비혜성지계조양

색은   혜嘒는 아주 작은 모양[微小貌]이다.《시경》〈소남召南〉편에
"반짝이는 작은 별, 삼성三星인가, 묘성昴星인가.[嘒彼小星, 三五在東혜피소
성, 삼오재동]"라고 했다. 여러 이름 없는 작은 별들이 각각 삼심三心과 오
주五噣에서 나와 동방에 있고 또한 태양의 빛을 이어줄 수 있다는 것을
말한 것이다. 조양朝陽은 일日(해)이다. 혜성이 조양을 계승했다는 것으
로 자신이 얕은 재주로《사기》에 주석을 단 것을 비유한 것이다.

【索隱】 嘒 微小貌也 詩云 嘒彼小星 三五在東 言眾無名微小之星 各隨三
心五噣出在東方 亦能繼朝陽之光 嘒音火慧反 朝陽 日也 嘒星繼朝陽 喻己

淺薄而註史記也

②飛塵之集華嶽비진지집화악

[정의]　서악西嶽인 화산은 지극히 높고 크다. 배인이 스스로 재주가 경박하고 작지만 마치 공중에 떠다니는 먼지가 모여 화산華山이 된 것처럼 또한 그 높고 큰 것을 능히 이뤘다고 비유한 것이다. 《관자管子》에 이르기를 "바다는 물을 사양하지 않으므로 그 거대한 것을 이룰 수 있고, 산은 흙을 사양하지 않으므로 그 높은 것을 이룰 수 있다."고 했다. 華는 발음이 '화[胡化反]'인데, 또 글자와 같다.

【正義】　西岳華山極高大 裴氏自喩材藻輕小 如飛塵之集華岳 亦能成其高大 管子云 海不辭水 故能成其大 山不辭土 故能成其高 華音胡化反 又如字

③以徐爲本이서위본

[정의]　서광의 《사기음의》에서 제가諸家의 다르고 같은 것을 판단했기 때문에 서광의 《음의》를 근본으로 삼았다는 것이다.

【正義】　徐廣音義辨諸家異同 故以徐爲本也

자세하지 않는 것들은 빼고, 감히 억지로 말하지 않은 것은^① 사람의 마음이 같지 않아서 듣고 본 것도 말을 달리하기 때문이다.^② 반고班固도 이른바 소략저오疏略抵捂(소략하고 서로 모순되는 것)한 경우 주저하고 다 판별하지 않았다.^③ 진晉나라 서신胥臣처럼 들은 것이 많거나^④ 정鄭나라 자산子産처럼 박식하지 않은 것이 부끄럽다.^⑤

未詳則闕 弗敢臆說^① 人心不同 聞見異辭^② 班氏所謂 疏略抵捂者 依違不悉辯也^③ 愧非胥臣之多聞^④ 子産之博物^⑤

①未詳則闕弗敢臆說미상즉궐불감억설

정의 자세히 살피지 못한 곳이 있으면 빼고 논하지 않았지, 감히 자신의 소견으로 함부로 해설하지 않았다는 뜻이다.
【正義】 有未詳審之處則闕而不論 不敢以胸臆之中而妄解說也

②人心不同인심부동

정의 사람의 마음은 이미 같지 않고 소견도 다르다는 말이다.
【正義】 言人心既不同 所見亦殊別也

②聞見異辭문견이사

[정의] 귀로 듣고 눈으로 보아도 마음의 뜻이 이미 어그러지면 그 말들이 각각 다르다는 뜻이다.

【正義】 耳聞目見 心意既乖 其辭所以各異也

③班氏所謂~依違不悉辯也반씨소위~의위불실변야

[색은] 배인의 말은 지금 혹 마음으로 주저하면 감히 다시 판별하여 밝히지 않았다. 살펴보니 주공세가서전周公世家叙傳에 이르기를 "따르기도 하고 거스르기도 했으나 주공이 편안하게 여겼다."고 했다.

【索隱】 裴氏言今或依違 不敢復更辯明之也 按 周公世家叙傳曰 依之違之 周公綏之

④愧非胥臣之多聞괴비서신지다문

[색은] 춘추시대 진晉나라 대부 구계曰季의 이름이 서신이다. 상고해보니 《국어國語》에 일컫기를 진문공晉文公이 조사趙衰를 경卿으로 삼자 사양하면서, "난지欒枝는 곧고 신중하며, 선진先軫은 계책이 있고, 서신은 들은 것이 많아서 모두 보좌가 될 수 있습니다."라고 했다. 또 서신은 문공을 마주해서 황제는 25명의 아들에 관한 일과 준괘와 예괘가 모두 8이라는 등의 일을 말했는데 이런 것을 다문多聞이라고 한다.

【索隱】 晉大夫曰季名曰胥臣 按 國語稱晉文公使趙衰爲卿 辭曰 欒枝貞慎 先軫有謀 胥臣多聞 皆可以爲輔 又胥臣對文公黃帝二十五子及屯豫皆八等事 是多聞也

서신은 진나라 대부이다. 진나라 문공 중이重耳의 오사五蛇 중의 하나로, 사공계자司空季子라고도 한다.《역학계몽요해易學啓蒙要解》〈고변점考變占〉에 보면, 진晉의 공자 중이가 나라를 얻는 일에 대해 점을 쳐서 준괘屯掛와 예괘豫卦를 얻었다. 이에 서신이 '정貞이 준괘屯掛이고 회悔가 예괘豫卦인데, 두 괘의 둘째, 셋째 위의 괘인 음효陰爻는 모두 변하지 않는 수 8이라고 하면서, '제후를 세우면 아름답다'고 한 말이 기록되어 있다.

⑤子産之博物자산지박물

(춘추시대) 정鄭나라 경卿 공손교公孫僑의 자字가 자산이다. 살펴보니《좌씨전》에 자산이 진晉나라에 초청되어 가서 진후晉侯의 질병은 실침實沈이나 대태臺駘가 빌미가 된 것이 아니라 다만 마시고 먹는 것과 슬퍼하고 즐거웠던 것이 내관內官(여자)에게 미쳤지 동성同姓에게 미치지 못해서 병이 생긴 것이라고 말했다. 진후晉侯가 자산의 말을 다 듣고 '박물군자博物君子'라고 했다.

【索隱】 鄭卿公孫僑字子產 按 左氏傳子產聘晉 言晉侯之疾非實沈 臺駘之崇 乃說飲食哀樂及內官不及同姓 則能生疾 晉侯聞子產之言 曰 博物君子也

자산(?~서기전 522)은 춘추 말기 정나라의 정치가이자 사상가로서 성은 희姬, 씨는 국國이다. 진후晉侯가 병이 들었는데, 복인卜人이 실침과 대태 때문이라고 말했다. 진후가 위문 온 자산에게 이 두 신에

대해서 묻자 두 신은 고신씨高辛氏 둘째 아들 실침과 금천씨金天氏의 손
자 대태라고 했다. 실침은 곧 참신參神으로 진晉이 그 후예이고, 대태는
분신汾神으로서 곧 분수汾水의 신이라면서 군왕의 질병은 이 같은 것들
때문이 아니라 마시고, 먹는 것과 기쁘고, 슬픈 것, 여색 때문이라고 말
했다. 이에 진후가 "박물군자"라면서 예물을 후하게 주었다는 일화이다.
《춘추좌전》소공 원년 조와 《사기》〈정세가鄭世家〉에 나오는 일화다.

말단의 학문으로 함부로 말해서 옛 역사를 황폐하게 했으니, 어
찌 족히 여러 학덕을 쌓은 선비들 사이에 낄 수 있겠는가? 다만
마음 쓸 곳이 없는 것보다는 낫다고 여겨주기를 바랄 뿐이다.[1]
妄言末學 蕪穢舊史 豈足以關諸畜德 庶賢無所用心而已[1]

배인 기紀

---

①豈足以關諸畜德 庶賢無所用心而已 개족이관제축덕 서현무소용심이이

색은 관關은 예預(관계하다)한다는 뜻이다. 축덕畜德이란 덕을 쌓고
학문을 많이 한 사람을 이른다. 배인이 '지금 이《집해》가 어찌 족히 학
덕을 쌓고 학문이 많은 선비들 사이에 낄 수 있겠는가'라고 낮춘 것이
다. 이는 곧 성인이나 현인이 되기를 바라면 배불리 먹는 것으로 하루를
마치는 것을 이겨내야 하고, 마음 쓸 곳이 없는 것보다는, 《논어》에서

'바둑이나 장기라도 두는 사람이 낫지 않겠는가?"라고 말한 것과 같을
뿐이다.

【索隱】 關 預也 畜德 謂積德多學之人也 裴氏謙言己今此集解豈足關預於
積學多識之士乎 正是冀望聖賢 勝於飽食終日 無所用心 愈於論語 不有博
弈者乎之人耳

신주   서현무소용심庶賢無所用心에서 서庶는 '망望(바라다)'의 뜻과 같
고, 현賢은 '승勝(낫다)'과 같다는 뜻으로 《논어》〈양화陽貨〉 편에서 인
용한 것이다. 공자께서 말하길 "배불리 먹고 하루를 마쳐도 마음 쓸 데
가 없다면 어렵다. 장기와 바둑이 있지 않은가? 이것이라도 하는 것이
오히려 그만두는 것보다 낫다.[子曰飽食終日 無所用心 難矣哉. 不有博奕者乎?
爲之猶賢乎已]"라고 말했다.

《사기색은》 서

《사기색은》 서문, 조산대부 국자박사 홍문관학사 하내 사마정이
지은 것이다.[1]

史記索隱 序 朝散大夫國子博士弘文館學士河內司馬貞[1]

①사마정司馬貞

신주　사마정의 자는 자정子正으로서 당나라 하내河內, 지금의 하남
성河南省 심양沁陽출신이다. 당현종 개원開元(713~741) 연간에 벼슬이 조
산대부朝散大夫, 굉문관학사宏文館學士까지 올랐다. 《사기》 주석서인 《사
기색은》 30권을 편찬하고 자신의 관점에 따라 《사기》의 내용을 수정했
다. 사마천은 삼황오제三皇五帝 중 삼황을 삭제하고 오제五帝만을 서술
했는데, 이에 의문을 가졌다. 《계본系本》과 《상서尚書 서序》 등에는 복
희伏羲, 신농神農, 황제黃帝를 삼황三皇으로 서술했는데, 사마천은 삼황
을 지우는 대신 삼황의 마지막인 황제를 오제의 첫머리로 기록한 것에
의문을 품었을 것이다. 그래서 사마정은 오제 앞에 삼황을 설정한 《사
기》를 다시 편찬했다.

《사기》는 한漢나라 태사太史 사마천司馬遷 부자父子가 저술한 것
이다. 사마천이 스스로 500년의 운運[1]을 받들고 공자의 《춘추》
를 계승해서 《사기》를 편찬했다. 그것을 칭찬하고 폄하한 것과
실상을 규명한 것이 자못 좌구명左丘明의 서적에 버금간다.[2]
史記者 漢太史司馬遷父子之所述也 遷自以承五百之運[1] 繼春秋而
纂是史 其褒貶覈實頗亞於丘明之書[2]

①五百之運오백지운

신주 왕자王者는 500년 만에 한 번씩 태어난다는 운세.

②褒貶覈實頗亞於丘明之書포폄핵실파아어구명지서

신주 포폄褒貶은 '칭찬하고 폄하하다', 핵실覈實은 '사실을 규명하다',
파아頗亞는 '한편으로 치우치다'의 뜻이다. 구명지서丘明之書는 춘추시
대 좌구명의 저서로서 공자의 《춘추》를 주석한 《춘추좌씨전》과 《국어》
등을 이른다. 《국어》는 좌구명이 춘추시대 여덟 나라의 역사를 모은 것
으로 주어周語 3권, 노어魯語 2권, 제어齊語 1권, 진어晉語 9권, 정어鄭語
1권, 초어楚語 2권, 오어吳語 1권, 월어越語 2권으로 되어 있다. 허신許愼
은 《설문說文》에서 《춘추국어》라고 불렀다. 《춘추좌씨전》은 주로 노魯
나라에 대하여 서술했기 때문에, 이를 《내전內傳》이라 하고, 《국어》를
《외전外傳》이라고 한다.

위로는 황제헌원黄帝軒轅에서 시작해서 아래로는 무제武帝 천한天漢(서기전 100~서기전 97)에서 끝마쳤다. 12본기, 10표, 8서, 30계가系家(세가), 70열전列傳으로 총 130편이다. 《사기》에서 처음으로 좌구명이 서술한 체제體制를 바꿨는데 시대가 너무 오래되어 간책簡冊에서 빠지고 없어진 것을 수집하고 정리해서 일가를 이루었으니 그 부지런함이 지극했다.

또 그 초안을 잡을 때[1] 먼저 《좌씨춘추》, 《국어》, 《계본(세본)》,[2] 《전국책》, 《초한춘추楚漢春秋》 및 제자백가의 서적에 의거하고, 그 후 경전에 널리 통달하고 옛날과 현재의 일을 말 달리듯 섭렵해서 얽히고설킨 것들을 바로잡았다[3]

於是上始軒轅 下訖天漢 作十二本紀 十表 八書 三十系家 七十列傳 凡一百三十篇 始變左氏之體 而年載悠邈 簡冊闕遺 勒成一家 其勤至矣 又其屬橐[1]先據左氏 國語 系本[2] 戰國策 楚漢春秋及諸子百家之書 而後貫穿經傳 馳騁古今 錯綜隱括[3]

①屬橐속고

 원고의 초안을 말한다.

②系本계본

《계본》은《세본》이다. 세世는 세계世系를 뜻하고 본本은 기원을 뜻한다. 선진先秦(진나라 이전) 시대 사관이 편찬한 것인데, 주로 제왕이나 제후, 경대부卿大夫의 세계世系 전승의 사적史籍을 뜻한다. '세본'은 《주례周禮》〈춘관春官〉의 '소사小史'에 '방국의 뜻을 관장해서 세계世系를 높이고 소목昭穆을 판단한다[掌邦國之志, 奠系世, 辨昭穆]'는 말이 있는데, 이중 계系는 천자의 제계帝系를 뜻하고, 제후의 세계를 세본이라고 했다. 그러나 책 이름으로서《세본》은 서한西漢의 유향劉向이 교정한 것인데, 당나라 때 태종 이세민李世民의 이름을 피휘避諱해서《계본》이라고 고쳤다. 지금은 다시《세본》이라고 쓴다. 옛 사람들은 세본을 황제黃帝가 작성하기 시작해서 춘추春秋까지 이르렀다고 생각했지만, 현대의 학자들은 전국 말기 조趙나라 사람이 짓기 시작해서 진시황 13년~19년(서기전 234~서기전 228) 사이에 완성되었다고 보고 있다.

③錯綜隱括착종은괄

착종錯綜은 '얽히고설키다', 은괄隱括은 '뒤틀린 활을 바로 잡는 도지개'를 뜻한다. 즉, 휜 것을 곧게 하는 것이 은隱이고 뒤틀린 방형方形을 바로잡는 것이 괄括이다.

그러나 따로따로 한 국가와 한 집안의 역사를 이루는 일이기 때문에 그 뜻을 궁구해서 자세하게 알기는 어려웠다. 반고의《한서》에 견주어보면 옛 바탕에 대해 미약했기 때문에 한漢나라와 진晉나라의 명현名賢들이 중요하게 여기지 않았다. 위문후魏文侯가 고악古樂을 들으면 오직 잠이 올까 두려워했다는 말이 진실로 까닭이 있었던 것이다.[1]

各使成一國一家之事 故其意難究詳矣 比於班書 微爲古質 故漢晉名賢未知見重 所以魏文侯聽古樂則唯恐臥 良有以也[1]

[1]魏文侯聽古樂則唯恐臥良有以也위문후청고악즉유공와량유이야

신주 문후(?~서기전 396)는 전국戰國시대 위魏의 임금이다.《예기禮記》〈악기樂記〉에 위문후가 자하子夏에게 "고악을 들으면 졸음이 와서 곤란하지만 정鄭나라나 위衛나라의 음악을 들으면 싫증이 나지 않는다[聽古樂, 則唯恐臥, 聽鄭衞之音, 則不知倦]"고 하면서 그 까닭을 물은 것을 인용한 것이다. 옛 것이 지루해보이고 새 것이 좋아 보이지만 진정 좋은 것은 옛 것에 있다는 사례로 사용된다.

진晉나라 말에 이르러서 중산대부中散大夫 동완군 사람 서광이 처음으로 《사기》의 다르고 같은 것을 상고해서 《사기음의史記音義》 13권을 지었다. 송宋나라 외병참군外兵參軍 배인은 또 경전의 훈석訓釋에서 취해 《사기집해》를 지었는데, 도합 80권이었다. 비록 대략 미세한 뜻은 드러냈으나 모두 다 막힘없이 따지지는 못했다.

남제南齊의 경거록사輕車錄事 추탄생鄒誕生이 또한 《사기음의音義》 3권을 지었다. 그 음音에 대한 해설은 조금 뛰어났지만 그 의義에 대한 해설은 소략했다. 그 뒤에 그 학문도 중도에 폐지되었다.[1]

逮至晉末 有中散大夫東莞徐廣始考異同 作音義十三卷 宋外兵參軍裴駰又取經傳訓釋作集解 合爲八十卷 雖粗見微意 而未窮討論 南齊輕車錄事鄒誕生亦作音義三卷 音則微殊 義乃更略 爾後其學中廢[1]

① 爾後其學中廢이후기학중폐

신주 《사기》에 주석을 다는 학문이 폐지되었다는 뜻이다.

당唐나라 정관貞觀(627~649) 년간에 간의대부諫議大夫 숭현관학
사崇賢館學士 유백장劉伯莊[1]이 학문에 통달하고 재주가 뛰어나
그 중심中心 뜻을 탐색해서[2] 또《사기음의》20권을 지었는데,
서광이나 추탄생에 비교하면 음은 갖추어졌다. 그러나 잔문殘
文(완전치 못한 문장)과 얽히고설킨 구절들과 음이 다르고 그 뜻은
뚜렷하지 않아서 비록 혼자서는 잘 알고 있었더라도 이치를 바
로 보지 못했으니 후세 사람들에게 어찌 본보기로서 따르게 할
수 있겠는가?

貞觀中 諫議大夫崇賢館學士劉伯莊[1]達學宏才 鉤深探賾[2] 又作音
義二十卷 比於徐鄒 音則具矣 殘文錯節 異音微義 雖知獨善 不見傍
通 欲使後人從何准的

①劉伯莊유백장

신주　당나라 학자. 유백장은 서주徐州 팽성彭城출신으로서 태종 때
국자조교國子助敎와 국자박사國子博士를 역임했다(《구당서舊唐書》). 당고
종 때《사기음의史記音義》,《사기지명史記地名》,《한서음의漢書音義》각
20권씩을 지었다.

②鉤深探賾구심탐색

신주 구심鉤深은 '수레의 중심', 탐색探賾은 '찾아내는 것'이다.

나 사마정司馬貞은 명성이 적고 식견이 좁지만[①] 자못 사실을 깊게 연구해[②] 집안에 이 책을 전해서 감히 잃어버리지 않게 했다. 처음에는 흐트러지고 엉클어진 것을 고쳤고, 성기고 유실된 것을 보충했으며, 뜻이 통하지 않는 것이 있으면 겸하여 주석을 거듭 서술했다. 그래서 이 책에서 이지러지고 빠진 것들이 비록 많은데, 진실로 고사古史를 위하여 천착穿鑿(깊이 연구함)을 더했으나 진정한 실정을 알기 어려웠기 때문이다.

貞諛聞陋識[①] 頗事鑽研[②] 而家傳是書 不敢失墜 初欲改更舛錯 裨補疎遺 義有未通 兼重註述 然以此書殘缺雖多 實爲古史 忽加穿鑿 難允物情

---

①貞諛聞陋識정유문루식

신주 정貞은 사마정 자신을 뜻한다. 조산대부朝散大夫 국자박사國子博士 홍문관학사弘文館學士 하내河內의 직책을 가졌다. 유문諛聞은 '들은 것을 기꺼이 따른다'는 뜻이고 누식陋識은 '좁은 소견'이라는 뜻으로써 겸손의 말이다.

②頗事鑽研파사찬연

파사頗事는 '한쪽으로 치우쳤다'는 뜻이지만 여기서는 '깊게 연구했다'는 의미다. 찬연鑽研은 '깊이 연구하다'는 뜻이다.

지금 달리 들은 것을 탐구探求하고 전고典故에서 개고 주워서 그 풀지 못한 것들은 풀고 펴지 못한 것들은 폈으며, 문장을 해석하고 주석을 더하고 거듭 술찬述贊하면서 그친 것이 무릇 30권이다. 이를 《사기색은史記索隱》이라고 이름지었다. 비록 감히 서부書府(나라의 서고)에 저장하지는 못할지라도 또한 자손에게 좋은 과업을 물려주고자 했다고는 이를 수 있을 것이다.[1]

今止探求異聞 採摭典故 解其所未解 申其所未申者 釋文演註 又重爲述贊 凡三十卷 號曰史記索隱 雖未敢藏之書府 亦欲以貽厥孫謀[1]
云

사마정司馬貞 기紀

---

①貽厥孫謀이궐손모

《시경》의 〈문왕유성文王有聲〉 편에 있는 구절이다. 자손에게 좋은 과업을 물려준다는 뜻으로 이궐가유貽厥嘉猷와 같은 뜻이다.

《사기색은》 후서

《사기색은》 후서, 사마정이 지은 것이다.

史記索隱 後序 司馬貞

무릇 태사공太史公(사마천)은 사실을 기록하면서 위로는 황제헌
원黃帝軒轅에서 시작해 아래로는 한무제 천한天漢 연간에서 끝
마쳤다.

비록 고문古文을 널리 수집하고 또 제자諸子(제자백가)의 기록까
지 전했지만 그 사이에 빠뜨린 것들이 자못 많았다. 어떤 것들은
이문異聞에서 널리 찾아 그 설說을 이루기도 했다. 그러나 그
사람은 기이한 것을 좋아하고 시문[詞]은 생략했다. 그래서 사실
을 조사했지만 문장이 미약했고, 이 때문에 후대의 학자들이 궁
구하지 못한 것이 많았다. 반씨班氏(반고)의 《한서》는① 후한後漢
때 이루어졌다. 반표班彪(반고의 아버지)는 이미 사마천이 이룬 다
음에 기술한 까닭에 그 맥락의 흐름을 다시 밝혔고, 이에 겸해
서 여러 선현先賢들의 말을 채집해 여러 이치가 모두 갖추어졌
다. 그래서 그 뜻이 풍부해지고 그 문장이 빛났다. 이것이 근대
近代의 여러 유학자들이 함께 행하고 찬앙鑽仰했던 이유이다.

夫太史公紀事 上始軒轅 下訖天漢 雖博采古文及傳記諸子 其閒殘
闕蓋多 或旁搜異聞以成其說 然其人好奇而詞省 故事覈而文微 是
以後之學者多所未究 其班氏之書^① 成於後漢 彪旣後遷而述 所以條
流更明 是兼采衆賢 羣理畢備 故其旨富 其詞文 是以近代諸儒共行
鑽仰

①班氏之書반씨지서

신주 반고(32~92년)와 그의 누이 동생 반소班昭(약 45~약117)가 편찬
한《한서》를 뜻한다. 반고는 동한東漢(후한)의 역사가 반표의 아들로 태
어났다. 후한後漢 광무제光武帝가 반표를 서령徐令에 제수했지만 사양하
고 역사 연구에 몰두하다가 사망했다. 반고가 부친의 뒤를 이어서 역사
를 편찬하다가 국사國史를 함부로 개작했다는 혐의로 투옥되었는데, 뛰
어난 무장이기도 했던 동생 반초班超(32~102)의 탄원으로 석방되었다.
또한 명제明帝에 의해 난대령사蘭臺令史에 제수되어 16년간에 걸쳐서
《한서》를 편찬했다. 반고는 40대 중반 장군이자 화제和帝의 삼촌이었던
두헌竇憲을 따라 흉노匈奴 정벌에 나서서 공을 세우지만 두헌을 제거하
려는 화제의 의도에 따라 두헌이 몰락하면서 반고도 옥에 갇혀 예순 살
의 나이로 옥사하고 말았다. 그 후 누이 반소는《한서》를 완성하고 그
내용을 다른 학자들에게 가르쳐도 좋다고 승인 받았다.
　반고의 누이 반소는 조세숙曹世叔의 부인이었는데 조세숙이 일찍 죽

자 학문에 전념했다. 후한의 화제和帝가 이 사실을 알고 입궁하게 해서 사람들이 조대가曹大家라고 불렀다. 반고가 죽자《한서》의 제7표第七表인 《백관공경표百官公卿表》와 제6지第六志인 《천문지天文志》를 편찬해《한서》를 완성했다. 《사기》와《한서》는 쌍벽을 이루는 두 역사서인데,《사기》는 한나라 고조 유방과 패권을 다투었던 〈항우본기〉를 유방의 〈고조본기〉보다 앞서 서술했지만《한서》는 항우의 사적을 〈진승陳勝열전〉과 함께 〈항적項籍열전〉으로 분류했을 정도로 한왕조에 순응적이었다.

그의 훈고訓詁는 대개 또한 다문多門이었다. 채모蔡謨[1]가《한서집해漢書集解》를 지을 때 이미 24가家의 설說이 있었는데, 이 때문에 문장이 막히는 바가 없었고 이치도 버릴 것이 없었다. 태사공太史公의 서書《사기》》는 이미 위로 황제헌원부터 서술하고 가운데는 전국시대를 기술했는데, 어떤 것은 명산名山의 무너진 벽壁에서 얻었고 어떤 것은 옛 풍속의 가요에서 취했다. 그래서 모자란 문장과 끊어진 구절은 자세히 밝히기가 어려웠다. 그런데도 고금의 주석을 단 자들이 지나쳐 버리거나 생략해서 그 음의音義가 또한 희미해졌다.[2]

其訓詁蓋亦多門 蔡謨[1]集解之時已有二十四家之說 所以於文無所滯 於理無所遺 而太史公之書 既上序軒黃 中述戰國 或得之於名山壞壁 或取之以舊俗風謠 故其殘文斷句難究詳矣 然古今爲注解者絕省 音義亦希[2]

①채모蔡謨

신주　채모(281~356년)는 동진東晉에서 광록대부光祿大夫까지 올랐다
가 사도司徒에 제수되자 거부하다가 서인庶人으로 강등되었다.《수서隋
書》에《채모집蔡謨集》17권이 있었다고 전하고 있으며,《한서》에 주석을
달았다고 전해지는데 이것이《한서집해》다.

②希희

신주　희希는 '희稀(드물다)'는 뜻이다.

처음에는 후한後漢의 연독延篤①이 지은《사기음의史記音義》1권
이 있었고, 또 따로《사기장은史記章隱》5권이 있었지만 지은이
가 누구인지는 기록하지 않았다. 근대에는 이가二家의 본本이
있는데 드물게 남아 있다.②
始後漢延篤①乃有音義一卷 又別有章隱五卷 不記作者何人 近代鮮
有二家之本②

①연독延篤

신주　연독(?~167년)은 후한의 학자이다. 순제順帝 때 효렴孝廉으로 천

거되어 벼슬에 나왔다. 경전과 제자백가의 설에 밝았다.

②近代鮮有二家之本근대선유이가지본

신주 사마정이 생존했던 8세기 당나라 때를 근대라고 표현했는데, 이때까지는 연독이 지은 《사기음의》와 저자 미상의 《사기장은章隱》이 남아 있었다는 뜻이다. 현재는 모두 전하지 않는다.

송宋나라 중산대부 서광이 《사기음의》 13권을 지었는데, 다만 여러 학자들의 책[諸家本]에서 다르고 같은 것을 기록하면서 그 뜻을 약간 해석했다. 또 중병랑中兵郎 배인이 또한 명문가 자제로서 《사기집해주본史記集解注本》을 지었는데 모두 80권八十卷으로서 대대로 전해지고 유행했다. 거듭하여 또한 《사기음의史記音義》가 있다는 말이 있지만 앞 세대에서 흩어지고 없어진지 오래되었다.

宋中散大夫徐廣作音義十三卷 唯記諸家本異同 於義少有解釋 又中兵郎裴駰 亦名家之子也 作集解注本 合爲八十卷 見行於代 仍云亦有音義 前代久已散亡

남제南齊의 경거녹사 추탄생이 또한《사기음의》3권을 편찬했는데 그 음音은 기이한 것만 높였고 의義를 설명한 것은 드물었다. 수隋나라 비서감秘書監 유고언柳顧言이 또 이 사史(《사기》)에 더욱 밝았다. 유백장劉伯莊이 이미 선인先人(부친)께서 일찍이 저 공公을 따라 수업受業하고 혹은 음音의 해석을 따라 기록한 것이 총 30권이라고 말했다. 그러나 수隋나라 말기에 시대가 어지러워지면서① 마침내 이 책들을 잃어버렸다.

南齊輕車錄事鄒誕生亦撰音義三卷 音則尚奇 義則罕說 隋祕書監 柳顧言尤善此史 劉伯莊云 其先人曾從彼公受業 或音解隨而記錄 凡三十卷 隋季喪亂① 遂失此書

①隋季喪亂수계상란

신주 수隋(581~618년)의 말기가 어지럽고 혼란스러웠다는 뜻이다. 수나라는 오랜 분열 시대를 끝내고 중원을 통일했지만 문제文帝와 양제煬帝가 거듭 고구려를 침공했다가 패배하면서 국력이 크게 소진했고, 각지에서 봉기가 일어나 멸망하고 말았다.

유백장은 당唐나라 정관貞觀 초에 칙서를 받아 홍문관에서 강의하고 가르치면서 비로소 추탄생과 서광의 두 학설을 캐고 겸해서 유고언의 음音의 뜻을 기억해 마침내 《사기음의》 20권을 만들었다. 《사기》의 음은 이렇게 두루 갖추어졌지만 의는 다시 생략되었으니 애석하도다! 고사古史의 미문微文이 비로소 몇몇 현인의 비보秘寶로만 쓰이면서 그 학문이 거의 단절되었도다.

전조前朝(수나라)의 이부시랑吏部侍郎 허자유許子儒[1]도 《사기주의史記注義》를 저술했지만 그 책은 볼 수 없었다. 숭문관학사崇文館學士 장가회張嘉會가 홀로 이 책에 밝았지만 그 뜻을 주석한 것은 없다.

伯莊以貞觀之初 奉勅於弘文館講授 逐采鄒徐二說 兼記憶柳公音旨 逐作音義二十卷 音乃周備 義則更略 惜哉! 古史微文逐由數賢祕寶 故其學殆絕 前朝吏部侍郎許子儒[1]亦作注義 不覩其書 崇文館學士張嘉會獨善此書 而無注義

①허자유許子儒

신주 허자유(?~?)는 당나라 벼슬아치이자 학자이다. 《구당서舊唐書》 〈경적지經籍志〉 '정사류正史類'에는 사마정이 지은 《사기史記》 130권과 배인의 《사기집해》 80권과 허자유가 주석한 130권, 서광이 편찬한 《사기음의史記音義》 13권, 추탄생이 편찬한 《사기음의》 3권과 유백장이 편찬한 30권이 있었다고 기록하고 있다.

나 사마정은 젊어서 장가회를 따라 배우고 만년까지 다시 깊이 연구해보니 처음부터 없어진 것들이 많다는 것을 알았다. 아울러 비루한 저소손[1]이 속이고 그르친 것에 분노가 생겨서 《사기》를 보충하고, 마침내 겸해서 주석을 달았다. 그러나 그 공은 절반에 불과하다. 이에 스스로 생각해서 이르기를 "천년의 옛 역사[古史]는 결점을 지적하기가 어렵구나.[2]"라고 말하고자 한다.

貞少從張學 晚更研尋 初以殘闕處多 兼鄙褚少孫[1]誣謬 因憤發而補史記 逐兼注之 然其功殆半 乃自唯曰 千載古史 良難閒然[2]

①褚少孫저소손

신주　약 3세기경의 학자로 추정된다. 사마천이 사망한 후 《사기》 10편이 산실散失되었는데 이를 보충했다고 전해지는 인물이다. 《사기》〈열전〉의 태사공 자서의 주석에서 배인은 "장안張晏은 사마천이 사망한 후 〈경제본기[景紀]〉·〈무제본기[武紀]〉·〈예서禮書〉·〈악서樂書〉·〈병서兵書〉·〈한흥이래장상열전漢興以來將相年表〉·〈일자열전日者列傳〉·〈삼왕세가三王世家〉·〈구책열전龜策列傳〉·〈부근괴성열전傅靳蒯成列傳〉이 망실되었는데 저선생이 보충해 채웠으나…… 그 언사가 비루해서 사마천의 본 뜻과 달랐다."고 비판했다. 사마정의 비판처럼 학문이 모자라면서 제 마음대로 《사기》를 고쳤다고 비판받는 인물이다.

②良難閒然양난간연

간연閒然은 결점을 지적하여 비난한다는 뜻인데, 일본판에서는 주역紬繹으로 되어 있다. 실마리를 끌어내어 찾는다는 뜻이다.

물러나서 《사기》의 음의音義를 짓고 거듭 찬술해 무릇 얽히고설킨 뿌리와 엉긴 마디를① 가르고자 했지만 그것은 마치 북쪽으로 수레를 끌면서 벼슬은 남쪽에서 하려는 것 같았다.② 모두 30권을 만들어 《사기색은》이라고 이름 붙였다.

因退撰音義 重作贊述 蓋欲以剖盤根之錯節① 遵北轅於司南也② 凡爲三十卷 號曰史記索隱云

사마정司馬貞 기紀

---

①盤根之錯節반근지착절

뒤얽힌 뿌리와 엉클어진 마디라는 뜻으로 일이 얼크러져 처리하기가 몹시 어려움을 이르는 말이다.

②北轅於司南북원어사남

수레는 북쪽으로 끌면서 벼슬은 남쪽에서 하고자 한다는 뜻으로 서로 거리가 먼 것을 비유한다.

《사기정의》 서

①장수절張守節

신주 장수절(?~?)은 당 중기의 저명한 학자. 제왕시독선의랑諸王侍讀
宣議郎 수우청도솔부장사守右淸道率府長史를 지냈다. 그의 생전 행적에
대해서는 잘 알려지지 않았다. 그러나 이 《사기정의》 서序는 당현종 개
원 24년(736) 쓴 것으로, 여기에 "나 장수절이 학문을 섭렵한 지 30여
년이다."라고 썼으니 무측천武則天(재위 690~705) 때 활동한 것을 알 수
있다. 또한 《사기》〈제순帝舜〉 조의 주석에서 장수절은 "상고해보니 무
후武后(측천무후)가 왜국倭國의 이름을 일본국日本國이라고 고쳤다.[案 武
后改倭國爲日本國]"라고 말하고 〈하본기〉 주석에도 같은 내용을 적었는
데, 이는 장수절이 직접 들은 이야기를 적은 것으로 이 또한 그가 무측

천 시대 사람이란 사실을 알 수 있게 해 준다.

《사기》는 한나라 태사공 사마천이 지은 것이다. 사마천은 용문龍門에서 태어나[1] 하산河山 남쪽에서 밭을 갈고 가축을 길렀다. 남쪽으로 강수江水와 회수淮水를 유람했고 제齊나라와 노魯나라가 있던 군郡에서[2] 학문을 연구했다.

史記者 漢太史公司馬遷作 遷生龍門[1] 耕牧河山之陽 南遊江淮 講學齊魯之郡[2]

---

①遷生龍門천생용문

신주 《사기》〈태사공자서太史公自序〉에 "사마천은 용문에서 태어났다."고 나온다. 장수절은 이 구절에 대한 주석에서 《괄지지》를 인용해 "용문은… 한성韓城현 북쪽 50리에 있다."고 말했는데, 현재 섬서성 한성시 남쪽으로 비정하고 있다.

②齊魯之郡제노지군

신주 제나라와 노나라 사이라는 뜻으로 지금의 산동山東반도를 뜻한다. 산동반도는 동이족이 살던 중심 지역으로서 공자도 동이족인 은나라 사람의 후예였다. 사마천은 《사기》〈공자세가〉에서 공자의 고향을

방문했다고 회고하고 있다.

그는 태사太史의 직위를 이어받아 《춘추》[1]를 이어서 《노사魯史》
의 문장을 묶고 좌구명의 《좌씨춘추》와 《국어》를 포괄했으며
《세본》과 《전국책》에서 채집하고 《초한춘추》에서 습득했다. 경전
을 꿰어 편찬하고 널리 역사가들을 두루 찾아서 위로는 황제헌원
부터 시작해서 아래로는 한무제 천한 연간에서 마쳤다.

12본기를 지어서 제왕이 흥성하고 패망한 것을 상세하게 다뤘다.
30세가를 지어서 군국君國의 존망存亡을 모두 나타냈다. 8서를
지어서 음양陰陽과 예악禮樂을 전했다. 10표를 지어서 대계代系
와 연봉年封을 정했다. 70열전을 지어서 충신忠臣과 효자孝子가
진실로 갖추어졌다. 기록할 것은 기록하고 삭제할 것은 삭제해
서 역사서의 으뜸이 될 뿐만 아니라 표제와 목록은 족히 국가를
다스릴 만하다.

紹太史 繼春秋[1] 括文魯史而包左氏 國語 采世本 戰國策而摭楚漢
春秋 貫紬經傳 旁搜史子 上起軒轅 下既天漢 作十二本紀 帝王興廢
悉詳 三十世家 君國存亡畢著 八書 贊陰陽禮樂 十表 定代系年封
七十列傳 忠臣孝子之誠備矣 筆削冠於史籍 題目足以經邦

[1] 春秋춘추

신주 공자가 지은 노희공魯僖公 원년(서기전 722)부터 애공哀公 14년 (서기전 481)까지 242년 간의 노나라 역사서이다. 맹자는 "공자가 《춘추》를 지은 후 난신적자亂臣賊子들이 두려움을 알게 되었다."고 평가했다.

배인은 "그가 사리事理를 잘 차리고 변론하되 화려하지 않으며 질박하되 속되지 않았다. 그 문장은 곧고 그 사실은 견실하며 헛되이 미화하지 않고 악을 숨기지 않은 것에 탄복했다. 그래서 '실록'이라고 했다." 유향이나 양웅으로부터 모두 훌륭한 역사가의 재능을 지녔다고 칭송되었으니. 하물며 삼황과 오제의 전적[1]이 소멸되고 간책簡冊들이 유실되었던들 어떠했으랴. 《춘추》에 견주어 보면 언사는 예스럽고 질박하며, 《전한서》와 《후한서》(양한兩漢)에 견주어 보면 문장은 간략했지만 이치는 깊었다.

裴駰服其善序事理 辯而不華 質而不俚 其文直 其事核 不虛美 不隱惡 故謂之實錄 自劉向 楊雄皆稱良史之才 況墳典[1]湮滅 簡冊闕遺 比之春秋 言辭古質 方之兩漢 文省理幽

---

①墳典분전

신주 분전은 삼분三墳과 오전五典을 뜻하는 것으로 곧 삼황과 오제의 전적이다.

나 장수절이 학문을 섭렵한 지 30여 년이다. 육경六經과 구류九流와 지리地里와 삼창三蒼과 《이아爾雅》[1]를 예리한 마음으로 관찰해서 캐내고 《사기》와 《한서》를 논평하고 여러 사람들의 훈석을 참고하여 《사기정의》를 지었다. 군국郡國의 성읍城邑의 자세한 곡절은 펴서 밝히고, 고전古典의 그윽하고 미묘함에 대하여 그 아름다움을 혼자서 가만히 더듬으니 이치를 찾는 것이 참으로 유쾌했다. 옛 책舊書의 뜻을 이어서 음音과 해설과 주석을 아울러 달고 인용한 것이 널리 통하기에 이르렀으니 무릇 30권이 이루어져 《사기정의》라고 이름지었다.

守節涉學三十餘年 六籍九流地里蒼雅[1]銳心觀採 評史漢詮衆訓釋而作正義 郡國城邑委曲申明 古典幽微竊探其美 索理允愜 次舊書之旨 兼音解注 引致旁通 凡成三十卷 名曰史記正義

① 六籍九流地里蒼雅육적구류지리창아

신주 육적六籍은 육경六經, 구류九流는 한漢나라 때 아홉 학파, 곧 유가儒家 ·도가道家 ·음양가陰陽家 ·법가法家 ·명가名家 ·묵가墨家 ·종횡가縱橫家 ·잡가雜家 ·농가農家를 뜻한다. 창아蒼雅는 삼창三蒼과 이아爾雅로서 삼창은 한漢나라 초기의 자서字書 《창힐편蒼詰篇》·《원력편爰歷篇》·《박학편博學篇》을 이르기도 하고, 위진魏晉 이후에 편찬된 자서字書인 이사李斯의 《창힐편蒼詰篇》, 양웅楊雄의 《훈찬편訓纂篇》, 가방賈

訪의《방희편游喜篇》을 이르기도 한다. 아雅는《이아爾雅》인데, 서기전 2세기 무렵 주공周公이 지었다고 전해지는 자서字書이다.

고황膏肓(고칠 수 없는 병)의 이야기를 펼쳐 드날리고 창명滄溟(창해)의 바다를 건너기를 생각했으니, 감히 여러 비부秘府에 보관된 것과 나란하지 못해도, 훈고訓詁하여 갈래를 정돈했기를 바라며, 자손에게 남기니 대대로 이 사서를 간직하기 바란다.

때는 병자년丙子年 당나라 현종 개원 24년(736) 8월 살청殺靑(가을)에 이것을 마쳤다.

發揮膏肓之辭 思濟滄溟之海 未敢侔諸祕府 冀訓詁而齊流 庶貽厥子孫 世疇茲史 于時歲次丙子 開元二十四年八月 殺靑斯竟

장수절張守節 기紀

《사기정의》 논사례 論史例

옛날의 제왕帝王에 대해서 우사右史는 말[言]을 기록하고 좌사左史는 일[事](행적)을 기록했다.[①] 말은 《상서尚書》《서경》가 되고 일는 《춘추》가 되었다. 한나라 태사공 사마천은 이 둘을 겸했으므로 《사기》라고 이름지었다.

古者帝王右史記言 左史記事[①] 言爲尚書 事爲春秋 太史公兼之 故名曰史記

①右史記言左史記事우사기언좌사기사

신주 우사는 군주의 말을 기록하고 좌사는 군주의 행동을 기록하는 것인데 두 사관의 글을 합쳐서 실록을 작성한다.

아울러 육가^①의 잡설들을 채집해서 하나의 사史를 만들고, 군
신君臣 · 부자父子 · 부처夫妻 · 장유長幼의 질서와 천지天地, 산천
山川과 국읍國邑의 명호名號 및 특이한 풍속과 사물의 여러 종류
의 등급을 갖추어 논했다.

并採六家^①雜說以成一史 備論君臣父子夫妻長幼之序 天地山川國
邑名號殊俗物類之品也

①六家육가

신주　유가 · 도가 · 법가 · 음양가 · 묵가 · 명가를 말한다.

태사공(사마천)은 《사기》를 지으면서 황제黃帝 · 고양高陽 · 고신高
辛 · 당요唐堯 · 우순虞舜^① · 하夏 · 은殷 · 주周 · 진秦에서부터 시작
해서 한무제 천한 4년(서기전 97)에 끝마쳤는데 모두 합해 2,413
년이다.

太史公作史記 起黃帝 高陽 高辛 康堯 虞舜^① 夏 殷 周 秦 訖于漢武
帝天漢四年 合二千四百一十三年

①黃帝高陽高辛唐堯虞舜황제고양고신당요우순

황제·전욱 고양씨·제곡 고신씨·제요·제순은 사마천이 〈오제본기〉에 수록한 상고시대의 제왕들이다.

본기 12편을 지은 것은 한 해가 12개월인 것을 본뜬 것이다.

표 10을 지은 것은 하늘의 강유剛柔[①]가 10일인 것을 본떠서 봉건封建과 세대世代의 끝마치고 시작하는 것을 기록한 것이다.

서 8편을 지은 것은 1년의 여덟 절기[八節][②]를 본떠서 천지天地, 일월日月, 산천山川, 예악禮樂을 기록한 것이다.

세가 30을 지은 것은 1개월은 30일이고, 30폭幅(바퀴 살)이 1곡一轂(수레바퀴)이 되는 것을 본받아 대대로 녹봉을 받는 집안과 보필하는 고굉股肱의 신하들의 충성과 효도의 득실을 기록한 것이다.

열전 70을 지은 것은 1행一行이 72일인 것을 본뜬 것인데, 70이란 모든 수를 들어 말한 것이고, 나머지 2일은 윤달의 나머지를 본뜬 것이다. 이로써 왕후, 장상과 영현英賢들이 천하에 공명功名을 세운 것을 드러내 서열을 알 수 있도록 기록한 것이다.

모두 합해서 130편이 된 것은 1년이 12개월에 윤달의 나머지가 있는 것을 본뜬 것이다.

作本紀十二 象歲十二月也 作表十 象天之剛柔[①]十日 以記封建世代終始也 作書八 象一歲八節[②] 以記天地日月山川禮樂也 作世家三十 象一月三十日 三十輻共一轂 以記世祿之家輔弼股肱之臣忠孝得失也 作列傳七十 象一行七十二日 言七十者擧全數也 餘二日象閏餘也 以記王侯將相英賢略立功名於天下 可序列也 合百三十篇 象一歲十二月及閏餘也

①剛柔강유

신주 강일剛日과 유일柔日. 강일剛日은 천간天干이 갑甲 ·병丙 ·무戊 ·
경庚 ·임壬으로서 양陽에 해당하고, 유일柔日은 을乙 ·정丁 ·기己 ·신辛 ·
계癸로서 음陰에 해당한다. 《예기禮記》〈곡례曲禮〉에 "바깥일은 강일에
하고, 안의 일은 유일에 한다."는 구절이 있다. 130편은 한 달을 열 편으
로 쳐서 12달이 120편이고 윤달 열편을 더해 130편이라고 한 것이다.

②八節팔절

신주 여덟 절후節侯로서 입춘立春 ·춘분春分 ·입하立夏 ·하지夏至 ·
입추立秋 ·추분秋分 ·입동立冬 ·동지冬至를 뜻한다.

태사공이 이 오품五品①을 만들었는데 하나라도 없애는 것은 불
가하다. 천지를 다스리는 이치로써 권장하고 경계시켜 후세의
본보기가 되게 한 것이다.
而太史公作此五品① 廢一不可 以統理天地 勸獎箴誡 爲後之楷模也

장수절張守節 기紀

---

①五品오품

신주 본기, 10표, 8서, 세가, 열전의 다섯 분별. 인륜의 다섯 가지 분
별인 부父, 모母, 형兄, 제弟, 자子를 본뜬 것이다.

空

사기 제1권 史記卷一

오제본기 五帝本紀

사기 권1

오제본기^① 제1

史記卷一

五帝本紀^①第一

집해 주석 중에서 무릇 이를 서씨徐氏라고 한 뜻은, 서씨(서광, 352~425)의 성명을 일컬어 구별한 것이다. 나머지 것은 모두 배인의 주해注解인데, 겸해서 여러 제가들의 뜻풀이를 모은 것이다.

【集解】 凡是徐氏義 稱徐姓名以別之 餘者悉是駰注解 并集衆家義

①五帝本紀오제본기

색은 기紀(벼리)는 기記이다. 그 일의 근본을 기록했으므로 '본기本紀'라고 한 것이다. 또 기紀는 다스린다는 뜻이다. 실타래에도 벼리가 있는 것이다. 제왕의 글을 기紀라고 일컬은 것은 후대에 벼리와 법도가 된다는 것을 말한 것이다.

【索隱】 紀者 記也 本其事而記之 故曰本紀 又紀 理也 絲縷有紀 而帝王書稱紀者 言爲後代綱紀也

정의 정현鄭玄은 《중후칙성도中侯勅省圖》의 주석에서 "덕이 오제五帝의 성좌星坐에 합하는 것을 제帝라고 칭한다."고 했다. 또 《곤령도坤靈圖》에 이르기를 "덕德은 천지와 짝해서 바른 곳에 있고 치우친 곳에 있지 않은 것을 제帝라고 한다."고 했다.

살펴보니 태사공은 《세본》과 《대대례》[2]에 의거해서 황제黃帝·전욱顓頊·제곡帝嚳·당요唐堯·우순虞舜을 오제五帝라고 했다. 초주譙周와 응소應劭와 송균宋均도 다 같게 봤다. 그러나 공안국孔安國의 《상서尙書》서序와 황보밀皇甫謐의 《제왕세기帝王世紀》, 손씨孫氏가 주석한 《세본世本》은 모두 복희伏羲·신농神農·황제黃帝를 삼황三皇으로 삼고, 소호少昊·전욱顓頊·고신高辛·당唐·우虞를 오제五帝로 삼았다.[3]

배송지裴松之의 사목史目에는 "천자를 본기라고 일컫고 제후를 세가라고 한다."고 했다. 본本이란 그의 본계本系(근본 혈통)에 묶는 것이므로 본本이라고 한다. 기紀는 다스림이다. 모든 일을 도맡아 다스려서 연월에 묶어 기紀라고 일컫는다. 제第는 차서次序(순서)의 목록이다. 일一이라는 것은 숫자의 시작을 들은 것이다. 그래서 '오제본기 제일五帝本紀第一'이라고 했다.

《예기》에서 말하길 "행동은 좌사가 기록하고, 말은 우사가 기록한다."고 했다. 《예기정의》에서는 좌는 양이기 때문에 움직임을 기록하고, 우는 음이기 때문에 말을 기록한다. 말은 《상서》가 되고, 일은 《춘추》가 된다. 살펴보니 춘추 때 좌사 우사를 두었다. 그래서 사기라고 이른 것이다.

【正義】 鄭玄注中候勅省圖云 德合五帝坐星者 稱帝 又坤靈圖云 德配天地 在正不在私 曰帝 案 太史公依世本 大戴禮^② 以黃帝 顓頊 帝嚳 唐堯 虞舜爲 五帝 譙周 應劭 宋均皆同 而孔安國尙書序 皇甫謐帝王世紀 孫氏注世本 並 以伏犧 神農 黃帝爲三皇 少昊 顓頊 高辛 唐 虞爲五帝^③ 裴松之史目云 天子 稱本紀 諸侯曰世家 本者 繫其本系 故曰本 紀者 理也 統理衆事 繫之年月 名之曰紀 第者 次序之目 一者 擧數之由 故曰五帝本紀第一 禮云 動則左史 書之 言則右史書之 正義云 左陽 故記動 右陰 故記言 言爲尙書 事爲春秋 案 春秋時置左右史 故云史記也

② 大戴禮대대례

신주　《대대례》는 한나라의 대덕戴德이 편찬한 책으로 정식 이름은 《대대례기大戴禮記》이다. 대덕은 춘추시대 송宋 군주 대공戴公(재위 서기전 799~서기전 766)의 22세 후손으로 현 하남성 상구商丘시인 휴양睢陽 사람 이다. 송대공은 상商 은나라의 왕성王姓인 자성子姓으로 송씨宋氏이며 이 름이 백白으로서 송나라의 11대 군주이다. 《대대례》의 내용은 공자와 그 제자들 및 주나라 말~한나라 초의 여러 학자들의 예禮에 관한 200여 편의 설을 중복을 피해 85편으로 정리한 것이다. 이를 대덕의 조카 대성

戴聖이 다시 49편으로 간추린 것이 지금 전하는《예기禮記》로서《소대례기》라고도 한다.《대대례기》의 〈오제덕五帝德〉 및 〈제계帝繫〉 편에는 오제인 황제黃帝 · 전욱顓頊 · 제곡帝嚳 · 제요帝堯 · 제순帝舜, 그리고 하夏나라의 시조라는 우禹에 대하여 그들의 덕과 계보를 약술해 놓았다.

③五帝오제

■신주■ 사마천은 삼황을 삭제하고 황제 · 제전욱 · 제곡 · 제요 · 제순을 오제로 삼았는데 공안국 · 황보밀 · 손씨 등은 복희 · 신농 · 황제를 삼황으로 삼고 소호 · 제전욱 · 제곡(고신) · 요(당) · 우(순)을 오제로 삼아서 사마천과 다르다는 뜻이다.

신주　중국에서도 최근 중국사의 시작을 동이족이라고 긍정하고 있는 추세다. 중국에는 다수의 동이족 고고 유적들이 있다. 중국에서는 동이족 고고유적이 후리문화后李文化(서기전 6500~서기전 5500)에서 비롯되어 북신문화北辛文化(서기전 5500~서기전 4300)를 거쳐 대문구문화大汶口文化(서기전 4300~서기전 2600)와 용산문화龍山文化(서기전 2600~서기전 2000)로 이어진다고 바라보고 있다. 황하문명의 핵심인 용산문화까지 동이족 문화라고 긍정하는 것이다. 이들은 태호太昊·소호少昊·치우·제순帝舜(순임금)를 동이족 영웅이라고 설정하고 있는데 이중 태호 및 소호시대는 북신문화와 대문구문화 후기이고 치우蚩尤·전욱顓頊·제곡帝嚳·우순虞舜시대는 대문구 후기와 용산문화 시대라는 것이다(임기 동이문화박물관 편臨沂東夷文化博物館 편,《도설동이圖說東夷》) 이들은 비록 황제黃帝는 하화족夏華族의 시조라고 설정하고 동이문화가 하화夏華문화로 통합되었다고 인식하는데, 동이문화를 유적과 사료대로 인정한다는 점에서 전향적 역사해석이라고 할 수 있다.

사마천이 설정한 오제 및 하은주 시조 계보도

①황제 —— 누조

소호 —— 경도

창의 —— 창복

교극

②제전욱(고양)

③제곡(고신) —— 강원(원비) —— 간적(차비) —— 진봉씨 딸

곤

궁선

⑧후직(주시조) ⑦설(은시조) ④제요(방훈)

⑥우(하시조)

경강

구망

교우

고수

⑤제순

제1장

황제

황제와 치우의 전쟁

황제黃帝는① 소전少典의 아들이다.②

黃帝者① 少典之子②

①黃帝황제

[집해] 서광은 "황제의 호號는 유웅有熊이다."라고 했다.

【集解】 徐廣曰 號有熊

[색은] 살펴건대, 토덕土德의 상서로움이 있고 흙의 빛깔이 황黃색이므로, 황제黃帝라고 칭했다. 신농씨가 화덕火德으로 왕이 되어 염제炎帝라고 일컫는 것과 같다. 이로써 황제를 오제의 첫머리로 삼았는데 대개 《대대례》〈오제덕〉 편에 의한 것이다. 또한 초주와 송균도 그러하다고

여겼다. 그러나 공안국, 황보밀의《제왕대기帝王代紀》및 손씨孫氏가 주
석한《계본系本》에는 모두 복희, 신농, 황제를 삼황으로 삼고 소호少昊,
고양高陽, 고신高辛, 당唐, 우虞(순)를 오제五帝로 삼았다.《집해》주석에
서 '황제의 호는 유웅'이라고 한 것은 그가 본래 유웅국有熊國 군주의
아들이기 때문이다. 또한 '헌원씨軒轅氏'라는 호號에 대해 황보밀은 '헌
원 언덕에 살아서 이를 이름으로 삼고 또 호로 삼았다.'라고 말했다. 또
《좌전左傳》에 의하면 호는 제홍씨帝鴻氏라고 했다.

【索隱】 案 有土德之瑞 土色黃 故稱黃帝 猶神農火德王而稱炎帝然也 此
以黃帝爲五帝之首 蓋依大戴禮五帝德 又譙周 宋均亦以爲然 而孔安國 皇
甫謐帝王代紀及孫氏注系本並以伏犧 神農 黃帝爲三皇 少昊 高陽 高辛 唐
虞爲五帝 注 號有熊者 以其本是有熊國君之子故也 亦號軒轅氏 皇甫謐云
居軒轅之丘 因以爲名 又以爲號 又據左傳 亦號帝鴻氏也

정의 《여지지輿地志》에 이르기를, "탁록涿鹿은 본래 이름이 팽성彭城
인데 황제가 처음 도읍했다가 유웅으로 옮겼다."라고 했다. 살펴보니 황
제는 유웅국 임금이고 소전국少典國 임금의 차자次子이므로 호를 유웅
씨라고 했다. 또 진운씨縉雲氏라고도 하고 제홍씨帝鴻氏라고도 하고 또
제헌씨帝軒氏라고도 했다. 어머니는 부보附寶인데 기祁 들판에 가서 큰
번개가 북두추성北斗樞星(북두칠성의 추성樞星(첫 번째))을 감싸는 것을 보고
감응해서 임신해 24개월 만에 수구壽丘에서 황제를 낳았다. 수구는 노
나라 동문의 북쪽인데, 지금 연주兗州 곡부현曲阜縣 북쪽 6리에 있다.
태어날 때 용안龍顔(천자의 얼굴)에 일각日角(이마 중앙의 뼈가 해 모양으로 돋
은 모양)을 가지고 태어났는데, 경운景雲(상서로운 구름)의 기운이 있었고,

토덕土德으로 왕이 되었으므로 황제라고 했다. 태산泰山에서 봉封을 하고 정정산亭亭에서 선禪을 했다. 정정은 모음牟陰에 있다.

【正義】 輿地志云 涿鹿本名彭城 黃帝初都 遷有熊也 案 黃帝有熊國君 乃少典國君之次子 號曰有熊氏 又曰縉雲氏 又曰帝鴻氏 亦曰帝軒氏 母曰附寶 之祁野 見大電繞北斗樞星 感而懷孕 二十四月而生黃帝於壽丘 壽丘在魯東門之北 今在兗州曲阜縣東北六里 生日角龍顏 有景雲之瑞 以土德王 故曰黃帝 封泰山 禪亭亭 亭亭在牟陰

❶ 사마천은 《사기》의 시작을 오제로 설정하고 그 순서를 황제, 제전욱, 제곡, 요, 순으로 서술했다. 사마천은 한나라 역사만이 아니라 그때까지의 중국사 전체를 포괄하는 서술하면서 황제를 중국사의 시작으로 설정한 것이다.

　그런데 사마천의 이런 계보는 장수절이 《정의》에서 설명한 것처럼 공안국, 황보밀, 손씨 등이 생각한 계보와 두 가지 점에서 달랐다. 첫째 사마천은 삼황을 삭제했지만 이 학자들은 공통적으로 오제 앞에 삼황을 설정했다. 사마천과 같은 시기 학자인 공안국孔安國(서기전 156~서기전 74)은 물론 황보밀皇甫謐(서기 215~282), 손씨 같은 후대 학자들도 모두 오제 이전에 복희·신농·황제의 삼황이 있었다고 서술했다. 둘째 사마천이 오제의 첫 제왕을 황제黃帝로 설정했지만 이 학자들은 소호少昊를 오제의 첫 번째로 설정했다. 물론 초주譙周(서기 201~270), 응소應劭(서기 153~196), 송균宋均(?~76)처럼 오제의 첫 제왕을 황제로 서술한 학자들도 있었다.

중국사의 시작을 삼황으로 보는가, 오제로 보는가 하는 문제는 중요하다. 왜냐하면 삼황으로 시작하느냐, 오제로 시작하느냐에 따라 시조와 계통이 달라지기 때문이다. 사마천은 제왕들의 사적을 본기本紀로 설정하면서 오제五帝를 《사기》의 시작으로 삼은 것이다. 그러나 사마천과 동시대는 물론 그 후대에도 중국사의 시작을 삼황으로 설정한 학자들이 적지 않았다.

〈표 1〉 삼황 오제에 대한 중국 역사서의 기록들

	사기·세본·대대례	상서 서·제왕세기·손씨	백호통	비고
삼황	서술 안함	복희·신농·황제	복희·신농·축융	사기는 삼황 서술 안 함
오제	황제·전욱·곡·요·순	소호·전욱·곡·요·순	소호·전욱·곡·요·순	오제의 시작이 황제와 소호로 다름

위 〈표 1〉에서 주목해야 할 두 저서는 공안국의 《상서 서序》와 《백호통白虎通》이다. 공안국은 사마천과 동시대 사람이자 공자의 10세손이다. 공자의 옛 집을 수리하던 중 벽 속에서 《고문상서古文尙書》《예기禮記》 등의 옛 서적이 쏟아져 나왔는데, 모두 옛 글자인 과두문자蝌蚪文字로 쓰여 있었다. 이를 참조해 지은 《상서 서》도 삼황부터 서술했다. 사마천은 유가儒家임에도 공자 집안에서 나온 옛 책의 제왕 계보를 받아들이지 않았다.

《백호통》은 동한東漢(후한) 장제章帝 건초建初 4년(서기 79) 태상太常,

장將, 대부大夫, 박사博士, 의랑議郎, 낭관郎官 같은 고위 벼슬아치들과 저명한 유학자들이 낙양 북궁인 백호관白虎觀에 모여 오경의 각 판본에 대해 강의를 듣고 토론한 결과를 수록한 책이다. 특히 한 장제漢章帝가 그 결과 보고서를 직접 재가해서 작성한 책이다(《후한서後漢書》〈숙종 효장 제肅宗孝章帝 본기〉 건초 4년 11월 조)

사마천과 동시대 학자인 공안국의 《상서 서》나 후한 장제를 필두로 당대의 유신儒臣(유학자인 벼슬아치들)들이 편찬한 《백호통》도 오제 앞에 삼황을 먼저 서술했다. 그러나 사마천은 삼황을 삭제했다. 그리고 《상서 서》에서 삼황의 세 번째로 서술한 황제를 오제의 첫 번째 제왕으로 서술했다.

사마천의 이런 역사인식에 대한 문제제기는 옛날부터 많았다. 《색은》을 편찬한 당나라 사마정은 "(《제왕대기》와 《세본》에는) 오제 앞에 복희·신농·황제를 삼황으로 삼았다."고 삼황을 삭제한 것을 비판했다. 사마정은 사마천의 《사기》 〈오제본기〉 앞에 〈삼황본기〉를 추가해 복희·여와·신농을 삼황으로 삼고, 황제는 오제의 첫 번째로 서술하는 사마정의 《사기》를 편찬하기도 했을 정도였다.

❷ 오제의 첫 번째 제왕에 대해서도 사마천 등과 달리 공안국 등은 소호로 설정했다. 두 학자들 사이의 이런 차이는 두 제왕에 대한 인식 차이로 집결된다. 태호太昊 복희伏羲씨와 소호少昊 청양靑陽씨인데, 그 사이에 황제가 있다.

중국 산동성 임기臨沂시에는 2014년 준공된 동이문화박물관東夷文化博物館이 있다. 박물관 내부에 동이 영웅을 전시해 놓았는데, 첫 머리

가 태호 복희씨이고 소호·치우·제순 순서다.(임기동이문화박물관 편, 《도설 동이》)

공안국, 황보밀, 손씨 등이 삼황의 첫 번째로 설정한 태호 복희씨와 오제의 첫 번째로 설정한 소호씨가 모두 동이족이라는 것이다.

〈계보도 1〉 화서씨에서 제곡 고신씨까지 계보도

화서씨

◎복희씨

소전씨

황제 —— 누조

◎소호 김천씨 —— 경도 진풍씨 창의 —— 창복 촉산씨

교극 제전욱 고양씨

제곡 고신씨 —— 차비 간적

설 (은나라 시조)

1. 중국에서 동이족 이라고 인정하는 인물은 복희씨와 소호씨

2. 소전씨부터 제곡 까지는 사마천의 계보도에 따름

중국에서 연구한 고대 제왕 계보를 정리하면 이렇게 된다. 화서씨華 胥氏(여성)가 복희씨를 낳았고, 복희씨가 소전少典을 낳고, 소전이 황제를 낳고, 황제가 소호를 낳았다. 그런데 복희와 소호가 동이족이라면, 복희 의 후손이자 소호의 아버지인 황제도 동이족이 될 수밖에 없다.

사마천은 부친 사마담司馬談이 한漢 황실의 전적典籍을 관장하는 사관이었고, 집안 대대로 사관 집안이었으므로 사마천이 이러한 사실을 몰랐을 개연성은 작다. 그럼에도 사마천이 삼황을 지우는 대신 황제를 중국사의 첫 제왕으로 시조로 삼아 중국사를 시작한 이유가 있을 것이다. 그것은 복희와 소호가 동이족인 것이 명백했으므로 두 제왕을 지우고 동이족 치우蚩尤와 싸운 황제를 중국사의 첫 제왕으로 설정해 중국사의 계보를 만들려 한 것으로 추측할 수 있다.

그러나 태호와 소호를 지운 사마천의 오제 계보에 대해《한서漢書》를 편찬한 반고班固도 동의하지 않았다. 사마천은 태호와 황제의 적장자 소호를 지우고, 그 손자 전욱이 제위를 이은 것으로 설정했지만 반고는《한서》〈고금인표古今人表〉의 '상상 성인上上聖人' 조에서 고대 제왕의 계보를 사마천과 달리 이렇게 정리했다.

①태호 복희씨− ②염제 신농씨− ③황제 헌원씨− ④소호 김천씨−
⑤전욱 고양씨− ⑥제곡 고신씨− ⑦제요 도당씨− ⑧제순 유우씨−
⑨제우 하후씨− ⑩제탕 은상씨− ⑪문왕 주씨 《한서》〈고금인표〉）

《한서》〈고금인표〉는 태호 복희씨를 중국사의 첫 제왕으로 설정하고, 황제의 아들 소호가 황제의 제위를 이었다고 서술했다.《죽서기년竹書紀年》도 황제 헌원씨 다음에 제지帝摯 소호씨를 기록하고 그 다음이 전욱 고양씨라고 서술해서 소호가 제위에 올랐다고 밝혔다.《죽서기년》은 춘추春秋 때(서기전 770~서기전 403) 진晉나라 사관과 전국戰國 때(서기전 403~서기전 221) 위魏나라 사관이 편찬한 역사서로서 서진西晉 함녕

咸寧 5년(279) 급군汲郡(지금의 하남성 급현)에 있던 위나라 양왕襄王(안리왕安釐王) 묘에서 발견되었는데,《급총기년汲冢紀年》,《고문기년古文紀年》으로도 불린다. 사마천의 사기보다 훨씬 이른 시기에 작성된 사서다.

태호는 물론 소호도 동이족이라는 사실은 여러 가지 사료가 말해주고 있다. 소호라는 칭호에 대해 초주譙周는《고사고古史考》에서 "궁상씨窮桑氏는 영성嬴姓으로 능히 태호太昊의 법을 닦았고 태호의 도를 종宗으로 삼았으므로 소호라고 한다."고 말하고 있다. 지금은 성씨를 구별 없이 사용하지만 옛날에는 성姓이 더 큰 종족집단이란 개념이고, 씨氏는 성에서 갈라져 나온 보다 작은 종족집단이다.《고사고》는 영성에서 궁상씨가 갈라져 나왔다는 뜻인데, 영성嬴姓은 중원을 통일한 진秦나라 왕실의 왕성王姓이다.《시자尸子》〈인의仁義〉 편은 "소호 김천씨少昊金天氏는 궁상을 도읍으로 삼았다."라고 말하고 있고,《제왕세기》는 "소호 김천씨는 궁상의 읍에서 제위에 올라서 곡부曲阜를 도읍으로 삼았다. 그래서 혹 궁상제窮桑帝라고도 한다."라고 말하고 있다. 이는 진나라 왕실을 세운 영성이 소호의 후손이라는 뜻이다.《사기》〈봉선서封禪書〉에 "진나라 양공襄公이…… 소호의 신을 주관해야 한다고 생각해서 서치西畤(서쪽 제사터)를 만들어 백제白帝(소호)를 제사했다."라고 말하고 있다. 진秦나라 왕실에서 동이족 소호의 제사를 지냈다는 뜻이다. 사마천은 〈진본기〉에서 진나라 왕실을 소호가 아닌 제전욱의 후손으로 그렸는데,《사기》〈봉선서〉는 소호의 후손이라고 말하고 있는 것이다.

중앙연구원 역사어언연구소歷史語言硏究所를 창립한 중국의 부사년傅斯年(1896~1950)은《이하동서설夷夏東西說》에서 "태호 복희가 동방의 부족이라는 것은 고대로부터 공인되어 온 일이다."라고 말했고, 또 같은 글에서 "동방의 부족인 소호족에서 백익伯益의 일족인 목축과 고요皐陶의 일족은 제형制刑(형벌을 주관하는 관리)으로 각각 이름이 났으며, 이 모든 이족夷族은 활과 화살로 이름이 있었다."라고 말했다. 제요·제순 시대에 조정에서 활약한 백익·고요 역시 동이족이라는 뜻이다.

또한 《삼국사기》 〈김유신열전〉에도 김유신이 소호의 후예라고 말하고 있다.

> "신라 사람들은 스스로 소호少昊 김천金天씨의 후예이므로 성을 김金이라 한다고 하였으며, 김유신 비문에도 '헌원의 후예요 소호의 후손이다[軒轅之裔 少昊之胤]'라고 하였으니 곧 남가야 시조 수로왕은 신라와 더불어 성이 같다.《삼국사기》 〈김유신열전〉)"

헌원은 소호의 부친인 황제를 뜻한다. 김유신이 황제와 그 아들 소호의 후손이라고 한 것은 황제와 소호가 같은 동이족이라는 뜻이다. 뿐만 아니라 황제부터 중국 고대사를 기록한 《세본世本》도 소호는 황제의 아들이라고 서술했고, 두예杜預(222~285)도 《춘추좌전》 소공 17년 조의 주석에서 소호를 황제의 아들이라고 말했다. 소호는 황제의 적장자로서 제위를 계승했다는 기록이 많음에도 사마천은 소호가 제위를 계승하지 못하고 황제의 손자이자 소호의 조카인 제전욱이 황제의 제위를 계승했다고 서술했다.

현대의 낙빈기駱賓基(1917~1994)는 문화대혁명 때 북경시 문사관文史館에 하방되었다가 그곳에 소장되어 있던 각종 청동기에 새겨진 금문金文을 연구해 《금문신고金文新考(1987, 상·하)》를 간행했다. 금문을 통해

상고사를 바라본 낙빈기는 오제는 물론 하夏·상商·주周 3대도 모두 오제의 후손으로 동이족이라고 서술했다.

②少典之子소전지자

집해 초주譙周는 "유웅국 군주인 소전少典의 아들이다."라고 말했다. 황보밀은 "유웅국은 지금의 하남河南 신정新鄭이 이곳이다."라고 말했다.
【集解】 譙周曰 有熊國君 少典之子也 皇甫謐曰 有熊 今河南新鄭是也

색은 소전이란 것은 제후국의 호칭이지 사람의 이름이 아니라고 말했다. 또 상고해보니 《국어》(진어晉語를 뜻한다)에서는 '소전이 유교씨有蟜 氏의 딸에게 장가들어 황제와 염제를 낳았다.'라고 했다. 그렇다면 염제 도 또한 소전의 아들이다. 염제와 황제 두 제왕이 비록 서로 계승했지 만 《제왕대기》(제왕세기)는 중간에 무릇 8대 제왕의 500여 년 사이가 비어있다. 만약 소전이 그의 아버지 이름이라면 어찌 황제가 500여 년 을 거친 후에야 처음으로 염제를 대신해서 뒤에 천자가 될 수 있었겠는 가, 어찌 그 년대가 이리 장구한가? 또 상고해보니 〈진본기秦本紀〉에는 '전욱顓頊씨의 후손 여수女脩가 새의 알을 먹고 대업大業을 낳았는데, 대업이 소전씨를 얻어 백예柏翳를 낳았다'고 말했다. 소전은 나라 이름 이고 사람 이름이 아닌 것이 명백하다. 황제는 곧 소전씨 후대의 자손인 데, 가규賈逵도 그렇다고 말했다. 그래서 《좌전》에 '고양씨高陽氏는 재자 才子 8명을 두었다.'고 말했으니 이 또한 그 후대 자손을 아들이라고 칭 한 것으로 보아야 옳을 것이다. 초주는 자字가 윤남允南이며 촉蜀땅 사

람이다. 위魏나라에서 산기상시散騎常侍의 벼슬로 불렀으나 제수되지는
않았다. 여기에 인용한 주석은 그가 저술한 《고사고古史考》의 설명이다.
황보밀은 자字가 사안士安이며 진晉나라 사람이고, 호는 현안선생玄晏先
生이다. 지금 인용한 것은 그가 지은 《제왕대기》《제왕세기》이다.

【索隱】 少典者 諸侯國號 非人名也 又案 國語云 少典娶有蟜氏女 生黃帝
炎帝 然則炎帝亦少典之子 炎黃二帝雖則相承 如帝王代紀中閒凡隔八帝
五百餘年 若以少典是其父名 豈黃帝經五百餘年而始代炎帝後爲天子乎 何
其年之長也 又案 秦本紀云 顓頊氏之裔孫曰女脩 吞玄鳥之卵而生大業 大
業娶少典氏而生柏翳 明少典是國號 非人名也 黃帝即少典氏後代之子孫
賈逵亦謂然 故左傳 高陽氏有才子八人 亦謂其後代子孫而稱爲子是也 譙
周字允南 蜀人 魏散騎常侍徵 不拜 此注所引者 是其人所著古史考之說也
皇甫謐字士安 晉人 號玄晏先生 今所引者 是其所作帝王代紀也

신주 〈삼황묘비三皇廟碑〉는 "포희包犧(복희)의 아들 소전이 신룡수神
龍首가 되어 동쪽 소전少典으로 천도했는데, 전유顓臾의 땅에서 임금이
되어 포희의 제사를 지냈다."라고 말하고 있다. 〈삼황묘비〉는 송나라 때
인 1318년에 만들어졌는데, 1985년에 강소성 숙천宿遷시에서 출토된
비문이다. 이 비에 나오는 전유는 복희의 후예로서 풍風 성姓이 되었는
데, 전유 고성은 산동성 동이족의 중심지 중 하나인 임기臨沂시 몽산蒙
山구 백림柏林진 고성촌으로 비정한다. 〈삼황묘비〉는 복희의 아들이 소
전이라고 말하고 있는데, 소전은 곧 황제의 아버지이다. 소전은 유웅씨
有熊氏가 되었는데, 유웅씨는 동이족 성씨로서 현재 하남성 신정시新鄭
市에 있었다고 비정하는데, 이곳에 헌원언덕[軒轅丘]도 있다. 소전의 모

친이 여와女媧라는 기록도 있는데, 여와는 동이족 모계사회의 전통을 말해주는 창세創世 여신女神이다. 소전은 유교씨有蟜氏의 딸인 임사任姒와 부보符寶라는 두 부인을 두었다. 위《색은》이 인용한《국어》에 "소전이 유교씨의 딸에게 장가들어 황제와 염제炎帝를 낳았다."고 했는데, 부보에게서 황제를 낳고, 임사에게서 염제를 낳았다는 것이다. 염제와 황제는 아버지는 같고 어머니가 다른 이복異腹 형제라는 것이다.

성姓은 공손公孫이고 이름은 헌원軒轅[1]이다.

姓公孫 , 名曰軒轅[1]

---

①軒轅헌원

색은　상고해보니 황보밀은 '황제는 수구壽丘에서 태어나고 희수姬水에서 자라서 이를 성姓으로 삼았다. 헌원 언덕에서 살아서 이를 이름으로 삼았고, 또 호號로도 사용했'고 말했다. 이는 본래의 성姓은 공손公孫인데, 희수姬水에서 오래 살아서 성을 희姬로 바꾸었음을 말해준다.

【索隱】 案 皇甫謐云 黃帝生於壽丘 長於姬水 因以爲姓 居軒轅之丘 因以爲名 又以爲號 是本姓公孫 長居姬水 因改姓姬

신주　《국어國語》〈진어晉語〉는 '소전이 유교씨有蟜氏의 딸에게 장가들어 황제와 염제를 낳았다.'라고 말했다. 유교씨는 사성姒姓에서 나왔는데, 여자 여女자를 부수로 쓰는 성씨들은 모계사회 전통의 동이족이다. 좌구명이 쓴《국어》는 주周왕조와 노국魯國·제국齊國·진국晉國·정국鄭國·초국楚國·오국誤國·월국越國 등 여러 제후국의 역사로서 주周 목왕穆王이 견융犬戎을 공격한 견융지전犬戎之戰(서기전 965~964?)부터 주 정정왕貞定王 때의 진양지전晉陽之戰(서기전 455~453?) 때까지를 기록한 역사서다. 황제의 출생지는 공자의 고향인 산동성 곡부에 있는데, 현재 같은 경내에 소호릉도 있다. 김유신이 헌원의 후예이고 소호의 후손이라는《삼국사기》〈김유신열전〉의 기록은 신라 김씨의 발상지와 그 이동 경로에 대한 여러 연구 과제를 제기하고 있다.

태어날 때부터 신령神靈해서 갓난 아이 때부터 [弱]말을 잘했고①
어렸지만[幼] 명민明敏했다.②
生而神靈 弱而能言① 幼而徇齊②

---

①弱而能言약이능언

　색은　약弱은 유약幼弱한 때를 말한다. 대개 말을 잘 못할 때지만 황제는 말을 했으므로 신이神異하다고 여겼다. 반악潘岳(서진西晉 시대의 시인)의《애약자哀弱子》편에 그 자식이 칠순七旬(70일)이 못된 것을 약弱이라고 했다.

【索隱】 弱謂幼弱時也 蓋未合能言之時而黃帝即言 所以爲神異也 潘岳有

哀弱子篇 其子未七旬曰弱

정의 신이神異한 것을 말한 것이다.《역경易經》에 "음양의 변화를 헤아릴 수 없는 것을 신神이라고 이른다."고 말했다.《서경書經》에 "사람이 오직 만물의 영靈이다."라고 했다. 그래서 신령神靈하다고 이른 것이다.

【正義】 言神異也 易曰 陰陽不測之謂神 書云 人惟萬物之靈 故謂之神靈也

②幼而徇齊유이순제

집해 서광은, "《묵자墨子》에서 '나이가 열다섯이 지나서는 곧 총명하여 생각이 두루 통하지 않음이 없었다'고 했다." 배인이 살펴보니 순徇은 빠르다[疾]는 뜻이고, 제齊도 빠르다[速]는 뜻이다. 성덕聖德이 어리지만 빨리 나타난 것[疾速]을 말한 것이다.

【集解】 徐廣曰 墨子曰 年踰十五 則聰明心慮無不徇通矣 駰案 徇疾 齊速 也 言聖德幼而疾速也

색은 이 글은 옳지 않다. 지금 살펴보니 순徇과 제齊는 모두 덕德이다.《서경》에 "총명제성聰明齊聖(총명하고 존엄하며 성스러웠다)"이라고 했고,《좌전》에 "자유제성子雖齊聖(아들이 비록 엄숙하고 사리에 통달하더라도)"이라고 했으니 성덕이 엄숙한 것을 말한 것이다. 또 살펴보니《공자가어孔子家語》와《대대례》에 함께 "예제叡齊(슬기롭고 엄숙하다)"라고 되어 있는데, 다른 판본에는 "혜제慧齊(슬기롭고 엄숙하다)"라고 썼다. 예叡와 혜慧는 모두 지혜롭다는 뜻이다. 태사공은《대대례》에서 채록해서 이 기紀를 지었는데 지금 그 문장에서는 '순徇' 자가 없다.

《사기》구본舊本은 또한 '준제濬齊'라고 썼다. 대개 옛 글자[古字]에는 '순徇' 자를 빌려서 '준濬' 자로 삼았는데, 준濬은 깊다[深]는 뜻이다. 뜻이 서로 통한다. 《이아爾雅》에는 '제齊'와 '속速'이 질疾이란 뜻을 함께 갖고 있다. 《상서대전尚書大傳》에는 '다문이제급多聞而齊給'이라고 했고, 정현鄭玄이 주석注釋해서 '제齊는 질疾이다'라고 했다.

지금 배인이 주석에서 순徇의 뜻을 질疾이라고 한 것은 그 출처를 볼 수 없다. 혹은 마땅히 순徇은 '신迅(빠르다)'이라고 읽어야 하는데, 신迅은 《이아》에서 제齊와 함께 질疾이란 뜻을 가졌으니 '신迅' 자와 '준濬' 자는 비록 글자는 다르지만 그 음은 같다.

또 《이아》에서는 "선宣과 순徇은 편遍(두루 미치다)이란 뜻으로써 준濬과 통한다."고 했다. 이는 '편遍' 자가 '통通' 자와 뜻이 또한 서로 가까운 것이다. 황제가 어리지만 재주와 지혜가 두루 미쳤다고 말한 것이고, 또 말을 잘 했다[辯給]는 것이다. 그래서 《묵자》에서 또한 "나이가 쉰[五十]이 지나야 곧 총명하고 심려心慮가 두루 통하지 않는 것이 없다."고 한 것이다. 속본俗本(민간에서 갖고 있는 《사기》)에는 '십오十五'라고 했는데, 옳지 않다. 살피건대 나이가 많아서 오십 살이 넘었어도 총명하지 않다고 이르는데, 어찌 열다섯 살에 이를 얻을 수 있겠는가?

【索隱】 斯文未是 今案 徇 齊 皆德也 書曰 聰明齊聖 左傳曰 子雖齊聖 謂聖德齊肅也 又案 孔子家語及大戴禮並作 叡齊 一本作 慧齊 叡 慧 皆智也 太史公採大戴禮而爲此紀 今彼文無作 徇者 史記舊本亦有作 濬齊 蓋古字假借 徇 爲 濬 濬深也 義亦並通 爾雅 齊 速 俱訓爲疾 尚書大傳曰 多聞而齊給 鄭注云 齊 疾也 今裴氏注云徇亦訓疾 未見所出 或當讀 徇 爲 迅 迅於爾

雅與齊俱訓疾 則迅濟雖異字 而音同也 又爾雅曰 宣 徇 遍也 濟 通也 是 遍
之與 通 義亦相近 言黃帝幼而才智周徧 且辯給也 故墨子亦云 年踰五十 則
聰明心慮不徇通矣 俗本作 十五 非是 案 謂年老踰五十不聰明 何得云 十五

신주 《대대례기》〈오제덕〉에서 공자의 말을 인용한 것이다. 공자는 "황제는 소전의 아들이고, 헌원이라고 한다. 태어나면서 신령했고, 약했지만 말을 할 수 있었고, 어렸지만 지혜가 있었다[幼而慧齊] 자랄 때는 돈독하고 민첩했으며 성인이 되어서는 총명했다."라고 썼다. '유이순제 幼而徇齊'가 아니라 '유이혜제幼而慧齊'라고 달리 썼지만 뜻은 같다.

자랄 때는 돈독하고 민첩했으며 성인成人이 되어서는 총명했다.①

長而敦敏 成而聰明①

---

①長而敦敏成而聰明장이돈민성이총명

정의 성成이란 스무 살에 관례冠禮를 치르고 성인成人이 되는 것을 말한다. 총명이란 듣고 보아서 명확하게 판단하는 것이다. 이상에서 헌원에 이르기까지는 모두《대대례》의 문장이다.

【正義】 成謂二十冠 成人也 聰明 聞見明辯也 此以上至 軒轅 皆大戴禮文

헌원시대에 신농씨의 세상이 쇠약해져서[1]

軒轅之時 神農氏世衰[1]

①神農氏世衰신농씨세쇠

집해 황보밀은 《역경》에 일컫기를 포희씨庖羲氏(태호씨)가 몰沒하자 신농씨가 일어났는데 이 이가 염제炎帝이다.”라고 말했다. 반고는 “백성을 가르쳐 농사를 짓게 했으므로 호를 신농이라고 했다.”고 말했다.

【集解】 皇甫謐曰: 易稱庖犧氏沒 神農氏作 是爲炎帝 班固曰 教民耕農 故 號曰神農

색은 세상이 쇠약해졌다는 것은 신농씨 후대 자손의 도덕이 쇠약해지고 엷어졌다는 뜻이지 염제 자신을 지칭한 것이 아니다. 곧 반고가 이른바, ‘참로參盧(신농씨의 후예 유망)’라고 한 것이고, 황보밀이 이른바, ‘제유망帝楡罔(신농씨의 호를 세습한 자)’이라고 한 것이 이것이다.

【索隱】 世衰 謂神農氏後代子孫道德衰薄 非指炎帝之身 即班固所謂 參盧 皇甫謐所云 帝楡罔 是也

정의 《제왕세기》에는 “신농씨의 성은 강씨姜氏이다. 어머니는 임사任姒이며 유교씨有蟜氏의 딸인데 소전의 비妃가 되었다. 화양華陽에서 노는데 신룡神龍의 머리가 있어서 그에 감응해 염제를 낳았다. 사람의 몸에 소의 머리를 가졌는데 강수姜水에서 자랐다. 성스런 덕이 있었는데 화덕火德으로 왕이 되었으므로 염제炎帝라고 불렀다. 처음에 진陳 땅에 도읍했다가 또 노魯 땅으로 옮겼다. 또 괴외魁隗씨라고도 하고 또 연산連山씨라고도 하고 또 열산산列山씨라고 한다."고 말했다.

《괄지지括地志》에는, "여산厲山은 수주隨州 수현隨縣 북쪽 100리에 있는데 산의 동쪽에 석혈石穴이 있다. 옛날에 신농씨가 여향厲鄉에서 태어났으므로 열산씨列山氏라고 한다. 춘추시대에 여국厲國이 있었다."고 말했다.

【正義】 帝王世紀云 神農氏 姜姓也 母曰任姒 有蟜氏女 登爲少典妃 遊華陽 有神龍首 感生炎帝 人身牛首 長於姜水 有聖德 以火德王 故號炎帝 初都陳 又徙魯 又曰魁隗氏 又曰連山氏 又曰列山氏 括地志云 厲山在隨州隨縣北百里 山東有石穴 曰昔 神農生於厲鄉 所謂列山氏也 春秋時爲厲國

신주 사마천은 황제 헌원을 오제의 첫 번째이자 중국사의 시조로 설정했는데, 그 앞에 신농씨의 세상이 있었다고 써서 스스로 모순을 드러냈다. 《집해》에서 언급한 포희는 태호 복희씨로서 뒤를 이어 신농씨가 제위에 올랐다는 뜻이다. 신농씨가 태어난 여산驪山과 여국厲國에 대해 중국에서는 여산 수주를 호북성湖北省 북부北部 수주시隨州市라고 비정하면서 염제의 고향이라고 기념하고 있다.

그러나 춘추 때의 여국에 대해서는 지금의 하남성 주구周口시에서 관할하는 녹읍현鹿邑縣 동쪽이라면서 염제(신농)가 건립한 나라라고 기념하고 있어서 서로 모순된다. 신농씨가 '처음에 진陳 땅에 도읍했다가 또 노魯(산동성 곡부) 땅으로 옮겼다'는《정의》주석을 감안해보면 하남성 녹현 동쪽이 보다 사실에 가까울 것이다.

신농씨와 황제와 관계에 대해 낙빈기는《금문신고》에서 고대 혼인 풍습으로 설명했다. 금문에는 동이족의 혼인 풍습이 두 명의 남성과 두 명의 여성이 서로 혼인하는 제도로 나타나는데, 낙빈기는 이를 양급제 兩級制 혼인이라고 명명했다. 과거 하와이에서 두 명 혹은 그 이상의 남성과 두 명 혹은 그 이상의 여성이 혼인하는 풍습을 '푸날루아punalua 혼인'이라고 하는데, 양급제 혼인 방식이 이와 유사하다.

배우자가 있는 사람이 다시 혼인하는 것을 중혼重婚이라고 한다면 금문에 나오는 고대 동이족의 혼인 방식은 일종의 복중혼複重婚이다. 두 명의 남성과 두 명의 여성이 함께 혼인하는데, 남성은 형제 사이지만 여성은 고모와 조카 사이라는 것이다. 양급제에서는 왕위가 사위에게 계승되는데, 함께 혼인한 고모는 모일급 첩속母一級妾屬이 되고 조카는 자일급 첩속子一級妾屬이 된다.

사마천은《사기》에서 요임금이 두 딸을 순에게 시집 보냈다고 썼지만 금문에는 요임금의 여동생과 딸을 보냈다고 되어 있다는 것이다.《사기》 〈오제본기〉는 제요가 두 딸을 제순에게 시집보냈다고 썼는데, 사마천이 부계 위주 관념으로 요의 여동생을 딸로 바꾸어 서술했다는 것이다. 낙빈기는 신농과 황제는 장인과 사위 관계인데, 부계제 사회 남성들이 이를 이해하지 못하고 부계 위주로 바꾸어 서술하면서 많은 모순을 낳았다고 주장했다.

제후들이 서로 침략해서 죽이고 백성들에게 포학했지만 신농씨는 정벌하지 못했다. 이에 헌원씨가 방패와 창을 쓰는 방법을 익혀서 천자에게 조회朝會하지 않고 공물을 바치지 않는 자들을 정벌하니[1] 제후들이 다 와서 복종하고 따랐다.

諸侯相侵伐 暴虐百姓 而神農氏弗能征 於是軒轅乃習用干戈 以征不享[1] 諸侯咸來賓從

[1] 以征不享이정불향

색은　간과干戈(전쟁이나 무기)를 사용해 제후 중에 조회하지 않고 공물도 바치지 않는 자[不朝享]를 정벌하는 것을 이른다. 어떤 본에는 혹 정亭이라고 썼는데, 정의 뜻은 곧은 것[直]이니 제후 중에 곧지 못한 자를 정벌하는 것이다.

【索隱】 謂用干戈以征諸侯之不朝享者 本或作 亭 亭訓直 以征諸侯之不直者

그러나 치우蚩尤는 가장 포악했기 때문에 정벌할 수 없었다.[1]

而蚩尤最爲暴 莫能伐

①蚩尤最爲暴莫能伐치우최위포막능벌

집해 응소는 "치우는 옛날 천자이다."라고 말했다. 신찬은 《공자삼조기孔子三朝記》에 "치우는 서인庶人 중에 탐욕스런 자이다."라고 말했다.

【集解】 應劭曰 蚩尤 古天子 瓚曰 孔子三朝記曰 蚩尤 庶人之貪者

색은 상고해보면 이 〈황제본기〉에서 "제후가 서로 침략하고 죽이는데 치우가 가장 포악했다."라고 말한 것은 곧 치우는 천자가 아니라는 뜻이다. 또 《관자管子》에서 "치우는 노산盧山의 쇠붙이[金]를 받아서 다섯 가지 병기를 만들었다."라고 말했다. 이는 서인이 아님이 분명하니 대개 제후의 호칭일 것이다. 유향劉向은 《별록別錄》에서 "공자가 노魯 애공哀公을 만났을 때 정사를 묻자 삼조三朝와 비교하고 물러나와 이를 기록했다. 그러므로 삼조三朝라고 한 것이다. 모두 7편인데 아울러 《대대기大戴記》에 삽입했다."고 했다. 지금 이 주석은 〈용병用兵〉(《대대례》의 용병) 편에 보인다.

【索隱】 案 此紀云 諸侯相侵伐 蚩尤最爲暴 則蚩尤非爲天子也 又管子曰 蚩尤受盧山之金而作五兵 明非庶人 蓋諸侯號也 劉向別錄云 孔子見魯哀公問政 比三朝 退而爲此記 故曰三朝 凡七篇 並入大戴記 今此注見用兵篇也

정의 《용어하도龍魚河圖》에는, "황제가 섭정攝政할 때 치우는 형제가 81명이 있었다. 모두 짐승의 몸을 하고 사람의 말을 했는데, 머리는 구리이고 이마는 쇠였다[銅頭鐵額] 사석자沙石子(모래와 돌)를 먹고 칼과 창과 큰 노[弩] 같은 병기를 만들어 세워 위엄이 천하에 떨쳤다. 그러나 죄를 물어 죽임에 법도가 없었고 자비롭고 인자하지 않았다. 만민萬民이 황제가 천자의 일을 행하기를 바랐지만 황제는 인의로써 치우를 막지 못했기 때문에 하늘을 우러러 탄식했다. 하늘에서 현녀玄女를 보내 황제에게 병신兵信과 신부神符를 내려주고 치우를 제압해 굴복하게 했다. 황제가 이로써 군사를 주관하고 팔방을 제압했다. 치우가 죽은 뒤 천하가 다시 소란해지자 황제가 드디어 치우의 형상을 그려서 천하에 위엄을 보이자 천하에서 모두 치우가 죽지 않았다고 이르면서 팔방의 모든 나라가 다 복종했다."라고 말했다.

《산해경》에는 "황제가 응룡應龍에게 명령해 치우를 공격하게 했다. 치우가 풍백風伯과 우사雨師를 불러 따르게 하니 큰비바람이 일었다. 황제는 하강한 천녀에게 '발魃(가뭄을 맡은 신)'이라 말하게 해서 비를 그치게 했다. 비가 그치자 드디어 치우를 죽였다."라고 말했다. 공안국이 "구려九黎 임금의 호가 치우이다."라고 말한 것이 이것이다.

【正義】 龍魚河圖云 黃帝攝政 有蚩尤兄弟八十一人 並獸身人語 銅頭鐵額 食沙石子 造立兵仗刀戟大弩 威振天下 誅殺無道 不慈仁 萬民欲令黃帝行 天子事 黃帝以仁義不能禁止蚩尤 乃仰天而歎 天遣玄女下授黃帝兵信神符 制伏蚩尤 帝因使之主兵 以制八方 蚩尤沒後 天下復擾亂 黃帝遂畫蚩尤形 像以威天下 天下咸謂蚩尤 不死 八方萬邦皆爲弭服 山海經云 黃帝令應龍 攻蚩尤 蚩尤請風伯 雨師以從 大風雨 黃帝乃下天女曰魃 以止雨 雨止 遂殺 蚩尤 孔安國曰 九黎君號蚩尤 是也

신주 치우는 동이족 구려九黎의 군주인데, 공영달孔穎達은《상서정의尙書正義》에서 "옛날 염제의 치세 말기에 구려국의 군주가 있었는데,

그 호가 치우였다."라고 말했다. 구려가 동이족이라는 사실은 중국 학자들도 모두 인정하고 있다. 사마천은 중국사의 시작을 황제와 치우의 대결로 그리고 있다. 한족漢族을 하화夏華족이라고도 하는 것은 하夏나라에서 '하夏' 자를 따고 화산華山에서 '화華' 자를 딴 것이다. 치우에 관해서 위의 주석들은 치우의 신분을 각각 천자, 제후, 서인으로 다르게 기술하고 있다.

《집해》에서 응소는 '치우는 옛날 천자'라고 말했고, 《정의》에서 공안국은 '치우는 구려의 임금[君]'이라고 했는데 《국어》〈초어楚語〉, 《서경》〈여형呂刑〉, 《여씨춘추》〈탕병湯兵〉, 《전국책》〈진책〉 등에도 모두 구려 임금으로 나와 있다.

《산해경》〈대황북경大荒北經〉에는 "치우가 군사를 일으켜 황제를 토벌하였다[作兵伐黃帝]"고 말해서 치우가 황제와 대등하거나 우월한 지위였음을 말해주고 있다. 치우는 여든한 명의 형제들이 있었는데, 머리는 구리이고 이마는 쇠였다는 말은 금속문명을 소유한 집단임을 시사한다. '치우가 풍백과 우사를 불렀다'는 말은 단군이 풍백, 우사, 운사를 거느리고 하강했다는 단군사화와 연관성을 생각하게 한다.

치우씨가 군주였던 구려九黎족은 지금의 산동성, 하남성, 하북성 등지에 거주하던 동이 겨레인데, 황제족과 싸움에서 패한 후 일부는 산동성에 남았고, 한 갈래는 지금의 요서·요동지역으로 이주해 몽골, 말갈(여진), 한족韓族이 되었고, 다른 한 갈래는 중국 남방으로 이주해 묘족苗族·백족白族 등이 된 것으로 연구되고 있다. 《상서》나 《국어》 등에 구려에서 삼묘三苗가 나왔다고 말하고 있는 것도 이 때문이다.

앞에서 살펴본 것처럼 황제 역시 동이족이지만 사마천은 동이족 군주임이 명백한 치우와 싸운 황제를 하화족의 시조로 설정해서 중국사의 계통을 세웠다. 이것이 바로 하화족인 화華와 이夷를 나누는 화이관華夷觀으로 이후 동아시아 유학 사회의 기본 관념이 된다.

화이관은 하화족이 자신들의 나라를 중국中國이라고 생각하는 국가 개념에서 나왔다. 주周나라 사람들이 도읍 낙양洛陽과 그 부근 황하黃河를 뜻하는 하락河洛을 천하의 중심이라고 자칭한 데서 중국의 개념이 시작되었다. 주나라 사람들은 하락을 중국으로 자칭하고 사방에 있는 이민족을 이夷를 동이東夷·서융西戎·남만南蠻·북적北狄으로 나누어 불렀다. 그러나 전국시대에도 이런 방위개념에 의한 이夷의 구분은 극히 일부에만 통용되었다. 주나라도 동이족 제곡帝嚳의 후손이므로 화華와 이夷를 나누는 화이관은 엄밀한 의미에서 성립될 수 없다. 그러나 사마천이 《사기》에서 황제족과 치우족의 싸움을 화와 이의 싸움으로 설정한 이후 한나라를 비롯한 역대 중원 왕조들이 자국을 중심으로 사방의 여러 겨레를 이夷로 비칭卑稱하면서 크게 확장되어 나갔다.

> 또 염제炎帝①가 제후들을 업신여기고 침략하려하자 제후들이 모두 헌원씨에게 돌아갔다. 헌원씨는 이에 덕을 닦고 군사를 정비했으며,②
>
> 炎帝①欲侵陵諸侯 諸侯咸歸軒轅 軒轅乃修德振兵②

①염제炎帝

신주 여기의 염제는 앞의 신농씨를 말하는지 아니면 치우씨를 말하는지 분명하지 않다. 지금 중국은 염제를 신농씨라고 보지만 일부학자들은 염제와 신농을 다른 인물로 보기도 한다. 청나라 최술崔述(1740~1816)은《보상고고신록補上古考信錄》에서 "요컨대 염제가 신농이라는 말은 사마천 이전에는 없었으며 유흠劉歆 이후 처음 생겼다."고 말했다. 최술은 〈오제본기〉에서 신농을 언급할 때 한 번도 염제를 언급하지 않았으며 또 "황제가 판천의 들에서 염제와 싸웠다."고 했을 때도 신농씨를 언급하지 않은 것이 그 증거라고 말했다. 그는 또《사기》〈봉선서〉에 신농과 염제가 각각 봉선을 행했다고 했으므로 2인이 명백하다고 보았다. 20세기 고사변古史辨학파의 고힐강顧詰剛도《오덕종시설하적정치화역사五德終始說下的政治和歷史》(오덕종시설 아래의 정치와 역사)에서 삼국시대의 초주가《고사고古史考》에서 신농과 염제가 각각 다른 인물이라고 하였으나 그 책이 없어져 상세한 논거는 알 수 없다고 하면서 "역사 위조에 용감했던 한漢나라 사람들에 의해 '염제 신농씨'라는 명칭이 출현하게 되었다(《고사변》 제5책 하)."고 말했다.

②振兵진병

정의 '진振(떨치다)'은 '정비한다[整]'는 뜻이다.
【正義】 振 整也

오행五行의 기를 다스리고①

治五氣①

①治五氣치오기

집해 왕숙王肅은 '오행五行(金·木·水·火·土)의 기'라고 말했다.

【集解】 王肅曰 五行之氣

색은 봄은 갑을甲乙의 목기木氣이고 여름은 병정丙丁의 화기火氣인
데 이것이 오기五氣이다.

【索隱】 謂春甲乙木氣 夏丙丁火氣之屬 是五氣也

오곡의 종자를 심게 하며①

蓺五種①

①蓺五種예오종

집해 배인이 상고하기를, 예蓺는 심는 것이다. 《시경》에는 "콩을 심
네[蓺之荏菽]"라고 했다. 《주례周禮》에는 "곡식은 마땅히 5종이다."라고

말했다. 정현鄭玄은 "5종은 기장黍·피稷·콩菽·보리麥·쌀稻'이다."라
고 말했다.

【集解】 駰案 藝 樹也 詩云 藝之荏菽 周禮曰 穀宜五種 鄭玄曰 五種 黍 稷
菽 麥 稻也

색은 예藝는 종種(씨)이니 심는 것[樹]이다. 5종은 곧 오곡이다. 種은
발음이 '종[朱用反]'이다. 이 주석은 《시경》〈대아大雅〉의 생민生民 편에
서 인용해 보인 것이다. 《이아》에는 "임숙荏菽은 융숙戎菽(대두)이라."고
했다. 곽박郭璞은 "지금의 호두胡豆이다."라고 했고, 정현鄭玄이 "콩 중
에 큰 것이다."라고 한 것이 이것이다.

【索隱】 藝 種也 樹也 五種即五穀也 音朱用反 此注所引見詩大雅生民之
篇 爾雅云 荏菽 戎菽也 郭璞曰 今之胡豆 鄭氏曰 豆之大者 是也

정의 藝는 발음이 '예[魚曳反]'이고 種은 발음이 '종腫'이다.
【正義】 藝音魚曳反 種音腫

신주 《관자》에는 서기전 7세기 제환공齊桓公이 산융山戎에서 콩을
들여와서 융숙戎菽(이민족의 콩)이라고 불렀다고 했다. 중국에서는 산융
을 흉노의 한 지류라면서 하북성 연산燕山산맥 일대에서 활동했다고 설
명한다. 연산산맥과 그 부근 난하는 (고)조선과 중국 역대 왕조의 경계
였다.

모든 백성을 어루만지고 사방의 지역을 바로 잡았다.[1]

撫萬民 度四方[1]

①撫萬民度四方무만민탁사방

| 집해 | 왕숙은 "사방을 헤아리고 편안하게 어루만진다."라고 했다.

【集解】 王肅曰 度四方而安撫之

| 정의 | 度의 발음은 '닥[徒洛反]'이다.

【正義】 度音徒洛反

곰과 말곰과 비貔와 휴㹭와 추貙와 호랑이를 훈련시켜서[1]

教熊羆貔㹭貙虎[1]

①教熊羆貔㹭貙虎교웅·비비휴추호

| 색은 | 《서경》에는 "호랑이 같고 비 같다[如虎如貔]"고 했고, 《이아》에는 "비는 흰 여우다[貔白狐]"라고 했다. 《예기》에 "앞에 맹수가 있으면, 곧 비휴를 그린 기를 앞세운다[前有摯獸, 則載貔㹭]"라고 한 것이 이것이다. 《이아》에는 또 "추만은 삵쾡이와 비슷하다[貙獌似貍]"라고 했다. 이

여섯 가지 맹수로 싸움을 가르칠 수 있다. 《주례》에는 "복부씨服不氏가 있어 맹수를 가르치고 길들이는 일을 관장한다."고 했다. 즉 옛날에 소를 길들이고 말을 타는 것이 또한 이런 종류이다.

【索隱】 書云 如虎如貔 爾雅云 貔 白狐 禮曰 前有摯獸 則載貔貅 是也 爾雅又曰 貙獌似貍 此六者猛獸 可以教戰 周禮有服不氏 掌教擾猛獸 即古服牛乘馬 亦其類也

정의 熊은 발음이 '웅雄'이다. 羆는 발음이 '비碑'다. 貔는 발음이 '비毗'다. 貅는 발음이 '휴休'이다. 貙는 발음이 '추[丑于反]'다. 비는 곰과 같은데[羆如熊], 황백색이다. 곽박郭璞은 "비貔는 집이執夷로서 호랑이과에 속한다."라고 말했다. 살펴보니 사졸들에게 싸우는 연습을 가르치는데 맹수의 이름으로 그 이름을 지어서 적을 위압할 때 사용한다는 말이다.

【正義】 熊音雄 羆音碑 貔音毗 貅音休 貙音丑于反 羆如熊 黃白色 郭璞云 貔 執夷 虎屬也 案 言教士卒習戰 以猛獸之名名之 用威敵也

염제炎帝와 판천阪泉 들판[①]에서 싸웠다.

以與炎帝戰於阪泉之野[①]

①阪泉之野판천지야

복건은 "판천은 지명이다."라고 했다. 황보밀은 "상곡上谷에 있다."고 했다.

【集解】 服虔曰 阪泉 地名 皇甫謐曰 在上谷

정의 阪의 발음은 '반[白板反]'이다. 《괄지지》에는 "판천은 지금 이름이 황제천黃帝泉이다. 규주嬀州 회융현懷戎縣 동쪽 56리에 있다. 그곳에서 5리를 가면 탁록涿鹿의 동북쪽에 이르는데, 탁수涿水와 합류한다. 또 탁록에는 옛 성이 있는데 규주 동남쪽 50리에 있으며, 본래 황제가 도읍한 곳이다."라고 했다. 《진태강지리지晉太康地理志》에는 "탁록성 동쪽 1리에 판천阪泉이 있고 그 위에 황제사黃帝祠가 있다."라고 했다. 상고하건대 판천의 들은 곧 평평한 들판의 땅이다.

【正義】 阪音白板反括地志云 阪泉 今名黃帝泉 在嬀州懷戎縣東五十六里 出五里至涿鹿東北 與涿水合 又有涿鹿故城 在嬀州東南五十里 本黃帝所都也 晉太康地里志云 涿鹿城東一里有阪泉 上有黃帝祠 案 阪泉之野則平野之地也

신주 판천 들판의 위치에 대해서는 여러 설이 있다. 하북성 탁록현 동남쪽이라는 설과 산서성山西省 운성시運城市 해주진解州鎮이라는 설이다. 해주진은 춘추 진국晉國 때 해량解梁이라고 불렀고, 한漢나라 때 해현解縣을 설치했다. 《해현지解縣志》는 '해량은 옛날에 탁록이라고 불렀다'고 말하고 있다. 염제의 도읍성 포판蒲阪은 지금 산서성 영제현永濟縣 포주진蒲州鎮으로 비정한다. 황제가 탄생한 곳은 산동성 곡부曲阜 북쪽으로 비정하고, 그가 거주했다는 헌원 언덕은 지금 하남성 정주鄭州시

헌원언덕[軒轅丘]으로도 비정하는데, 운성이 이 양 지점의 사이에 위치하고 있다.

세 번을 싸운 뒤에야 마침내 뜻을 얻었다.[1]

三戰 然後得其志[1]

---

①三戰然後得其志삼전연후득기지

[정의] 황제가 염제에게 승리한 후를 이르는 것이다.

【正義】 謂黃帝克炎帝之後

치우가 난을 일으켜 황제의 명을 따르지 않았다.[1]

蚩尤作亂 不用帝命[1]

---

①蚩尤作亂不用帝命치우작란불용제명

[정의] 치우가 황제의 명에 따르지 않은 것을 말하는 것이다.

【正義】 言蚩尤不用黃帝之命也

> 이에 황제는 제후들에게 군사를 징집케 해 치우와 탁록涿鹿 들
> 판에서 싸워서[1]
>
> 於是黃帝乃徵師諸侯 與蚩尤戰於涿鹿之野[1]

[1]蚩尤戰於涿鹿之野치우전어탁록지야

집해 복건은 "탁록涿鹿은 산 이름인데, 탁군涿郡에 있다."고 했다. 장안은 "탁록은 상곡에 있다."고 했다.
【集解】 服虔曰 涿鹿 山名 在涿郡 張晏曰 涿鹿在上谷

색은 혹자는 '탁록濁鹿'이라고 썼는데, 고금의 글자가 다를뿐이다. 상고해보니 〈지리지〉에는 "상곡은 탁록현에 있다"고 했는데, 그렇다면 복건이 "탁군에 있다"고 한 것은 오류이다.
【索隱】 或作 濁鹿 古今字異耳 案 地理志上谷有涿鹿縣 然則服虔云 在涿郡者 誤也

신주 탁록의 위치에 대해서도 견해가 갈라져있다. 현재의 하북성 탁록현이라고 보는 견해와 산동성 문상현汶上縣 남왕진南旺鎭이라고 보는 견해가 있다. 《색은》의 〈지리지〉는 《한서漢書》〈지리지〉를 뜻하는 것인데 그 탁군涿郡 조에서 응소應劭는 "탁수涿水는 상곡의 탁록현에서 나온다."고 했다고 주석했다.

위의 판천과 이 탁록에 관한 주석들을 보면 두 지역이 매우 가깝다는 사실을 알 수 있다. 청나라의 양옥승梁玉繩(1744~1792)은 《사기지의史記志疑》 36권을 저술했는데, 판천과 탁록에서의 싸움은 두 곳이 아니라 한 곳에서 일어난 일이라면서 이렇게 말했다.

"《일주서逸周書》〈상맥해嘗麥解〉에 '치우가 황제를 탁록에서 쳐서 쫓으니 황제는 이에 치우를 잡아 죽였다.'고 했으며, 《춘추좌전》 희공 25년 조에 '황제는 판천의 묘지에서 싸웠다.'고 해서 치우를 가리켰다. 그러므로 판천의 싸움은 곧 탁록의 싸움으로, 이는 헌원이 근왕병을 일으킨 것이며 두 가지 사건이 아니다. 《일주서》〈사기해史記解〉에 치우를 일러 판천씨라고 했는데, 이것이 확실한 증거다."

또 20세기의 고사변학파 학자들인 양관楊寬과 여사면呂思勉도 황제와 치우가 두 곳에서 싸운 것이 아니라 한 곳에서 싸운 것이며 황제가 싸운 상대는 신농씨가 아니라 치우씨인데 그가 바로 염제라고 말했다 (양관, 《중국상고사도론中國上古史導論》, 《고사변》 7책 상, 및 여사면, 〈삼황오제고〉, 《고사변》 7책 중).

고사변학파는 고힐강顧詰剛, 양관楊寬, 여사면呂思勉 등의 주도로 1926년부터 1941년까지 학술지 《고사변古史辨》을 발간한 학파를 뜻한다. 중국 상고사는 유학자들이 왜곡한 내용이 많다고 주장해서 숭유崇儒사상에 빠진 중국 사회에 큰 충격을 준 학파다.

황보밀은 《제왕세기》에서 황제가 치우와 "무릇 쉰다섯번 싸워 천하가 크게 복종하였다."고 써서 황제와 치우가 수십 차례 격돌했다고 말했으나 사마천은 황제가 탁록에서 단번에 승리한 것으로 서술했다. 여사면呂思勉은 〈삼황오제고〉에서 탁록·판천이 노魯나라에 가까운 팽성

彭城 지역이라고 보았다. 그는 치우씨가 염제의 후예를 노나라에서 가까운 공상空桑에서 쳤고, 황제는 치우씨를 청구에서 죽였고, 그의 묘가 동평군 수장현에 있는데 이들 지역은 모두 팽성에서 가까운 곳이다. 팽성은 강소성에 있지만 산동성 남부와 하남성 동부가 교차하는 곳이고, 공상은 산동성 서쪽과 하남성 동쪽을 뜻하는데 모두 동이족의 활동무대이다.

앞의 《정의》에서 《여지지》를 인용해서 "탁록은 본래 이름이 팽성인데 황제가 처음 도읍했다가 유웅有熊으로 옮겼다."라고 했다. 여러 주석자들은 황제와 치우가 싸운 곳을 하북성 상곡, 산서성 규주 등으로 보지만 이 당시 동이족의 주 활동무대인 팽성과 공상에서 너무 멀다는 점에서 신빙성이 떨어진다.

마침내 치우를 사로잡아 죽였다.①

遂禽殺蚩尤①

①遂禽殺蚩尤수금살치우

[집해] 《황람》에는 "치우총蚩尤冢(치우의 무덤)은 동평군東平郡 수장현壽張縣 감향闞鄕성 안에 있는데, 무덤의 높이는 7장丈이며 백성들이 매년 10월에 제사지낸다. 적기赤氣(붉은 기운)가 나오는데 한 필의 진홍 비단과 같아서[如匹絳帛] 백성들이 치우기라고 이름 지었다."고 했다. (치우

의) 견비총肩髀冢(어깨와 넓적다리 무덤)은 산양군山陽郡 거야현鉅野縣에 있는데, 크고 작은 것이 감향의 무덤들과 거듭 많이 모여 있다. 전하는 말에는 황제가 치우와 탁록 들판에서 싸웠는데 황제가 그를 죽인 후 신체를 각각 다른 곳에 묻어 나누어 장례를 치렀기 때문이라고 한다.

【集解】 皇覽曰 蚩尤冢在東平郡壽張縣闞鄉城中 高七丈 民常十月祀之 有赤氣出 如匹絳帛 民名爲蚩尤旗 肩髀冢在山陽郡鉅野縣重聚 大小與闞冢等 傳言黃帝與蚩尤戰於涿鹿之野 黃帝殺之 身體異處 故別葬之

색은 상고해보니 황보밀은 "황제는 응룡應龍을 시켜 치우를 흉려凶黎 계곡에서 죽였다."고 했다. 어떤 이는 황제가 치우를 중기中冀에서 베었기 때문에 그 지명을 '절비지야絕轡之野(고삐를 끊은 들판)'라고 부른다고 했다. 《황람》은 책 이름이다. 선대의 총묘冢墓 장소에 대해 기록할 때에는 황왕皇王(황제)의 무덤에 가서 살펴보는 것이 마땅하다. 그러므로 《황람》이라고 이른다. 이는 위魏나라 왕상王象, 무습繆襲 등이 편찬한 것이다.

【索隱】 案 皇甫謐云 黃帝使應龍殺蚩尤于凶黎之谷 或曰 黃帝斬蚩尤于中冀 因名其地曰 絕轡之野 注 皇覽 書名也 記先代冢墓之處 宜皇王之省覽 故曰皇覽 是魏人王象繆襲等所撰也

신주 ❶ 황제와의 싸움에서 패한 치우가 훗날 전쟁을 주관하는 군신軍神으로 추앙받는다는 점도 논란이 된다. 《전국책》〈위책魏策〉에, "황제가 탁록의 들에서 싸웠으나 서융西戎의 군사가 이르지 않았다⋯⋯. 연燕나라가 진秦나라를 치므로 황제는 어려움에 처했다."고 했는데, 이는 황제가 치우와 싸울 때 주변국의 원병을 얻지 못해 곤란했던 상황을 보여준다.

《사기》〈봉선서〉는 진시황이 동쪽으로 해상海上을 순수하면서 팔신八神에게 제사를 지냈는데, 첫째 신이 천주天主, 둘째 신이 지주地主, 셋째 신이 전쟁을 주관하는 병주兵主로 치우에게 제사를 지냈다고 기록하고 있다. 전쟁에서 패배해 죽은 군주를 전쟁을 담당하는 병주兵主로 섬긴다는 것은 이해하기 어렵다.

《사기》〈고조본기〉는 유방이 거사할 때 "황제에게 제사를 올리고, 패현의 관청 뜰에서 치우에게 제사했다."고 말하고 있는데, 그 《집해》 주석에서 "치우는 오병五兵을 좋아해서 제사를 지내 복과 상서祥瑞를 구하는 것이다."라고 썼다. 패배해서 죽임을 당한 군주에게 복과 상서를 구한다는 것도 이해하기 어렵다. 또 〈효무제본기〉에는 한무제가 동쪽으로 해상海上을 순수하고 팔신八神에게 제사를 지내는데, 팔신에 대한 《색은》 주석에서 〈교사지郊祀志〉를 상고해 "첫째는 천주天主로서 천제天齊에 제사한다. 둘째는 지주地主로서 태산太山과 양보梁父에 제사한다. 셋째는 병주兵主로서 치우蚩尤에 제사한다."라고 말하고 있다. 치우는 군신軍神으로 떠받들어진 것인데, 전쟁에서 패한 인물을 군신으로 떠받드는 것 역시 이해하기 어렵다.

치우의 무덤인 치우총은 여러 곳에 있는데, 수급首級(머리)은 산동성 양곡현陽谷縣 수장진壽張鎭 감향闞鄕에 장례지내서 이곳에 치우총이 있고, 견비肩臂(어깨와 팔)는 하택荷澤시 거야巨野현에 장례지내서 이곳에도 치우총이 있고, 뼈는 태전台前에 장례지내서 이곳에도 치우총이 있다. 태전은 과거 수장현에 속해 있었으나 지금은 복양濮陽에 속해있다.

태전에는 치우총뿐만 아니라 치우사蚩尤祠도 있다. 옛날에는 늘 시월에 치우에게 제사지냈는데, 치우총 위에서 붉은 기운이 나오고 구름의 운기가 연달아 뻗쳐서 큰 깃발이 걸려 있는 것 같아서 사람들이 치우기蚩尤旗라고 불렀다 한다. 《세종실록》〈오례〉의 〈군례〉조에 검은 비단으로 둑기纛旗를 만드는데, 치우의 머리와 비슷하다고 한 데서 조선도 치우를 군신으로 섬겼음을 알 수 있다. 현재 중국에서는 황제·염제·치우를 '중화삼조中華三祖'라고 하화족으로 편입시켰는데 한편으로는 치우를 동이족의 수령이라고 쓰는 등 관점이 혼재되어 있다.

신주 ❷《황람》은 중국 삼국시대를 연 조조曹操의 아들인 위魏나라 문제文帝 조비曹조가 편찬을 명한 것이며, 여러 유학자들에게 경전을 찬집하도록 하여 분류법에 따라 배열했는데, 모두 1,000편 남짓이었다고 하나 지금은 그 일부만 전한다.

> 그래서 제후들이 모두 헌원을 높여서 천자天子로 삼고 신농씨를 대신하게 했는데 이 이가 황제黃帝이다. 천하에서 순응하지 않는 자가 있으면 황제가 쫓아가 그들을 정벌하고 평정되면 그곳을 떠났다.①
> 而諸侯咸尊軒轅為天子 代神農氏 是為黃帝 天下有不順者 黃帝從而征之 平者去之①

①平者去之평자거지

[정의] 평정해서 복종하면 곧 그곳을 떠나갔다.

【正義】 平服者即去之

> 산을 개척해서 길을 통하게 하느라[①] 일찍이 황제는 편안히 거처
> 하지 못했다.
>
> 披山通道[①] 未嘗寧居

①披山通道피산통도

[집해] 서광은 "피披자는 다른 판본에서는 피陂(방죽)자로 되어 있는
데, 이 자의 발음은 대개 '피詖'다. 피陂는 그 곁의 변두리를[旁其邊]를
뜻하는 말이다. '피披(개척하다)'라는 말이 실로 지금 세상에는 부합한다.
그러나 고금이 반드시 같지는 않았다."라고 했다.

【集解】 徐廣曰 披 他本亦作 陂 字蓋當音詖 陂者旁其邊之謂也 披語誠合
今世 然古今不必同也

[색은] 피披자는 글자대로 발음하며[如字](대표 발음) 산림 초목을 개척
해서 길을 통해서 오갈 수 있게 한 것을 이른 것이다. 서광이 발음을 피
詖라고 했는데 아마 차츰 굽어진 것[稍紆]이라고 생각한 것 같다.

【索隱】 披音如字 謂披山林草木而行以通道也 徐廣音詖 恐稍紆也

주도권을 장악하다

> 황제黃帝는 동쪽으로 가서 바다에 이르러 환산丸山에 올랐고,^①
> 대종岱宗에도 이르렀다.^②
> 東至于海 登丸山^① 及岱宗^②

신주 해海 자가 바다를 뜻하는 것만은 아니다. 《설문해자》는 해海의
뜻을 천지天池라고 말하고 있는데 해의 기본 뜻에는 호수[湖泊]라는 의
미도 있다. 《이아爾雅》〈석지釋地〉에는 "구이九夷·팔적八狄·칠융七戎·
육만六蠻을 사해四海라고 이른다."라고 말하고 있다. 《사기》〈오제본기〉
제순帝舜 조에는 오제의 마지막인 순舜임금 때 '북쪽에는 산융·발·식
신이 있고, 동쪽에는 장長·조이鳥夷가 있다'라고 말하고 있다. 이들은
모두 동이족 국가들인데 황제가 이들 국가들까지 이르렀다는 뜻으로도
해석할 수 있다. 황제가 동쪽의 장·조이를 통과해서 동쪽 바다까지 이

르렀다고 보기에는 무리가 있다.

①登丸山등환산

서광은 "환丸 자는 다른 판본에는 범凡으로 되어 있다."고 말
했다. 배인이 상고하기를, "〈지리지〉는 환산이 낭야군 주허현郎邪朱虛縣
에 있다."고 말했다.
【集解】 徐廣曰 丸 一作 凡 駰案 地理志曰丸山在郎邪朱虛縣

'환丸 자는 한 곳에는 凡으로 되어 있다.' 凡의 발음은 '범[扶嚴
反]'이다.
【索隱】 注 丸 一作 凡 凡音扶嚴反

丸은 '환桓'으로 발음한다. 《괄지지》에는 "환산은 곧 단산丹山
이며, 청주靑州 임구현臨朐縣 경계 주허고현朱虛故縣 서북쪽 20리에 있
는데, 단수丹水가 나온다."고 했다. 丸의 발음은 '환紈'이다. 나 장수절
이 상고해보니, 〈지리지〉에는 오직 범산凡山만 있으니 대개 범산과 환산
은 같은 산이다. 여러 곳이라고 한 것은 글자의 오류로 혹 환丸 자이거
나 범凡 자'일 것이다. 《한서》〈교사지郊祀志〉에는 '환산에 선제를 지냈
다.[禪丸山]'고 했고, 안사고는, '주허朱虛에 있다.'고 일렀는데, 이것이 또
한 《괄지지》와 서로 부합하니 분명히 환산이 옳다.
【正義】 丸音桓 括地志云 丸山即丹山 在青州臨朐縣界朱虛故縣西北二十
里 丹水出焉 丸音紈 守節案 地志唯有凡山 蓋凡山丸山是一山耳 諸處字誤

或 丸 或 凡也 漢書郊祀志云 禪丸山 顏師古云 在朱虛 亦與括地志相合 明
丸山是也

신주 《사기》에서 황제를 비롯한 고대 제왕들이 순수巡狩하고 개척
한 지역들을 이 당시 중국의 강역이 어디까지였는지를 말해준다는 점
에서 중요하다. 배인의 《집해》나 사마정의 《색은》에서 비정한 환산은 현
재 산동성 유방시濰坊市 남쪽의 창락昌樂현 서남쪽에 있는 범산凡山으
로 비정한다. 그러나 이 범산은 바다에 임한 산이 아니어서 바다까지 이
르렀다는 구절과는 맞지 않는다. 환산을 산동성 유방시濰坊市 임구臨朐
현 동북쪽의 환산丸山으로도 비정하기도 하지만 이 역시 바다에 임한
산은 아니다.

②岱宗대종

정의 태산泰山이며 동악東岳이다. 연주兗州 박성현博城縣 서북쪽 삼
십 리에 있다.
【正義】 泰山 東岳也 在兗州博城縣西北三十里也

신주 연주兗州는 현재 산동성 제녕濟寧시 연주구兗州區 일대로 비정
한다. 우禹가 구주九州를 획정할 때 그 하나였는데 옛 이름은 창읍昌邑
이었다.

서쪽으로 가서 공동空桐①에 이르러 계두산雞頭山②에 올랐다.

西至于空桐 登雞頭

①空桐공동

집해 응소應劭는 '산 이름이다'라고 했다. 위소韋昭는 '농우隴右에 있다'고 했다.

【集解】 應劭曰 山名 韋昭曰 在隴右

신주 농우隴右는 롱산隴山의 오른쪽을 말한다. 옛 사람들은 북쪽을 기준으로 '동쪽을 좌, 서쪽을 우'라고 분류했다. 롱隴자는 지금 감숙성甘肅省의 간칭簡稱이다. 《사원辭源》에 '농산隴山 서쪽에서 황하黃河 동쪽까지를 뜻한다'고 말하고 있다. 중국에서는 감숙성 평량平凉시 서북쪽으로 비정한다.

②雞頭계두

색은 산 이름이다. 후한의 왕맹王孟이 계두의 길을 차단했는데 농서隴西에 있는 길이었다. 일설에는 공동산崆峒山의 별명이라고도 한다.

【索隱】 山名也 後漢王孟塞雞頭道 在隴西 一曰崆峒山之別名

[정의] 《괄지지》에는 "공동산은 숙주肅州 복록현福祿縣 동남쪽 60리에 있다."고 했다. 《포박자》〈내편內篇〉에는 "황제가 서쪽에서 중황자中黃子를 만나 구품九品의 방위를 받고, 공동산을 지나서 광성자廣成子를 따라 《자연지경自然之經》을 받았다."고 했는데, 곧 이 산이다. 《괄지지》에 또 이르기를 "계두산笄頭山은 일명 공동산崆峒山이며, 원주原州 평고현平高縣 서쪽 백 리에 있는데, 《서경》〈우공〉 편에서 경수涇水가 흘러나온다고 한 곳이다." 《여지지》에는 "혹 이것이 계두산雞頭山인지 모르겠다."고 했다. 역도원酈道元(《수경주》의 저자)은 "아마도 대롱산大隴山의 다른 이름일 것이다."라고 말했다. 《장자》에는 "광성자廣成子가 공동산崆峒山에서 도道를 배웠다고 했는데 황제가 광성자에게 도에 대해 물었다는 것이 아마도 이곳을 뜻할 것이다."라고 했다. 상고해보니 두 곳의 공동산崆峒山이 다 황제가 올랐다고 말하고 있는데 어느 곳이 옳은지 상세하지 않다.

【正義】 括地志云 空桐山在肅州福祿縣東南六十里 抱朴子內篇云 黃帝西見中黃子 受九品之方 過空桐 從廣成子受自然之經 即此山 括地志又云 笄頭山一名崆峒山 在原州平高縣西百里 禹貢涇水所出 輿地志云或即雞頭山也 酈元云蓋大隴山異名也 莊子云廣成子學道崆峒山 黃帝問道於廣成子 蓋在此 案 二處崆峒皆云黃帝登之 未詳孰是

[신주] 계두산에 대해서도 여러 설이 있다. 현재 중국에서는 영하寧夏 회족回族 자치구의 고원固原시 소속의 경원涇源현 북쪽으로 비정한다. 이곳은 황하 중류이고 경하涇河가 발원하는 몽골고원 남부인데, 원래는 감숙甘肅성에 속해 있었다. 공동산과 계두산을 모두 지금의 육반산맥六

盤山脈에 속한 산으로 보고 있다. 《사기》〈진시황본기〉 주석에는 성주成
州 상록현上祿縣 동북쪽에 있다고 했다. 성주는 현재 감숙성 서화西和현
남락곡南洛谷으로 비정한다. 그러나 구주를 획정한 하夏나라보다도 영
역이 작았을 황제 때 영하 회족자치구나 감숙성까지 갔다고 볼 수는 없
다. 모두 후대에 확대된 개념들인데, 이는 훗날 도가道家, 특히 그 중에
서 황로파黃老派에 의해 윤색되었을 가능성이 짙다.

남쪽으로 가서 강수江水에 이르러 웅산熊山과 상산湘山에 올랐다.[①]

南至于江 登熊 湘[①]

---

①南至于江登熊湘남지우강등웅상

집해 〈봉선서〉에는 "남쪽을 정벌해 소릉邵陵에 이르렀고 웅산熊山에
올랐다."라고 말했다. 〈지리지〉에는 "상산湘山은 장사長沙 익양현益陽縣
에 있다."고 했다.

【集解】 封禪書曰 南伐至于召陵 登熊山 地理志曰湘山在長沙益陽縣

정의 《괄지지》에는 "웅이산熊耳山은 상주商州 상락현上洛縣 서쪽 10
리에 있다. 제齊 환공桓公이 여기 올라 강수와 한수江漢를 바라보았다.
상산湘山은 일명 편산艑山인데, 악주岳州 파릉巴陵현 남쪽 18리에 있
다."고 했다.

【正義】 括地志云 熊耳山在商州上洛縣西十里 齊桓公登之以望江漢也 湘
山一名艑山 在岳州巴陵南十八里也

신주 소릉과 웅산에 올랐다는 것은 《사기》〈봉선서〉에 나오는 말로, 〈제태공세가〉에 따르면, 제나라 환공이 한 말로 나온다. 춘추시대 패자 覇者의 말이 상고上古시대의 황제에게 투영된 것이다.

웅熊, 상湘은 웅이산熊耳山과 상산湘山을 뜻한다. 《사기》 주석에는 홍농 弘農 노지현盧氏縣 동쪽과 괵주虢州 노지현盧氏縣 남쪽 50리 등 여러 곳 의 웅이산이 나온다. 《형주기荊州記》에는 "뢰양未陽, 익양益陽 두 현의 동북쪽에 웅이산이 있는데, 동과 서에 봉우리 하나씩이 있다. 그 형상 이 곰의 귀[熊耳]처럼 생겨서 이름으로 삼았다."고 전한다. 상산은 중국 학계에서 지금의 호남성 동정호洞庭湖 안의 군산君山으로 비정한다.

북쪽으로 가서 훈육葷粥[1]을 쫓아내고 부산釜山에서 부절을 가 진 제후들의 조회를 받고[2] 탁록涿鹿 언덕에 도읍했으나[3] 천도하 거나 왕래하면서 정해진 거처가 없었고 군사를 진영으로 삼아 호위하게 했다[4].

北逐葷粥 合符釜山 而邑于涿鹿之阿 遷徙往來無常處 以師兵爲營衛

---

①葷粥훈육

집해 《사기》〈흉노열전〉에는 "당우唐虞(당요[唐堯] 및 우순[虞舜] 시대) 이전부터 산융山戎과 험윤獫狁과 훈육葷粥이 북만北蠻에서 살았다."라고 했다.

【集解】 匈奴傳曰 唐虞以上有山戎 獫狁 葷粥 居于北蠻

색은 흉노의 별명이다. 당우唐虞 이전에 이미 산융이라고 했고, 또한 훈육이라고도 했다. 하夏나라 때는 순유淳維, 은殷나라 때는 귀방鬼方, 주周나라 때는 험윤獫狁, 한漢나라 때는 흉노라고 했다.

【索隱】 匈奴別名也 唐虞已上曰山戎 亦曰熏粥 夏曰淳維 殷曰鬼方 周曰 獫狁 漢曰匈奴

정의 葷의 발음은 '훈薰'이고, 粥의 발음은 '육育'이다.

【正義】 葷音薰 粥音育

②合符釜山합부부산

색은 제후들을 모아 규서圭瑞를 맞추어 보고 부산釜山으로 가서 조회했는데, 우禹임금이 제후들을 도산塗山에 모이게 한 것과 같은 것이다. 또 살펴보니 곽자횡郭子橫이 《동명기洞冥記》에서 "동방삭東方朔이 '동해의 대명지허大明之墟에 부산이 있는데, 산에서 상서로운 구름이 나타났으니 마땅히 왕자王者가 부명符命을 받은 것이다.'라고 말했다고 했으니" 요堯임금 때 적운赤雲(붉은 구름)의 상서로움이 있었던 것과 같은 종류이다. 대개 황제는 황운黃雲이 상서로우므로 "부산에서 이에 응해 부절을 맞추었다."라고 한 것이다.

【索隱】 合諸侯符契圭瑞 而朝之於釜山 猶禹會諸侯於塗山然也 又案 郭子橫洞冥記稱東方朔云 東海大明之墟有釜山 山出瑞雲 應王者之符命 如堯時有赤雲之祥之類 蓋黃帝黃雲之瑞 故曰 合符應於釜山也

정의 《괄지지》에는 "부산은 규주嬀州 회융현懷戎縣 북쪽 3리에 있는데, 산 위에 순임금의 사당에 있다."고 했다.

【正義】 括地志云 釜山在嬀州懷戎縣北三里 山上有舜廟

신주 부산은 현재 하북성 회래懷來현 동쪽으로 비정한다. 하남성 언사偃師현 남쪽과 영보靈寶현 경계로 보는 견해 등도 있다.

③而邑于涿鹿之阿이읍우탁록지아

정의 광평廣平한 것을 아阿(언덕)이라고 한다. 탁록은 산 이름인데, 앞에서 이미 보았다. 탁록 고성은 산 아래 있는데, 즉 황제가 도읍한 산 아래 평지이다.

【正義】 廣平曰阿 涿鹿 山名 已見上 涿鹿故城在山下 即黃帝所都之邑於山下平地

신주 천자가 거처하는 곳을 경京, 제후가 거처하는 곳을 도都, 대부大夫가 거처하는 곳을 읍邑이라 한다. 본문에서 초대 천자 황제 도읍지에 읍邑이란 용어를 썼다. 경京이란 용어는 후대에 제후들과 구별하기 위해 차용한 것이라 해도, 도都라고 써야했을 것이다.

④營衛영위

정의 군사들이 빙 둘러싸는 군영을 만들어 스스로를 지키는 것이다. 원문轘門은 곧 그것이 남아 있는 모습이다.

【正義】 環繞軍兵爲營以自衛 若轘門即其遺象

신주 원문轘門은 군영의 문을 말한다. 군진軍陣을 펼칠 때 수레를 이용해 우리처럼 만들고 수레의 끌채를 세워서 만든 문이다.

관직의 명칭은 모두 운雲자를 써서 군사도 운사雲師라고 했다.[①]

官名皆以雲命 爲雲師[①]

---

①雲命爲雲師운명위운사

집해 응소는 "황제가 명을 받을 때 상서로운 구름이 있었으므로 운雲의 일을 기록했다. 춘관春官은 청운靑雲, 하관夏官은 진운縉雲(붉은 구름), 추관秋官은 백운白雲, 동관冬官은 흑운黑雲, 중관中官은 황운黃雲으로 삼았다."고 했다. 장안은 "황제는 경운景雲(서운)에 응함이 있었다. 이에 따라서 군사와 관직의 이름에 운雲자를 썼다."고 말했다.

신주 이 기록은 후대에 완성된 오행사상이 상고시대에 소급되어 서술된 것이다.

좌우에 대감大監을 두어 만국萬國을 감독하게 해서^① 만국萬國이 화동和同하니 귀신이나 산천에 봉선封禪하는 일들이 더욱 많아졌다^②.

置左右大監 監于萬國 萬國和 而鬼神山川封禪與爲多焉

---

①置左右大監監于萬國치좌우대감감우만국

정의 감監 자에서 앞의 감자는 거성去聲이고, 뒤의 감자는 평성平聲이다. 주나라에서 주공周公과 소공邵公에게 섬陝땅의 동서를 분봉한 것과 같은 것이다.

【正義】 監 上監去聲 下監平聲 若周邵分陝也

②萬國和而鬼神山川封禪與爲多焉만국화이귀신산천봉선여위다언

집해 서광은 "다多자가 한 곳에는 붕朋으로 되어 있다."고 했다.

【集解】 徐廣曰 多 一作 朋

색은 與의 발음은 '여[羊汝反]'이다. 여與는 '허許'와 같다. 만국이 화동和同했다는 것은 귀신이나 산천에 봉선封禪의 제사를 지낸 일을 말한다. 예부터 제황帝皇 중에는 황제를 추모해 받든 자가 많았다. 많다는 것은 크다는 것과 같다.

【索隱】 與音羊汝反 與猶許也 言萬國和同 而鬼神山川封禪祭祀之事 自古以來帝皇之中 推許黃帝以爲多 多猶大也

신주 봉封은 산 위에 봉토封土를 만들어 하늘에 드리는 제사이고, 선禪은 땅을 깨끗하게 쓸고 땅에 드리는 제사이다. 《사기》〈봉선서封禪書〉에는 관중이 패자霸者가 된 제 환공에게 "옛날 태산泰山에서 봉封하고 양보梁父에서 선禪한 자들은 모두 72명인데, 저의 기록으로는 12명뿐입니다."라면서 무회씨無懷氏·복희씨虙羲氏·신농씨神農氏·염제씨炎帝氏·황제黃帝·전욱顓頊·제곡帝嚳·요·순·우·탕湯(상나라)·주周 성왕成王 등의 사례를 들고, "모두 하늘의 명을 받은 후 봉선을 얻었습니다."라고 말하고 있다.

보정을 얻어 날을 맞이하는 책筴(策)을 추산했다.[1]

獲寶鼎 迎日推筴[1]

①獲寶鼎迎日推筴획보정영일추책

진작은 "책筴은 수數(역법)다. 수를 맞이하는 것이다."고 말했다. 신찬은 "일월의 삭망朔望(초하루와 보름)으로 미래를 추산할 수 있으니 날짜를 영접했다고 말한 것이다."라고 했다.

【集解】 晉灼曰 策 數也 迎數之也 瓚曰 日月朔望未來而推之 故曰迎日

〈봉선서〉에는 "황제가 보정寶鼎과 신책神策을 얻었다."고 말하고 그 아래에 "이것으로 신책을 추산해 날짜를 맞이했다."고 했는데, 곧 신책이란 신시神蓍(점치는 시초[蓍草:풀])이다. 황제가 시초를 얻어 역수曆數를 추산해 절기와 일진日辰이 장차 다가오는 것을 맞이해 알았다. 그러므로 역법을 추산해 날짜를 맞이했다고 한 것이다.

【索隱】 封禪書曰 黃帝得寶鼎神策 下云 於是推策迎日 則神策者 神蓍也 黃帝得蓍以推筭曆數 於是逆知節氣日辰之將來 故曰推策迎日也

筴은 발음이 '책策'이다. 영迎은 다가오는 것을 미리 아는 것(역逆)이다. 황제가 신책을 받고 대요大撓에게는 갑자甲子를 만들라고 명하고 용성容成에게 역법을 만들라고 명했다는 것이 이것이다.

【正義】 筴音策 迎 逆也 黃帝受神筴 命大撓造甲子 容成造曆是也

황제는 신책을 얻은 후 대요에게 역법을 만들고 육십갑자(간지干支)를 제정해서 연월과 일시를 기록하게 했고, 용성에게도 역법을 만들게 했다는 말이다.

> 풍후風后와 역목力牧과 상선常先과 대홍大鴻을 들어서① 백성을
> 다스렸다.
> 舉風后 力牧 常先 大鴻① 以治民

① 舉風后力牧常先大鴻 거풍후역목상선대홍

집해 정현은, "풍후는 황제의 삼공三公이다."라고 했다. 반고는 "역목
은 황제의 재상이다."라고 했다. 대홍은 〈봉선서〉를 보라.
【集解】 鄭玄曰 風后 黃帝三公也 班固曰 力牧 黃帝相也 大鴻 見封禪書

정의 거擧는 임용하는 것이다. 네 사람(풍후, 력목, 상선, 대홍)은 모두
황제의 신하이다. 《제왕세기》에는 "황제는 대풍大風이 불어서 천하의
먼지와 때(진구塵垢)를 모두 제거하는 꿈을 꾸었고, 또 사람이 천균千鈞
(3만 근)의 쇠뇌를 가지고 만여 마리의 양떼를 쫓아가는 꿈을 꾸었다. 황
제가 잠에서 깨어 탄식하기를, '풍을 호령으로 삼는 것이 집정자執政者
(정사를 집행하는 자)다. 구구垢 자에서 토土를 제거하면 후后(임금)다. 천
하에 어찌 풍風이 성姓씨이고 후后가 이름인 자가 있겠는가? 무릇 천균
의 쇠뇌를 가진 자는 힘[力]이 남다른 자다. 수만 마리의 양을 몰고 가
는 것은 능히 백성을 잘 기르는(목민牧民) 자이다. 천하에 어찌 역力이 성
씨이고 목牧이 이름인 자가 있겠는가?'라고 말했다. 이에 이 두 가지를
점에 의지해 구했는데 바다 모퉁이에서 풍후風后를 얻어서 재상으로 등

용하고, 큰 못大澤(태산과 황하 사이 늪지)에서 역목力牧을 얻어서 장수로 진출시켰다. 황제는 이로써《점몽경占夢經》11권을 썼다."고 했다.

《한서》〈예문지〉는 "풍후병법은 13편인데 도圖가 2권,《고허孤虛》가 20권이고,《역목병법》이 15편이다."라고 했다. 정현은 "풍후는 황제의 삼공三公이다."라고 했다. 살펴보니 "황제는 하늘을 우러러보고 땅에 열후와 여러 관리를 배치했는데, 풍후는 상태上台에 짝 짓고, 천로天老는 중태中台에 짝 짓고, 오성五聖은 하태下台에 짝 지었으니 이를 삼공이라고 한다. 〈봉선서〉는 "귀유구鬼臾區를 대홍大鴻이라고 부르는데 황제의 대신이다. 죽어서 옹雍땅에 장사지냈으므로 홍총鴻冢이라 이른다."라고 했다. 〈예문지〉에서는 "귀용구鬼容區 병법이 세 편이다."라고 했다.

【正義】 舉 任用 四人皆帝臣也 帝王世紀云 黃帝夢大風吹天下之塵垢皆去 又夢人執千鈞之弩 驅羊萬羣 帝寤而歎曰 風爲號令 執政者也 垢去土 后在 也 天下豈有姓風名后者哉 夫千鈞之弩 異力者也 驅羊數萬羣 能牧民爲善 者也 天下豈有姓力名牧者哉 於是依二占而求之 得風后於海隅 登以爲相 得力牧於大澤 進以爲將 黃帝因著占夢經十一卷 藝文志云 風后兵法十三 篇 圖二卷 孤虛二十卷 力牧兵法十五篇 鄭玄云 風后 黃帝之三公也 案 黃帝 仰天地置列侯眾官 以風后配上台 天老配中台 五聖配下台 謂之三公也 封 禪書云 鬼臾區號大鴻 黃帝大臣也 死葬雍 故鴻冢是 藝文志云 鬼容區兵法 三篇也

신주 삼공三公은 북두칠성 주변의 별자리로, 동양에서는 천자를 보좌하는 삼공을 상징한다고 보았는데, 이를 합하여 '삼태성三台星'이라 한다. 이른바 오리온자리의 '삼태성'과는 또 구별하여 살펴야 한다.

천지의 기강紀綱①과 음양의 점수占數와②, 생사의 의제儀制③와
존망의 설④에 순응했다.
順天地之紀 幽明之占 死生之說 存亡之難④

①順天地之紀순천지지기

__정의__ 황제기 천지, 음양, 사시라는 벼리(기紀)에 따른 것을 말한다.
【正義】 言黃帝順天地陰陽四時之紀也

②幽明之占유명지점

__정의__ 유幽는 음陰이고, 명明은 양陽이다. 점占은 수數다. 음양오행을
황제가 점을 쳐서 알았다는 말이다. 이 글은《대대례》에서 볼 수 있다.
【正義】 幽 陰 明 陽也 占 數也 言陰陽五行 黃帝占數而知之 此文見大戴禮

__신주__ 《신역사기》(대만 삼민서국 간, 2011년)에 점占 자는《대대례기》와
《공자가어》〈오제덕五帝德〉 편의 '고故' 자로 따라야할 것 같다고 했다.
이립李笠은 점占은 '고故 자'의 난연문爛衍文(쓸데없이 덧붙여진 글)으로 의
심된다."고 했다.

③死生之說사생지설

| 집해 | 서광은 "어떤 사람은 유명지수幽明之數(내세와 현세의 수)가 사생지설死生之說(죽고 사는 설)과 합치한다고 말했다."고 했다.

【集解】 徐廣曰 一云 幽明之數 合死生之說

| 정의 | 설說이란 의제儀制(의식과 제도)를 이른다. 백성들의 삶과 죽음이다. 이것은 의제儀制를 만들고 예의를 제정하는 설을 이른 것이다.

【正義】 說謂儀制也 民之生死 此謂作儀制禮則之說

④存亡之難존망지난

| 색은 | 존망은 안위安危와 같다. 《역경》에서 "위태롭다고 하는 사람은 그 자리를 편안하게 할 사람이고, 망할까 하는 자는 그 목숨을 보존하는 사람이다'라고 한 것이 이것이다. 난難은 설說과 같다. 무릇 일의 옳고 그름이 미진해서 임시로 하는 말을 난難이라고 한 것이다. 또 윗글에 '사생지설死生之說'이 있기 때문에 여기에는 '존망지난存亡之難'이라고 한 것인데, 한비韓非(한비자)의 저서 〈설림說林〉·〈세난說難〉 편이 있기 때문이다.

【索隱】 存亡猶安危也 易曰 危者安其位 亡者保其存 是也 難猶說也 凡事是非未盡 假以往來之詞 則曰難 又上文有 死生之說 故此云 存亡之難 所以韓非著書有說林 說難也

| 정의 | 難은 발음이 '난[乃憚反]'이다. 존망은 생사와 같다. 황제 이전에는 의상과 옥우屋宇(집)가 있지 않았다. 이에 황제가 옥우를 만들고 의

복을 제정하고 빈장殯葬(빈소와 장법)을 경영했기 때문에 모든 백성이 존
망의 난難에서 벗어났다.

【正義】 難音乃憚反 存亡猶生死也 黃帝之前 未有衣裳屋宇 及黃帝造屋宇
制衣服 營殯葬 萬民故免存亡之難

때에 맞추어 온갖 곡식과 풀과 나무를 파종하고① 새와 짐승과
벌레와 나방까지도 순화시켰으며② (세왕의 넉이) 해와 달과 별과
물과 물결과③ 흙과 돌과 금金과 옥玉에게까지 두루 미쳤다.④
時播百穀草木 淳化鳥獸蟲蛾 旁羅日月星辰水波 土石金玉

①時播百穀草木시파백곡초목

집해 왕숙은 "시時는 시是(옳은 때)이다."라고 했다.
【集解】 王肅曰 時 是也

색은 한 구절이 된다.
【索隱】 爲一句

정의 네 계절의 마땅한 때를 따라서 온갖 곡식과 초목을 베풀어 심
는 것을 말한 것이다.
【正義】 言順四時之所宜而布種百穀草木也

②淳化鳥獸蟲蛾순화조수충의

③旁羅日月星辰水波방라일월성신수파

신주 해와 달과 별과 뭇별과 물과 물결이 두루 나열되게 했다는 뜻
이다. 방라旁羅는 두루 퍼지게 하는 것이다. 아래 문장과 함께 해석해야
한다.

④土石金玉토석금옥

방旁은 일방一方을 뜻하는 것이 아니다. 라羅는 '널리 펴다'는 뜻이다. 지금 살피건대《대대례》에 '역리歷離'라고 되어 있는데 리離가 곧 '라羅'이다. 제왕의 덕이 해와 달과 별과 뭇별과 물과 물결과 흙과 돌과 금과 옥에 이르기까지 널리 퍼지는 것을 말한 것이다. 해와 달은 광채를 드러내고 바닷물은 파도치지 않고 산은 보배를 감추지 않는데 이것은 모두 제왕의 덕을 넓게 입은 것이다.

【索隱】 旁 非一方 羅 廣布也 今案 大戴禮作 歷離 離即羅也 言帝德旁羅 日月星辰水波 及至土石金玉 謂日月揚光 海水不波 山不藏珍 皆是帝德廣 被也

정의 방라旁羅는 두루 퍼지는 것과 같다. 일월은 음양의 때와 계절이다. 성星은 28수宿이다. 신辰(북극성)은 일월日月이 모이는 곳이다. 수파水波는 난의瀾漪(잔물결)이다. 하늘이 재난을 내리지 않고 땅은 별도로 해를 끼치는 것이 없고 물은 작은 파도만이 일렁거리고 산에서는 진귀한 보배가 나오는 것을 말한다.

【正義】 旁羅猶遍布也 日月 陰陽時節也 星 二十八宿也 辰 日月所會也 水 波 瀾漪也 言天不異災 土無別害 水少波浪 山出珍寶

애써 마음을 부지런히 하고 보고 듣는 일에 힘썼으며 물과 불과 재목과 물건들을 알맞게 썼다.[1]

勞勤心力耳目節用水火材物[1]

①勞勤心力耳目節用水火材物노근심력이목절용수화재물

[정의] 절節은 때와 계절이다. 수水는 방죽으로 막거나 물을 터뜨려 흘러가게 하는 것이다. 화火는 산과 들의 출입을 금지하거나 개방하는 것이다. 재材는 목木이다. 물物은 사事(일)이다. 황제가 백성을 가르쳐서 강과 호수와 방죽과 연못과 산과 수풀과 언덕과 습지에서 모두 수확하고 채취하는 것을 금지했다가 제때에 포획하게 해서 그것들을 사용하는데 절도가 있고 그 이익을 얻게 한 것을 말한 것이다.

《대대례》에 말한다. "재아宰我가 공자에게 묻기를, '제가 영이榮伊에게 들으니 황제는 300년을 살았다고 했습니다. 청해 묻건대 황제는 사람입니까? 사람이 아닙니까? 어떻게 300살까지 살 수가 있습니까?'라고 했다. 공자가, '마음을 수고롭게 하고, 보고 듣는 일에 힘써 물과 불과 재목과 물건을 알맞게 썼다. 살아서는 백성들이 그 이로움을 얻은 것이 백년이요, 죽어서는 백성들이 그를 신神으로 두려워한 것이 100년이고, 죽은 후에(망亡) 백성들이 그의 가르침을 사용한 것이 100년이다. 그러므로 300년이라고 하는 것이다.'라고 답했다."

【正義】 節 時節也 水 陂障決洩也 火 山野禁放也 材 木也 物 事也 言黃帝教民 江湖陂澤山林原隰皆收採禁捕以時 用之有節 令得其利也 大戴禮云 宰我問於孔子曰 予聞榮伊曰黃帝三百年 請問黃帝者人耶 何以至三百年 孔子曰 勞勤心力耳目 節用水火材物 生而民得其利百年 死而民畏其神百年 亡而民用其教百年 故曰三百年也

[신주] 《대대례기大戴禮記》〈오제덕五帝德〉편에 나오는 말이다.

토덕土德의 상서로움이 있어서 황제黃帝라고 칭했다.[①]

有土德之瑞 , 故號黃帝[①]

①有土德之瑞故號黃帝유토덕지서고호황제

  색은   염제炎帝는 화火인데, 황제黃帝가 토土로 그것을 대신했다. 곧
"황룡黃龍과 지인地螾이 나타났다."라고 한 것이 이것이다. 인螾(지렁이)
은 토정土精인데 큰 것은 5~6 아름(위圍)이 되고 길이는 10여 장十餘丈
(100자)이 된다. 螾은 발음이 '인引'이다.

【索隱】 炎帝火 黃帝土代之 即 黃龍地螾見 是也 螾 土精 大五六圍 長十餘
丈 螾音引

  정의   螾은 '인[以刃反]'으로 발음한다.

【正義】 螾音以刃反

  신주   《여씨춘추》〈응동應同〉 편에 "황제 때에 하늘이 먼저 큰 지렁
이(대인大螾)와 큰 땅강아지(대루大螻)를 보이자 황제가 '토기가 승하구나'
라고 말했다고 한다. 토기가 승하다는 것은 그 색이 황黃을 숭상하는
것이므로 곧 흙을 높이는 것을 말한다."라고 했다.

황제는 스물다섯 명의 아들을 두었는데 그의 성씨姓氏를 얻은
자는 열네 명이었다.①

黃帝二十五子 其得姓者十四人①

①黃帝二十五子其得姓者十四人황제이십오자기득성자십사인

색은   옛 해석에서는 사四자를 깨뜨려서 삼三자로 만들고 성씨를 얻
은 자가 열세 명뿐이라고 말했다. 지금 살피건대《국어》에서 서신이 이
르기를 '황제의 아들은 스물다섯 종宗이고 그 성씨를 얻은 자는 열네
명인데 열두 개 성씨가 되었다. 희姬 ·유酉 ·기祁 ·기己 ·등滕 ·짐葴 ·임
任 ·순荀 ·희僖 ·길姞 ·현儇 ·의衣 등이 그것이다. 오직 청양青陽(소호)과
이고夷鼓는 같은 기성己姓이다.'라고 말했다. 또 '청양青陽과 창림蒼林은
희성姬姓이 되었다.'라고도 한다. 이는 곧 열네 명이 열두 성씨가 된 것
을 말한 것이니 그의 문장이 매우 분명하다. 오직 희성姬姓만을 다시 청
양青陽과 창림蒼林이라고 일컬었던 것이니 대개 (청양과 이고를 기성이라고
한)《국어》의 문장이 잘못된 것이다. 그래서 이전 시대의 유학자들을 함
께 의심하게 만들었다. 그 희성인 청양은 마땅히 현효玄囂(소호)가 되어
야 하는데 이는 제곡帝嚳의 시조는 본래 황제와 같은 희성姬姓이기 때
문이다. 그《국어》에서 말한 앞의 청양青陽이란 글귀는 곧 소호 금천씨
少昊金天氏가 기성己姓이 된 것일 뿐이다. 이미 이치가 의심할 것이 없는
데 번거롭게 사四자를 깨뜨려서 삼三 자로 만들 일이 없었다.

【索隱】 舊解破四爲三 言得姓十三人耳 今案 國語胥臣云 黃帝之子二十五宗 其得姓者十四人 爲十二姓 姬 酉 祁 己 滕 葴 任 荀 僖 姞 儇 衣是也 唯青陽與夷鼓同己姓 又云 青陽與蒼林爲姬姓 是則十四人爲十二姓 其文甚明 唯姬姓再稱青陽與蒼林 蓋國語文誤 所以致令前儒共疑 其姬姓青陽當爲玄囂 是帝嚳祖本與黃帝同姬姓 其國語上文青陽 即是少昊金天氏爲己姓者耳 既理在不疑 無煩破四爲三

신주 황제의 아들 중에서 여러 주석자들이 중시하는 인물은 소호少昊다. 성은 희姬이고, 이름은 현효玄囂, 지摯라고도 한다. 황제는 누조와 사이에서 장남 소호와 차남 창의를 낳았다. 소호少昊는 김천씨金天氏, 청양씨靑陽氏, 궁상씨窮桑氏, 운양씨雲陽氏, 주선朱宣씨라고도 하는데, 산동성 곡부曲阜 북쪽인 궁상窮桑에서 태어나 곡부에 도읍했다. 오방상제五方上帝 중의 하나로서 백제白帝라고도 한다.

사마천은 황제의 제위를 소호가 아니라 손자 전욱이 이어받았다고 했지만 그와 다른 기록들도 많다. 황보밀皇甫謐(서기 215~282)은《제왕세기》에서 삼황에 이어 오제를 서술하면서 오제의 첫 번째 제왕을 소호라고 서술했다. 삼국시대 촉蜀의 학자였던 초주譙周(201~270)는《고사고古史考》에서 "궁상씨는 영嬴씨 성으로 능히 태호太昊의 법을 닦았고 태호의 도를 종宗으로 삼았으므로 소호라고 한다."고 말했다. 소호가 삼황의 첫 번째 제왕인 태호의 법과 도를 이은 제왕이므로 소호라고 한다는 뜻이다. 태호와 소호는 지금 중국에서도 동이족으로 인정하고 있다.(임기동이문화박물관 편臨沂東夷文化博物館 편,《도설동이圖說東夷》) 중국에서는 김씨 외에 대씨臺氏도 소호의 후손이라고 말하고 있다.《풍속통의 교주

風俗通義校注》〈일문佚文〉에는 "대씨臺氏, 김천씨의 후손이 대태臺駘인데, 그 후에 씨가 되었다. 한나라에 시중 대숭臺崇이 있었다."라고 말하고 있다. 대숭은 후한 효헌제孝獻帝 때 조조曹操에게 살해당한 시중이다.(《후한서》〈효헌제 본기〉)《풍속통의》는 후한 때 태산태수였던 응소가 지었는데 당나라 때는 《풍속통風俗通》이라고 불렀다.

> 황제는 헌원軒轅 언덕에 살면서[①] 서릉西陵의 딸을 맞이했으니[②]
> 그가 바로 누조嫘祖다.[③]
> 黃帝居軒轅之丘[①] 而娶於西陵之女[②] 是爲嫘祖[③]

---

①黃帝居軒轅之丘황제거헌원지구

【집해】 황보밀은 "유웅씨有熊氏의 나라를 받아서 헌원軒轅 언덕에 살았으므로 이를 이름으로 삼고, 또 호로도 삼았다."라고 했다. 《산해경》에 이르기를 "궁산窮山 가에 있는데 서사西射의 남쪽이다."라고 했다. 장안이 말하기를 "헌면軒冕의 옷을 제작했다. 그러므로 헌원軒轅이라고 이른다."라고 했다.

【集解】 皇甫謐曰 受國於有熊 居軒轅之丘 故因以爲名 又以爲號 山海經曰 在窮山之際 西射之南 張晏曰 作軒冕之服 故謂之軒轅

②娶於西陵之女취어서릉지녀

정의　서릉은 나라 이름이다.

【正義】　西陵 國名也

③嫘祖누조

집해　서광은 "조祖는 한 곳에서는 조俎로 되어 있다."라고 했다. 嫘의 발음은 '루[力追反]'다.

【集解】　徐廣曰 祖 一作 俎 嫘 力追反

색은　일명 뇌조雷祖이다. 발음은 '뢰[力堆反]'이다.

【索隱】　一曰雷祖 音力堆反

정의　어떤 곳에는 루傫로 되어 있다.

【正義】　一作 傫

누조는 황제의 정비正妃가 되어① 두 명의 아들을 낳았다. 그의 후손들은 모두가 천하를 얻었다. 그 첫째가 현효玄囂인데, 이 이가 청양靑陽이다.②

嫘祖爲黃帝正妃① 生二子 其後皆有天下 其一曰玄囂 是爲靑陽②

①嫘祖爲黃帝正妃누조위황제정비

상고해보니 황제는 4명의 비妃를 세웠는데 후비后妃는 4개의 별을 상징한다. 황보밀은 "원비元妃는 서릉씨의 딸이며 누조라고 하는데 창의昌意를 낳았다. 다음 비妃는 방뢰씨方雷氏의 딸이며 여절女節이라고 하는데 청양을 낳았다. 다음 비妃는 동어씨肜魚氏의 딸이며 이고夷鼓를 낳았는데 일명 창림蒼林이라고 한다. 다음은 모모嫫母이며 반열이 3인의 아래에 있었다."라고 했다. 상고해보니 《국어》에는 이고夷鼓와 창림蒼林 두 사람으로 되어 있다. 또 상고해보니 《한서》〈고금인표漢書古今人表〉에 동어씨肜魚氏는 이고夷鼓를 낳았고 모모嫫母는 창림蒼林을 낳은 것으로 되어 있으니 황보밀이 말한 바와 같지 않다. 태사공太史公이 이에 《대대례》에 의거해 누조累祖가 창의와 현효玄囂를 낳았는데 현효는 곧 청양이라고 한 것이다. 황보밀이 청양을 소호少昊라고 하고 이에 방뢰씨의 소생이라고 한 것은 그들이 본 바가 다른 것이다.

【索隱】 案 黃帝立四妃 象后妃四星 皇甫謐云 元妃西陵氏女 曰累祖 生昌意 次妃方雷氏女 曰女節 生青陽 次妃肜魚氏女 生夷鼓 一名蒼林 次妃嫫母 班在三人之下 案 國語夷鼓 蒼林是二人 又案 漢書古今人表肜魚氏生夷鼓 嫫母生蒼林 不得如謐所說 太史公乃據大戴禮 以累祖生昌意及玄囂 玄囂 即青陽也 皇甫謐以青陽爲少昊 乃方雷氏所生 是其所見異也

누조는 서릉씨西陵氏의 딸로 서릉에서 태어나 황제 헌원씨의 원비元妃가 되었다. 누조는 현효玄囂(소호)와 창의昌意 두 아들을 낳았는데, 현효의 아들이 교극蟜極이고, 교극의 아들이 오제 중의 세 번째인 제곡이다. 창의는 촉산씨蜀山氏의 딸을 얻어 고양高陽을 낳았는데, 그가 오제 중의 두 번째인 제전욱이다. 황제와 누조 사이의 첫아들 소호가 동이족이라면 둘째 아들 창의도 동이족일 수밖에 없다. 소호와 창의에게서 나온 후사들[제전욱, 제곡, 제요, 제순의 오제는 물론 우(하시조), 설(은시조), 후직(주시조)]도 모두 동이족일 수밖에 없다.

②是爲靑陽시위청양

색은   현효(소호)는 제곡帝嚳의 할아버지이다. 살피건대 황보밀과 송충宋衷은 모두 현효와 청양은 곧 소호라고 말했다. 지금 이 본기 아래 "현효는 제위帝位에 오르는 것을 얻지 못했다."라고 말했는데 곧 태사공의 뜻은 청양이 소호씨가 아니라는 것이 분명하다. 그런데 이곳에 또 이르기를 "현효가 바로 청양이다."라고 했으니 이것은 마땅히 잘못된 것이다. 두 사람을 모두 황제의 아들이라고 이르고 나란히 그 이름을 열거했는데 앞의 사史의 잘못으로 인한 까닭이며 현효와 청양은 한 사람일 뿐이다. 송충이 또 이르기를 "현효와 청양이 바로 소호이다. 황제를 계승해 즉위했다. 사史에서 차례대로 쓰지 않은 것은 아마도 소호씨는 금덕金德으로 왕王이 되었는데 오운五運(오행)의 순차가 아니어서 오제五帝를 차례로 서술할 때 헤아리지 않은 것이다."라고 말했다.

【索隱】 玄囂 帝嚳之祖 案 皇甫謐及宋衷皆云玄囂靑陽即少昊也 今此紀下云 玄囂不得在帝位 則太史公意靑陽非少昊明矣 而此又云 玄囂是爲靑陽 當是誤也 謂二人皆黃帝子 並列其名 所以前史因誤以玄囂靑陽爲一人耳 宋衷又云 玄囂靑陽是爲少昊 繼黃帝立者 而史不敍 蓋少昊金德王 非五運之次 故敍五帝不數之也

신주 사마천은 황제의 첫째 아들 현효(소호 또는 청양)는 제위에 오르지 못했다고 썼지만 주석자들은 소호가 오제의 첫 제왕이라는 견해를 표명하고 있다. 《춘추좌전》 소공昭公 17년 조에 이런 이야기가 나온다. 가을에 담자郯子가 내조했는데, 연회 때 소자昭子가 "소호씨少暭氏가 새를 관직의 이름으로 삼은 것은 무슨 까닭입니까"라고 묻자 담자가 "나의 선조이므로 그 까닭을 압니다… 내 고조 소호 지摯께서 즉위하셨을 때 봉조鳳鳥가 때마침 이르렀습니다. 그래서 새를 가지고 기록해서 모든 관명官名을 새의 이름을 넣었습니다."라고 답했다는 것이다. 소호가 제왕으로 즉위했다는 기록이다. 이 내용에 대해서 위진魏晉시대 벼슬아치이자 학자였던 두예杜預(222~285)는 "소호 김천씨는 황제의 아들인데, 사성己姓의 시조다."라고 주석했다.

또한 《사기》 〈진본기秦本紀〉는 "진의 선조는 제전욱의 후예다."라고 말하고 있는데, 이에 대해서 사마정은 《색은》에서 "진秦과 조趙의 조상은 마땅히 소호씨다."라고 설명하고 있다. 중원을 통일한 진秦나라는 물론 진과 맞서 싸웠던 조趙나라 역시 동이족 국가라는 뜻이다. 《사기》의 〈봉선서〉에서 "진나라는 소호의 제사를 주관한다."고 한 것은 이 때문이다.

청양은 강수江水로 내려가 살았다.① 그 둘째가 창의昌意인데, 약수若水로 내려가 살았다.②

青陽降居江水① 其二曰昌意 降居若水②

①靑陽降居江水청양강거강수

정의 《괄지지》에는 "안양安陽 고성故城은 예주豫州 신식현新息縣 서남현 80리에 있다."고 했다. 응소는 "옛날 강국江國이다."라고 했다. 〈지리지〉에도 "안양은 옛날 강국이다."라고 했다.

【正義】 括地志云 安陽故城在豫州新息縣西南八十里 應劭云古江國也 地理志亦云安陽古江國也

신주 소호가 분봉 받은 강수에 나라를 세웠다는 뜻이다. 강수는 현재는 양자강揚子江(장강)을 뜻하지만 고대의 강수는 산동성 기하沂河를 뜻했다.

②昌意降居若水창의강거약수

색은 강降은 '내려온다'는 뜻이다. 제왕의 아들이 제후가 되어 내려와 강수江水와 약수若水에 산 것을 말한다. 강수와 약수는 모두 촉蜀에 있는데 곧 봉국封國이다. 《수경水經》에는 "물이 모우旄牛 변방 밖에서 나와 동남쪽 옛 관關에 이르러 약수가 되고 남쪽으로 공도邛都를 지나고, 또 동북쪽으로 주제현朱提縣에 이르러 노강盧江의 물이 된다."라고 했다. 이는 촉蜀에 이 두 물줄기가 있다는 뜻이다.

【索隱】 降 下也 言帝子爲諸侯 降居江水 若水 江水 若水皆在蜀 即所封國也 水經曰 水出旄牛徼外 東南至故關爲若水 南過邛都 又東北至朱提縣爲盧江水 是蜀有此二水也

신주 　중국 학계는 약수를 지금의 사천성 서부의 아롱강雅礱江으로 비정한다. 그러나 강수가 산동성 기수인데, 약수는 사천성에 있는 강일 수 없다. 산동성 기수와 그리 멀지 않은 강일 것이다.

> 창의는 촉산씨蜀山氏의 딸을 얻었는데 창복昌僕이라고도 하며
> 고양高陽을 낳았다. 고양은 성스런 덕이 있었다.①
>
> **昌意娶蜀山氏女 曰昌僕 生高陽 高陽有聖悳焉①**

---

①昌意娶蜀山氏女曰昌僕生高陽창의취촉산씨녀왈창복생고양

정의 　《화양국지華陽國志》와 《십삼주지十三州志》에는 "촉의 선조는 인황人皇씨 때에 비롯되었다. 황제의 아들 창의는 촉산씨에게 장가들었기 때문에 뒤에 그 자손들은 대대로 촉 땅에 봉해졌다. 제帝 전욱 고양씨는 황제의 손자이고 창의의 아들이며 어머니는 창복昌僕인데 또한 여추女樞라고도 일렀다."라고 했다. 《하도河圖》에는 '요광瑤光(북두칠성의 일곱 번째 별)이 무지개와 같이 달을 꿰뚫어 순수한 흰색이 되자 여추가 유방궁幽房宮에서 감응해 전욱을 낳았는데 머리에는 방패와 창을 이었으며 덕悳의 문양이 있었다'라고 했다.

【正義】 華陽國志及十三州志云 蜀之先肇於人皇之際 黃帝爲子昌意娶蜀山氏 後子孫因封焉 帝顓頊高陽氏 黃帝之孫 昌意之子 母曰昌僕 亦謂之女樞 河圖云 瑤光如蜺貫月 正白 感女樞於幽房之宮 生顓頊 首戴干戈 有德文也

> 황제가 붕어하자^① 교산橋山에 장사를 지냈다^②.
>
> 黃帝崩^① 葬橋山^②

①黃帝崩황제붕

집해 황보밀은 "임금의 자리에 100년 동안 있다가 붕어했는데 나이가 111세였다."라고 밀했다.

【集解】 皇甫謐曰 在位百年而崩 年百一十一歲

색은 상고해보니 《대대례》에 재아宰我가 공자에게, "영이가 황제는 300년을 살았다고 말했는데 청해 묻겠습니다. 황제는 어떤 사람입니까? 또한 사람이 아닙니까? 어떻게 300년까지 이르렀겠습니까?"라고 물었다. 대답하기를, "살아서 백성이 그 이로움을 얻은 것이 100년이요, 죽어서 백성이 그를 신神으로 두려워한 것이 100년이고, 죽은 후에(亡) 백성이 그의 가르침을 사용한 것이 100년이다."라고 했으니 곧 사안士安(황보밀)의 설명이 대략 이것으로 기대할 만하다.

【索隱】 案 大戴禮 宰我問孔子曰 榮伊言黃帝三百年 請問黃帝何人也 抑非人也 何以至三百年乎 對曰 生而人得其利百年 死而人畏其神百年 亡而人用其教百年 則士安之說略可憑矣

정의 《열선전列仙傳》에는 "헌원軒轅이 스스로 죽는 날을 선택하고 모든 신하들에게 작별했다. 돌아가 교산橋山에 장례를 치르니 산이 무너졌는데 관棺이 비어 있었고 오직 칼과 신발舃만이 관 속에 있었다."라고 했다.

【正義】 列仙傳云 軒轅自擇亡日與羣臣辭 還葬橋山 山崩 棺空 唯有劍舃在棺焉

②葬橋山장교산

집해 《황람》에는 "황제총黃帝冢은 상군上郡의 교산橋山에 있다."라고 했다.

【集解】 皇覽曰 黃帝冢在上郡橋山

색은 〈지리지〉에는 "교산은 상군 주양현周陽縣에 있는데 산에 황제총이 있다."고 했다.

【索隱】 地理志橋山在上郡陽周縣 山有黃帝冢也

정의 《괄지지》에 "황제의 능은 영주寧州 나천현羅川縣 동쪽 80리 자오산子午山에 있다."고 했다. 〈지리지〉에 "상군 주양현 교산 남쪽에 황제총이 있다."고 했다. 조사해보니 주양周陽은 수隋나라에서 나천羅川으로 고쳤다. 《이아爾雅》에는 "산이 예리하고 높은 것을 교橋라고 한다."라고 했다.

【正義】 括地志云 黃帝陵在寧州羅川縣東八十里子午山 地理志云上郡陽周縣橋山南有黃帝冢 案 陽周 隋改爲羅川 爾雅云山銳而高曰橋也

신주 황제를 장사지낸 교산에 대해서는 두 설이 있다. 하나는 섬서성 황릉皇陵현 서북쪽으로서, 저수沮水가 천산穿山을 지나는데 산의 형상이 다리[橋]처럼 생겨서 이렇게 이름 지었다고 한다. 또 하나는 하북성 탁록涿鹿현 동남쪽인데, 황제黃帝와 당요唐堯의 사당이 있다. 두 위치가 이렇게 큰 차이가 나는 것은 황제의 사적이 후대에 크게 가공되었음을 말해준다. 《위서魏書》〈태종본기〉에 "교산에 행차해서 사신을 보내 황제黃帝, 당요唐堯의 사당에 제사를 올렸다."고 기록하고 있다.

황제의 무덤이라는 황제릉과 황제총도 여러 곳에 있다. 가장 유명한 것은 섬서성 연안延安시 황릉현黃陵縣 교산진橋山鎭에 있는 황제릉이다. 또한 하북성 탁록현 온천둔진溫泉屯鎭에도 황제릉이 있다. 하남성 영보靈寶시 양평진陽平鎭에도 황제릉이 있는데, 이는 하남 형산荊山 황제릉이라고 불린다. 감숙성 정녕正寧현에도 황제릉이 있고, 북경시 평곡구平谷區 산동장진山東莊鎭에도 황제릉이 있다. 이중 어느 곳이 실제로 황제가 묻힌 무덤인지 알 수 없다. 황제가 태어난 곳은 산동성 곡부 북부이다.

그의 손자이자 창의昌意의 아들인 고양이 제위에 올랐는데 이이가 제전욱帝顓頊이다.

其孫昌意之子高陽立 是爲帝顓頊也

제2장

제전욱

황제의 손자가 제위를 계승하다

제전욱帝顓頊 고양씨高陽氏[1]는 황제黃帝의 손자이고 창의昌意의
아들이다.

帝顓頊高陽者[1] 黃帝之孫而昌意之子也

[1]顓頊高陽전욱고양

[집해] 황보밀은 "전욱이 제구帝丘에 도읍을 정했는데 지금의 동군東
郡 복양濮陽이 그곳이다."라고 했다.

【集解】 皇甫謐曰 都帝丘 今東郡濮陽是也

[색은] 송충宋衷은 "전욱은 이름이고 고양高陽은 천하를 가진 호칭이
다."라고 말했다. 장안張晏은 "고양이 흥기興起한 땅의 이름이다."라고

말했다.

신주 《사기》〈오제본기〉는 황제의 둘째 아들인 창의의 아들 전욱 고양씨가 황제의 뒤를 이어 즉위했으며, 전욱의 뒤는 황제의 장남 소호의 손자 제곡 고신이 이었다고 설명하고 있다. 앞의 〈사마천이 설정한 오제 및 하은주 시조 계보도〉에 따르면 황제의 둘째 아들 창의의 아들 고양이 제전욱으로 제위를 이었다. 전욱의 제위는 황제의 장자인 소호의 손자 고신이 이었는데 그가 제곡이다. 계보도가 자연스럽지 않은 것은 소호少昊가 누락되었기 때문이다.

《사기》와 달리 《국어》·《제왕세기》·《여씨춘추》·《회남자》 등은 소호가 제위에 올랐다고 기술했다. 《국어》〈초어楚語〉는 "전욱이 소호의 뒤를 계승해 정사를 주관했다."라고 말해서 전욱이 소호의 뒤를 이어서 즉위했다고 쓰고 있다. 전욱은 백부 소호를 보좌한 공으로 고양高陽땅에 봉해졌는데, 소호를 보좌한 공으로 고양에 봉해졌다는 것은 소호가 제위에 있었다는 사실을 말해준다. 고양은 지금의 하남성 기현杞縣 고양진高陽鎭으로 비정한다. 또한 《예기》〈곡례曲禮〉 주석에도 "가을은 그 제帝가 소호少皞이다."라고 말하고 있고, 같은 책 〈월령月令〉에도 소호가 제위에 있었다면서 그 아들을 김천씨金天氏라고 말하고 있다. 《열자列子》〈탕문湯問〉에 따르면 "공공씨共工氏와 전욱이 제위를 다투었다."라고 말하고 있는데, 이와 관련해서 《춘추좌전》 소공昭公 29년 조의 기사가 주목된다.

"전욱씨에게는 아들이 있는데, 리犂라고 하며 축융祝融이 되었다. 공공共工씨에게는 아들이 있는데, 구룡句龍이라고 하며 후토后土가 되었다. 이 둘이 제사를 받는다. 후토는 사社(토지신)이고 직稷은 전정田正(밭을 관장하는 전관의 우두머리)이다. 열산씨에게 아들이 있는데, 주柱라고 하고 직신稷神이 되었다. 하나라 이전에는 제사를 지냈다. 주나라의 기弃=棄 또한 직신이 되었는데, 상商(은)나라 이래로 제사 지냈다.《춘추좌전》〈소공 29년〉)"

공공씨는 환두驩兜·삼묘三苗·곤鯀과 함께 유배가거나 죽임을 당한 네 명의 제후로서 사죄四罪라고 불리는데, 이들은 모두 이족夷族이었다. 축융과 공공을 하나라 이전에는 제사 지냈다는 것이다.《대대례기》의 〈오제덕五帝德〉과 〈제계帝繫〉는 전욱을 고양이라고 말하고 있는데,《사기》또한 이를 따른 것이다.

그런데《사기》는 전욱을 황제의 손자라고 설정했지만 청나라 양옥승은《사기지의史記志疑》에서 순이 황제에게서 나오지 않고 우막虞幕에게서 나왔다고 주장했다. 황제와 순은 상관이 없다는 주장이다. 그런데 이는 우막과 전욱의 아들 궁선窮蟬이 같은 인물이라는 사실을 인지하지 못한데서 나온 주장으로 보인다.《대대례기大戴禮記》〈제계帝系〉편에도 "전욱이 궁선을 낳았다"라고 서술하고 있다. 궁선을 막幕 우막이라고도 하는데, 우막은 유우씨有虞氏의 시조이다. 유우씨의 도읍이 포판蒲阪인데, 이곳은 옛 포주蒲州이며 현재는 산서성 운성運城시와 영제永濟시라고 비정한다.

이 계보에 따르면 우막 역시 동이족인데, 우막이 중요한 것은 진陳나라가 우막의 후손이기 때문이다. 진陳의 개국 시조인 진호공陳胡公이 우막의 후손이다.

화서씨에서 진호공까지 계보도

화서씨 — 복희 — 소전 — 황제 — 창의 — 전욱 — 궁선(우막) — 경강 — 구망 — 교유 —

고수 — 순 — 상균 … 우알부虞關父(규알 嬀閼) — 진호공(규만嬀滿 진국 초대 군주)

진호공陳胡公은 호공만胡公滿이라고도 하는데, 규성嬀姓이며 유우씨로 이름이 만滿이고 자가 소탕掃蕩인데 순舜의 후예다. 주나라 제후국 진국陳國의 초대 군주이다. 《춘추좌전》 양공襄公 25년 조에는 주무왕이 상나라를 멸망시킨 후 장녀 대희大姬와 순의 후예인 규만嬀滿을 혼인시키고 진陳땅을 봉지로 내려주어 진국陳國을 건립하게 하고, 순舜의 제사를 지내게 했다고 나온다.

전욱 역시 동이족임을 말해주는 사료가 《삼국사기》〈광개토대왕본기〉에 나온다.

"광개토대왕 17년(407) 봄 3월에 사신을 북연北燕에 보내 종족宗族의 제사를 베푸니, 북연왕 고운高雲이 시어사侍御史 이발李拔을 보내 답례하였다. 고운의 할아버지 고화高和는 고구려에서 갈라진 지류인데, 스스로 말하기를 고양씨高陽氏의 후손이라면서 성씨를 고高로 삼았다.《삼국사기》〈광개토왕 17년〉"

북연은 고구려 출신 고운高雲(재위 407~409)이 세운 나라인데, 고운의 할아버지 고화가 말한 고양이 바로 전욱顓頊 고양을 뜻하는 것이다. 의혜懿惠황제 고운은 모용보慕容寶가 자신의 성씨를 내려주어 모용운慕容雲으로도 불린다. 모용씨와 고구려가 서로 말이 통했다는 《방언方言》의 기록은 선비족 모용씨와 고구려 민족이 같은 계통임을 말해준다. 고

구려 고씨의 시조가 전욱 고양씨라는 사실은 전욱 역시 동이족임을 뜻이다.

고요하고 깊으면서 지모가 있었고, 사리에 통달하여 일을 잘 알았다. 곡식이나 재목 따위의 재배는 땅에 맡겼다.[1]

靜淵以有謀 疏通而知事 養材以任地[1]

---

①養材以任地양재이임지

[색은] 재목과 사물을 기르는 것을 땅에 맡기는 것을 말한 것이다. 《대대례》에는 '양재養財'로 되어 있다.

【索隱】 言能養材物以任地 大戴禮作 養財

네 계절을 따르는 것[1]은 하늘을 본뜬 것이고 귀신에 의지해 의義를 제정했다.[2] 사계절과 오행의 기氣를 다스려[3] 백성을 교화시키고 깨끗하고 정성스럽게 제사를 받들었다.

載時[1] 以象天 依鬼神以制義[2] 治氣[3] 以教化 絜誠以祭祀

---

①載時재시

재載는 '행行'의 뜻이다. 네 계절의 운행이 하늘을 본뜬 것을 말한 것이다.《대대례》에는 '이시이상천履時以象天(때를 밟아 행하는 것은 하늘을 본받는 것이다.)'으로 되어 있다. 이履도 밟아서 행하는 것이다.

【索隱】 載 行也 言行四時以象天 大戴禮作 履時以象天 履亦踐而行也

②依鬼神以制義이귀신이제의

귀신은 총명하고 정직해서 마땅히 마음을 다하고 일을 공경하여 높고 낮은 제도를 제정했다. 그래서 주례周禮에 "조묘祖廟의 제사로 인해 내린 명령을 인의仁義라고 이른다."라고 한 것이 이뜻이다.

【索隱】 鬼神聰明正直 當盡心敬事 因制尊卑之義 故禮曰 降于祖廟之謂仁義 是也

귀鬼의 '영靈(신령함)'을 신神이라고 한다. 귀신은 산천山川의 신神을 이르는 것이다. 구름을 일으키고 비를 내리게 하여 만물을 길러서 윤택하게 한다. 그래서 자신이 기대고 의지해서 의義를 제정한 것이다. 제剮는 '제制'의 고자古字이다.

【正義】 鬼之靈者曰神也 鬼神謂山川之神也 能興雲致雨 潤養萬物也 故己依憑之剮義也 剮 古制字

사람이 죽으면 혼魂이 남는데 거기에 영靈이 있으면, 신神이 된다. 그래서 제사의 제문에서 '혼에 영이 있으면[魂而有靈]'이라는 표현을 쓴다. 혼에 영이 있어야 신이 되어 신주神主로 모실 수 있기 때문이다.

이는 동양의 관념, 특히 영성靈性이 깊었던 동이인東夷人의 인식이다. 신神은 서양의 신God과는 개념이 다르다. 서양 관념에 영혼Soul에 가깝다. 영이 없는 혼은 귀鬼가 된다.

③治氣치기

[색은] 네 계절과 오행五行의 기氣를 다스려 만인萬人을 교화시킨 것을 이른 것이다.

【索隱】 謂理四時五行之氣以教化萬人也

북쪽으로는 유릉幽陵에 이르렀고^① 남쪽으로는 교지交阯까지 이르렀다^② 서쪽으로는 유사流沙^③에 이르렀고, 동쪽으로는 반목蟠木^④에 이르렀다.

北至于幽陵^① 南至于交阯^② 西至于流沙^③ 東至于蟠木^④

---

①幽陵유릉

[정의] 유주幽州이다.

【正義】 幽州也

[신주] 유주의 중심지는 지금의 북경 일대인데 이때 전욱이 북경까지

갔다는 것은 과장일 것이다.

②交阯교지

| 정의 | 阯는 발음이 '지止'이며, 교주交州이다.
【正義】 阯音止 交州也

| 신주 | 교지를 현재 중국에서는 베트남[越南] 북부와 중국 광서廣西 장족壯族 자치주의 일부분이라고 비정하고 있다. 그러나 교지는 물론 아래의 유사流沙, 반목蟠木 등에 대한 위치는 후대에 확대된 것으로 실제 위치는 금문金文 등을 상고해 살펴봐야 한다.

③流沙유사

| 집해 | 〈지리지〉에 유사流沙는 장액군張掖郡 거연현居延縣에 있다고 말했다.
【集解】 地理志曰流沙在張掖居延縣

| 정의 | 제濟는 '건너다'는 뜻이다. 《괄지지》에 "거연해居延海 남쪽 감주甘州 장액현張掖縣 동북쪽 1,064리가 이곳이다."라고 말했다.
【正義】 濟 渡也 括地志云 居延海南 甘州張掖縣東北千六十四里是

| 신주 | 장액군은 현재 감숙甘肅성 하서주랑河西走廊 중부로서 감주甘州

라고도 불렸다. 진·한秦漢시기에는 내몽골 서부의 사막을 뜻했다. 이때
전욱이 감숙성까지 가서 활동했다는 것 역시 후대에 만들어진 과장이다.

④蟠木반목

집해 《산해경》〈해외경海外經〉편에 "동해 가운데 산이 있는데 이름
을 도삭度索이라고 한다. 위에는 큰 복숭아나무桃樹가 있는데 3,000리
를 굽어 두루 미치고 있다. 동북쪽에 문이 있어서 이름을 귀문鬼門이라
고 하는데 모든 귀신들이 모이는 곳이다. 천제天帝가 신인神人에게 지키
게 했는데 일명 신도神荼라고 하고 일명 울루鬱壘라고도 하는데 온갖
귀신들을 거느리며 검열을 주관한다. 만약 사람을 해치는 귀신이면 갈
대로 묶어서 복숭아나무로 만든 활을 쏴 호랑이의 먹이로 던져 준다."
라고 말했다.

【集解】 海外經曰 東海中有山焉 名曰度索 上有大桃樹 屈蟠三千里 東北
有門 名曰鬼門 萬鬼所聚也 天帝使神人守之 一名神荼 一名鬱壘 主閱領萬
鬼 若害人之鬼 以葦索縛之 射以桃弧 投虎食也

> 새나 짐승의 종류①와 풀과 나무의 종류나 크고 작은 신들②이나 해
> 와 달이 비추는 곳이라면 평정되어 복속되지 않는 곳이 없었다.③
> 動靜之物① 大小之神② 日月所照 莫不砥屬③

①動靜之物동정지물

[정의] 동물動物은 조수鳥獸 종류를 이르고 정물靜物은 초목의 종류를 이른다.

【正義】 動物謂鳥獸之類 靜物謂草木之類

②大小之神대소지신

[정의] 대大는 오악五嶽과 사독四瀆을 이르고 소小는 구릉丘陵과 분연墳衍(물가와 평지)을 이른다.

【正義】 大謂五嶽 四瀆 小謂丘陵墳衍

신주 　오악五嶽은 제왕들이 하늘에 제사지내던 다섯 산이고, 사독四瀆은 제왕들이 제사 지내던 네 강을 뜻한다. 현재 중국에서는 가운데인 중악中嶽은 숭산嵩山, 동악東嶽은 태산泰山, 서악西嶽은 화산華山, 남악南嶽은 형산衡山, 북악은 항산恒山이라고 말한다. 그런데 현재 호남湖南성 형양衡陽시에 있는 형산 역시 후대에 확대된 남악일 수 있다. 《이아爾雅》〈석산釋山〉에는 태산이 동악, 화산이 서악, 곽산霍山이 남악, 항산이 북악, 숭고嵩高가 중악[泰山爲東嶽, 華山爲西嶽, 霍山爲南嶽, 恆山爲北嶽, 嵩高爲中嶽]이라고 설명하고 있다. 《이아》는 주周나라 주공周公, 춘추시대 공자와 그 제자 자하子夏 등이 지었다고 전해지고 있다. 이중 남악인 곽산은 현재 안휘安徽성 서부의 육안六安시 산하 곽산霍山현 북쪽에 있는 대별산大別山으로 비정한다. 이곳에 형산진衡山鎭이 있다. 중국의 대부분 역사지리 개념이 후대에 갈수록 크게 확대된 것처럼 남악도 안휘성 대별산에서 호남성 형산으로 확대 이동한 것이다.

사독四瀆은 하河, 회淮, 제濟, 강江을 뜻한다. 현재 중국에서는 하는 황하黃河, 회는 회수淮水, 제는 제수濟水, 강은 장강長江(양자강)을 뜻한다고 설명하고 있다. 그러나 이 네 강을 사독이라고 부른 것은 당나라 이후이고, 그 이전의 강江은 장강이 아니라 산동성 기하沂河를 뜻했다. 기하는 산동성 기원현沂源縣에서 발원해서 산동성 임기臨沂시의 기수沂水현, 기남沂南현, 난산蘭山현, 나장羅庄현, 난릉蘭陵현 등을 거쳐 담성郯城현 오가도구촌吳家道口村에서 강소성江蘇省 경내로 들어가는 길이 574㎞의 강이다. 임기나 담성 등은 모두 동이족 고대국가들이 있던 곳이다.

사독을 방위별로 나누면 하수가 북독北瀆, 제수가 서독西瀆, 기수가 동독東瀆, 회수淮水가 남독이 된다. 회수는 현재의 회하淮河로서 하남河南성 동백桐栢현 서쪽의 동백산桐栢山 주봉인 태백정太白頂 서북쪽에서 발원해서 하남성과 호북성, 안휘성, 강소江蘇성 등지를 거쳐서 장강으로 들어가는 강이다. 이 중 그다지 유명하지 않은 기하沂河를 장강으로 바꾸어 사독의 범위를 크게 확대시킨 것이다. 고대의 오악과 4독이 고대 중국인들의 지리개념이었다. 이것이 나중에 크게 확대되어서 현재의 오악과 사독이 마치 고대의 오악과 사독과 같은 것처럼 통용되고 있다.

③砥屬지촉

집해 왕숙王肅은 "지砥는 평平이란 뜻이다. 사방의 먼 곳이 모두 평정되어 와서 복속되었다."라고 했다.

【集解】 王肅曰 砥 平也 四遠皆平而來服屬

색은 왕숙王肅의 음에 의지한다면 '지촉止蜀'으로 발음해야 한다.
《대대례》에 근거한다면 '지려砥礪'가 되어야 한다.

【索隱】 依王肅音止蜀 據大戴禮作 砥礪也

제帝 전욱이 아들을 낳았는데 궁선窮蟬[1]이라고 했다.

帝顓頊生子曰窮蟬[1]

---

①窮蟬궁선

색은 계본에는 '궁계窮係'로 되어 있다. 송충宋衷은 "한 곳에서 궁계
라고 이른 것은 시호이다."라고 했다.

【索隱】 系本作 窮係 宋衷云 一云窮係 諡也

정의 제순帝舜의 고조高祖이다.

【正義】 帝舜之高祖也

전욱이 붕어하자^① 현효玄囂의 손자인 고신씨高辛氏가 제위에 올랐는데 이이가 제곡帝嚳이다.

顓頊崩^① 而玄囂之孫高辛立 是爲帝嚳

①顓頊崩전욱붕

집해 황보밀은 "(제전욱의) 재위 기간은 78년인데 나이 98세에 붕어했다."라고 말했다. 《황람》에는 "전욱총顓頊冢은 동군東郡 복양濮陽 돈구성頓丘城 문 밖 광양리廣陽里 안에 있다. 돈구라는 것은 성문인데 이름은 돈구도頓丘道이다."라고 했다.

【集解】 皇甫謐曰 在位七十八年 年九十八 皇覽曰 顓頊冢在東郡濮陽頓丘城門外廣陽里中 頓丘者城門 名頓丘道

색은 황보밀이 이르기를 "《좌씨전》(좌구명의 춘추좌씨)에 의거하면 이 해歲 순화鶉火의 해에 붕어해서 동군東郡에 장례를 치렀다."고 했다. 또 《산해경》에는 "전욱을 부어산鮒魚山 남쪽에 장례를 치르고 구빈九嬪은 그의 음陰(북쪽)에 장사를 치렀다."라고 했다.

【索隱】 皇甫謐云 據左氏 歲在鶉火而崩 葬東郡 又山海經曰 顓頊葬鮒魚山之陽 九嬪葬其陰

신주 순화鶉火는 주周나라 때 목성木星의 12분야分野의 하나로서 황도黃道 12궁宮의 사자궁獅子宮에 해당한다.

《대대례기》〈제계편〉에도 "전욱이 궁선을 낳았다"라고 말하고 있다. 그래서 제전욱이 세상을 떠난 후 왜 그 아들 궁선이 즉위하지 못하고 조카인 제곡이 뒤를 이었는지에 대해서 의문을 제기하는 학자들이 적지 않았다. 청나라 양옥승은 《사기지의》에서 "황제가 태자인 현효(소호)에게 왜 제위를 전하지 않았는지, 또 전욱이 아들 궁선에게 제위를 전하지 않았는지" 의문을 제기했다.

전욱의 자식들에 대해서는 여러 기록들이 일치하지 않는다. 한(漢)나라 채옹蔡邕이 쓴 《독단獨斷》은 이렇게 말하고 있다.

"제전욱은 세 아들을 두었는데, 태어나자마자 죽어서 귀신이 되었다. 하나는 강수江水에 살면서 온귀瘟鬼(천연두를 옮기는 귀신)가 되었고, 하나는 약수弱水에 살면서 망량魍魎(도깨비)이 되었고, 하나는 궁실의 추우처樞隅處에 살면서 어린아이들을 놀라게 했다[帝顓頊 有三子 生而亡去爲鬼 其一者居江水是爲瘟鬼 其一者居若水是爲魍魎 其一者居人宮室樞隅處善驚小兒]."

여기에서 궁선을 망량의 형으로 보는 인식도 나왔다. 《사기》〈오제본기〉를 요약하면 우순虞舜의 이름은 중화中華인데, 중화의 부친은 고수瞽叟이고, 고수의 부친은 교우橋牛이고, 교우의 부친은 구망句望이고, 구망의 부친은 경강敬康이고, 경강의 부친이 궁선이라는 것이다. 즉 제전욱의 아들 궁선이 제순의 5대 조상이라는 것이다.

제3장

제곡

소호의 손자가 제위를 계승하다

제곡帝嚳 고신씨高辛氏①는 황제의 증손曾孫이다. 고신의 아버지
는 교극蟜極②이다.

帝嚳高辛①者 黃帝之曾孫也 高辛父曰蟜極②

①帝嚳高辛제곡고신

[집해] 장안張晏이 이르기를 "소호少昊 이전에는 천하에서 그 덕을 본
떠서 호로 삼았다. 전욱顓頊 이래부터는 천하에서 모두 그 이름을 가지
고 호로 삼았다. 고양高陽과 고신씨高辛氏는 모두 일어난 곳의 땅 이름
으로 호를 삼았고, 전욱과 제곡은 모두 자字를 호號로 삼았다. 상고시
대 (나라를 일으킨) 바탕이 되었기 때문이다."라고 말했다.

【集解】 張晏曰 少昊以前 天下之號象其德 顓頊以來 天下之號因其名 高

陽 高辛皆所興之地名 顓頊與嚳皆以字爲號 上古質故也

색은 송충宋衷은 "고신高辛은 땅 이름인데, 호로 삼았다. 곡곡嚳은 이름
이다."라고 말했다. 황보밀은 "제곡帝嚳의 이름은 준夋이다."라고 했다.
【索隱】 宋衷曰 高辛地名 因以爲號 嚳 名也 皇甫謐云 帝嚳名夋也

정의 《제왕기帝王紀》에는 "곡告(嚳곡)의 어머니에 대해서는 들은 바
가 없다."라고 했다.
【正義】 帝王紀云 告母無聞焉

②蟜極교극

색은 蟜의 발음은 '고[居兆反]'이다. 蟜는 본래 橋와 발음이 같은데,
또 '교[巨遙反]'라고도 한다. 제요帝堯의 할아버지이다.
【正義】 蟜音居兆反 本作 橋 音同 又巨遙反 帝堯之祖也

교극의 아버지는 현효玄囂이고 현효의 아버지는 황제黃帝이다.
현효부터 교극蟜極까지는 모두 제위帝位에 오르지 못했다. 고신
씨에 이르러 제위帝位에 올랐다.[1]
蟜極父曰玄囂 玄囂父曰黃帝 自玄囂與蟜極皆不得在位 至高辛即
帝位[1]

①高辛卽帝位고신즉제위

[집해] 황보밀은 "박毫 땅에 도읍했는데 지금의 하남河南의 언사偃師가 그곳이다."라고 말했다.

【集解】 皇甫謐曰 都毫 今河南偃師是

[신주] 사마천은 황제의 장자에 대해서 현효, 또는 청양이라고 기술할 뿐 소호라는 표현은 쓰지 않았다. 사마천이 오제본기의 세 번째 제왕으로 기술한 제곡의 아버지는 교극이고, 교극의 아버지는 소호고, 소호의 아버지는 황제다. 이는 모두 동이족의 계보이고, 《국어》·《제왕세기》·《춘추좌전》 등 여러 저서들과 《예기》 등의 여러 주석자들은 소호(현효)가 제위에 올랐다고 썼다. 제곡 고신씨는 유신有辛에 봉함을 받아 고신高辛씨로 불렸다. 제곡릉帝嚳陵은 지금의 하남성 상구시商丘市 휴양구睢陽區 상구 고성古城 남쪽 20km의 고신진高辛鎭에 있는데, 이곳을 옛 고신으로 비정한다.

고신씨는 전욱씨의 족자族子(동족형제의 아들)가 된다.①

高辛於顓頊為族子①

①高辛於顓頊爲族子고신어전욱위족자

사마천이 정리한 오제 계보에서 중요한 인물은 황제의 아들인 소호와 황제의 아들 창의 소생의 제전욱이다. 소호의 손자가 제곡인데, 사마천은 그가 요임금과, 은나라 시조 설과 주나라 시조 후직을 낳았다고 서술했다. 이들은 모두 소호의 직계 자손으로 동이족이다. 제전욱의 아들 곤의 아들이 하나라 시조 우임금이고, 전욱의 아들 궁선의 5세 후손이 순임금이다. 맹자는 순임금을 동이족이라고 말했다. 사마천이 설정한 계보도에 따르면 하夏는 물론 은殷과 주周도 모두 동이족 국가들이다. 우禹자에 대해 《설문해자說文解字》는 벌레[蟲]라는 뜻이 있다고 설명하고 있으니 그 역시 그가 이족이었기 때문에 후대에 생겨난 뜻이었을 것이다.

고신씨는 태어날 때부터 신령스러웠고 스스로 자신의 이름을 말했다.[1] 널리 베풀고 사물을 이롭게 했지만 자신을 위해서 하지 않았다. 총명해서 먼 곳의 일까지 알았고 밝아서 미세한 것까지도 살폈다. 하늘의 의義를 따랐고 백성들이 급한 것이 무엇인지를 알았다. 인자하되 위엄이 있었고 은혜를 베풀되 믿음이 있었으며 자신을 수양하여 천하를 복종시켰다.

高辛生而神靈 自言其名[1] 普施利物 不於其身 聰以知遠 明以察微 順天之義 知民之急 仁而威 惠而信 脩身而天下服

①自言其名자언기명

《제왕기》에 "제곡 고신帝嚳高辛은 희성姬姓이다. 그의 어머니가 낳을 때 신이神異한 것을 보았는데, 스스로 자신의 이름을 급岌(높다)이라고 말했다. 초츤齠齔(이를 갈 나이로 7~8세정도)에 성덕聖德이 있었고 15세에 전욱을 보좌하다가 30세에 제위에 올라 박亳 땅에 도읍해서 인사人事로써 관직의 법규를 삼았다."고 했다.

【正義】 帝王紀云 帝俈高辛 姬姓也 其母生見其神異 自言其名曰岌 齠齔 有聖德 年十五而佐顓頊 三十登位 都亳 以人事紀官也

> 땅에서 나는 재물을 취하되 시절에 맞춰 이용하고, 만민을 어루만져 교화시키되 이롭게 교시했다. 해와 달의 역법으로 하여 해를 맞이하고 보냈으며 ① 귀신의 일을 밝혀서 공경하게 섬겼다.②
>
> 取地之財而節用之 撫教萬民而利誨之 曆日月而迎送之① 明鬼神而敬事之②

①曆日月而迎送之역일월이영송지

역曆의 현弦(초승)·망望(보름)·회晦(그믐)·삭朔(초하루)을 만들었다. 해와 달이 이르지 않았을 때 맞이하고 지나가면 이를 보냈는데, 앞에서 '영일추책迎日推策(해를 맞이해 책策을 추산함)'이라고 한 것이 이것이다.

【正義】 言作曆弦 望 晦 朔 日月未至而迎之 過而送之 上 迎日推策 是也

②明鬼神而敬事之명귀신이경사지

정의　천신天神을 신神이라고 하고 인신人神을 귀鬼라고 한다. 또 성인聖人의 정기精氣를 신이라고 이르고 현인賢人의 정기를 귀라고 이른다. 귀신을 밝게 알고 공경하게 섬기는 것을 말한 것이다.

【正義】 天神曰神 人神曰鬼 又云聖人之精氣謂之神 賢人之精氣謂之鬼 言明識鬼神而敬事也

신주　앞서 살펴보았듯이, 혼에 영이 있어 하늘에 오른 혼령을 신神이라 하고 영이 없어 인간 세상에 머무르는 혼령을 귀鬼라 한다. 이처럼 이 주석이 맞는 것도 있으나 '성인의 정기를 신이라고 이르고 현인의 정기를 귀'라고 한 것은 문자와 뜻과 그에 따른 사상과 관념에 밝지 못함을 말해준다.

그의 태도는 의젓했으며 그의 덕은 높고 높았다.[①] 그의 움직임은 천시天時를 알았고 그 의복은 사인士人의 옷을 입었다.[②]

其色郁郁 其德嶷嶷[①] 其動也時 其服也士[②]

---

①其色郁郁其德嶷嶷기색욱욱기덕의의

색은　욱욱郁郁은 '목목穆穆(위의가 성대함)'과 뜻이 같다. 의의嶷嶷는

'덕이 높은 것'이다. 지금 살펴보니 《대대례》에 욱郁은 '신神'으로 되어 있고 의嶷는 '의俟'로 되어 있다.

【索隱】 郁郁猶穆穆也 嶷嶷 德高也 今案 大戴禮 郁 作 神 嶷 作 俟

②其動也時其服也士기동야시기복야사

색은 거동擧動(임금의 움직임)은 천시天時에 응하고 의복은 사士의 의복을 입었는데, 곧 공정하고도 청렴한 것을 말한 것이다.

【索隱】 擧動應天時 衣服服士服 言其公且廉也

신주 고대에는 인人과 민民을 엄격하게 구분하여 사용했다. 인人은 지배층, 민民은 피지배층을 뜻한다. 인人 중에서도 뛰어난 사람이나 우월하여 남을 지도하는 인물을 사士라 했다. 현재 우리말로 하면 '사람'이고 일본어로 하면 '사마'다.

제곡은 치우치지 않는 진리를 가지고 천하에 두루 펴니[1] 해와 달이 비추고 바람과 비가 이르는 곳이면 복종하지 않는 자가 없었다.[2]

帝嚳溉執中而徧天下[1] 日月所照 風雨所至 莫不從服[2]

---

①帝嚳溉執中而徧天下제곡개집중이편천하

【집해】 서광은 "옛날의 기旣자는 옆에 수水(氵)변이 있었다. 편徧자는 어떤 본에서는 윤尹자로 되어 있다."라고 말했다.
【集解】 徐廣曰 古 旣 字作水旁 徧 字一作 尹

【색은】 곧《상서尚書(서경)》의 "윤집궐중允執厥中(어느 쪽에도 기울지 않는 중정의 마음을 지키는 것)이 이것이다.
【索隱】 即尚書 允執厥中 是也

②莫不服從막불복종

【정의】 이상의 문장들은《대대례》에 있는 글이다.
【正義】 以上大戴文也

제곡은 진봉씨陳鋒氏의 딸에게 장가들어① 방훈放勳을 낳았다.②
帝嚳娶陳鋒氏女① 生放勳②

---

①陳鋒氏女진봉씨녀

【색은】 봉鋒의 발음은 '봉峯'이다. 살피건대《계본》에는 '진풍씨陳酆氏'

로 되어 있다. 황보밀은 "진봉씨의 딸 경도慶都인데 경도는 이름이다."라
고 했다.

【索隱】 鋒音峯 案 系本作 陳酆氏 皇甫謐云 陳鋒氏女曰慶都 慶都 名也

【정의】 鋒은 '봉峯'으로 발음하는데 또 '풍豊'이라고도 한다.《제왕기》
에는 "제곡帝嚳에게 4명의 비妃가 있었는데 그의 아들들에 대해서 점
을 쳐보니 모두 천하를 갖는다고 했다. 원비元妃는 유대씨有邰氏의 딸로
강원姜嫄인데 후직后稷을 낳았다. 다음의 비妃는 유융씨有娀氏의 딸 간
적簡狄인데 설卨을 낳았다. 그 다음의 비는 진풍씨陳豊氏의 딸로 경도라
고 하는데 방훈放勳을 낳았다. 그 다음의 비는 추자씨娵訾氏의 딸로 상
의常儀라고 하는데 제지帝摯를 낳았다."라고 했다.

【正義】 鋒音峯 又作 豊 帝王紀云 帝嚳有四妃 卜其子皆有天下 元妃有邰
氏女 曰姜嫄 生后稷 次妃有娀氏女 曰簡狄 生 次妃陳豊氏女 曰慶都 生放勳
次妃娵訾氏女 曰常儀 生帝摯也

②放勳방훈

【정의】 放의 발음은 '방[方往反]'이다. 勳은 또한 勛으로도 되어 있는
데, 발음은 '훈[許云反]'이다. 요堯임금이 상대上代의 공을 본받았으므로
방훈放勳이라고 했다는 말이다. 요堯는 시호이다. 성姓은 이기씨伊祁氏이
다.《제왕기》에는 "제요도당씨帝堯陶唐氏는 기성祁姓이고, 어머니는 경도
인데 임신한 지 14개월 만에 요를 낳았다."라고 했다.

【正義】 放音方往反 勳亦作 勛 音許云反 言堯能放上代之功 故曰放勳 謐

堯 姓伊祁氏 帝王紀云 帝堯陶唐氏 祁姓也 母慶都 十四月生堯

제곡은 추자씨娵訾氏의 딸에게 장가를 들어 지摯를 낳았다.

娶娵訾氏女 生摯

娶娵訾氏女生摯취추자씨녀생지

색은   살펴보니 황보밀은 "(추자씨) 딸의 이름은 상의常宜이다."라고
말했다.

【索隱】 案 皇甫謐云 女名常宜也

정의   娵는 발음이 '주[足須反]'이고, 訾는 발음이 '자[紫移反]'이다.

【正義】 娵 足須反 訾 紫移反

신주   사마천은 제곡의 비로 진봉씨의 딸과 추자娵訾씨의 딸 두 명만
언급했지만《제왕세기》는 유대씨의 딸·유융씨의 딸·진풍씨의 딸·추
자씨의 딸 네 명이 있다고 달리 언급했다.《금문신고》에는 복중혼複重
婚제도에 따라서 제곡의 모일급첩속이 정비인 진봉씨로서 제요를 낳
고, 자일급 첩속이 추자씨로서 제지·후직·하우와 딸 아황을 낳았다고
말하고 있다. 또한 아황과 여영은 자매가 아니라 고모와 조카 사이라고
말하고 있다.

제곡이 붕어하자① 지摯가 자리를 계승했다. 제지帝摯가 제위에
올라 잘 다스리지 못하자② 아우인 방훈放勳이 제위에 올랐는데
이 이가 제요帝堯이다.

帝嚳崩① 而摯代立 帝摯立 不善② {崩} 而弟放勳立 是為帝堯

①帝嚳崩제곡붕

집해 황보밀은 "(제곡이) 제왕의 지위에 70년간 있었는데 나이는
105세였다."라고 말했다. 《황람》에는 "제곡총帝嚳冢은 동군東郡 복양濮
陽 돈구성頓丘城 남쪽 대음臺陰 들판 안에 있다."라고 말했다.
【集解】 皇甫謐曰 在位七十年 年百五歲 皇覽曰 帝嚳冢在東郡濮陽頓丘城
南臺陰野中

②帝摯立不善제지립불선

색은 고본古本에는 '부저不著(뚜렷이 나타나지 못했다)'로 되어 있다. 著
의 발음은 '저[張慮反]'이다. 속본俗本에는 '불선不善'으로 되어 있다. 불
선不善은 미약한 것을 이르고 부저不著는 드러내 밝히지 못하다는 뜻이
다. 위굉衛宏이 이르기를 "지가 제위에 선 지 9년에 당후唐侯(요)의 덕이
성대하자 이로 인해 자리를 넘겨주었다."고 말했다.
【索隱】 古本作 不著 音張慮反 俗本作 不善 不善謂微弱 不著猶不著明 衛

宏云 摯立九年而唐侯德盛 因禪位焉

[정의] 《제왕기》에는 "제지帝摯의 어머니는 4명의 비 가운데 가장 낮은 반열이었으나 지는 형제 가운데 가장 나이가 많아서 제위에 오를 수 있었다. 그는 어머니가 다른 아우 방훈을 당후에 봉했다. 지가 자리에 있은 지 9년이 되도록 정치가 미약했는데 당후가 성덕이 있어서 여러 제후들이 방훈에게로 돌아가자 지가 그 뜻에 복종해서 모든 신하들을 인솔하고 당唐(요)으로 가서 선위하기에 이르렀다. 당후는 스스로 천명이 있음을 알고 이에 제위를 선양 받았다. 이에 지를 고신 땅에 봉했다."라고 했다. 지금의 정주定州 당현唐縣이다.

【正義】 帝王紀云 帝摯之母於四人中班最在下, 而摯於兄弟最長, 得登帝位. 封異母弟放勳爲唐侯. 摯在位九年, 政微弱, 而唐侯德盛, 諸侯歸之, 摯服其義, 乃率群臣造唐而致禪. 唐侯自知有天命, 乃受帝禪, 乃封摯於高辛. 今定州唐縣也.

제4장

제요

제요는 소호의 증손자

제요帝堯①의 이름은 방훈放勳이다.② 그는 어질기가 하늘과 같았
고③ 그의 지혜로움은 신神과 같았다.④

帝堯①者 放勳② 其仁如天③ 其知如神④

①帝堯제요

　집해　《시법(시호를 정하는 법)》에는 "익선전성翼善傳聖(선을 도와 성을 전
하는 것)을 요堯라 한다."라고 말했다.
【集解】　諡法曰 翼善傳聖曰堯

　색은　요堯는 시호諡號이고 방훈放勳은 이름이다. 제곡의 아들로서
성姓은 이기씨伊祁氏다. 황보밀은 "요임금이 처음 태어날 때 그의 어머니

가 삼하三河 남쪽 이장유伊長孺 집안에 의탁했으므로 어머니가 거처한 곳을 따라 성씨로 삼았다."라고 말했다.

【索隱】 堯 謚也 放勳 名 帝嚳之子 姓伊祁氏 案 皇甫謐云 堯初生時 其母 在三阿之南 寄於伊長孺之家 故從母所居爲姓也

정의 서광은 "도당陶唐이라고 호칭했다."라고 했다. 《제왕기帝王紀》에는 "요임금은 평양平陽에 도읍했는데 《시경》에는 당국唐國이라고 했다."라고 했다. 서재종徐才宗의 《국도성기國都城記》에는 "당국은 요임금의 후예를 봉한 곳이다. 그 북쪽이 제帝 하우夏禹의 도읍으로서 한漢나라는 태원군太原郡이라고 했는데, 옛날 기주冀州 태행산太行山과 항산恒山 서쪽에 있으며 그 남쪽에는 진수晉水가 있다."라고 말했다. 《괄지지》에는 "지금 진주晉州에서 다스리는 평양 고성이 이곳이다. 평양의 하수河水는 일명 진수晉水이다."라고 말했다.

【正義】 徐廣云 號陶唐 帝王紀云 堯都平陽 於詩爲唐國 徐才宗國都城記 云 唐國 帝堯之裔子所封 其北 帝夏禹都 漢曰太原郡 在古冀州太行恆山之 西 其南有晉水 括地志云 今晉州所理平陽故城是也 平陽河水一名晉水也

신주 공자는 《서경》에서 제요를 중국의 시조로 설정했다. 제요의 증조부가 소호이고, 제요의 부친이 소호의 손자 제곡이라는 점에서 오제의 네 번째인 제요 역시 동이족이다. 《정의》는 제요의 나라를 도陶·당唐이라 하고 그 도읍이 평양平陽이라면서 그가 서쪽에서 일어난 것으로 말하고 있다. 도당陶唐을 제요의 다른 명칭으로 부르는데 제요가 처음에 도陶땅에 봉해졌다가 나중에 당唐으로 천도했기 때문이다.

공자는 《서경》에서 제요부터 중국사가 시작하는 것으로 서술했는데, 제위를 아들 단주에게 세습하지 않고 제순에게 선양했다고 칭찬했다. 그러나 《죽서기년》과 《한비자》 등에서는 선양설을 부정하면서 제순이 제요를 무력으로 협박해 제위를 빼앗았다고 달리 서술했다. 《한비자》는 전국시대 한韓나라 왕실 출신의 한비韓非(서기전 280~서기전 233)가 쓴 것으로 전해지는 책이다.

② 放勳방훈

[집해] 서광은 "도당陶唐은 호칭이다."라고 했다. 황보밀은 "요임금은 갑신년甲申年에 태어나 갑진년甲辰年에 제위에 올라 갑오년甲午年에 순舜을 불렀다. 갑인년甲寅年에 순에게 천자의 일을 대행케 했으며 신사년辛巳年에 붕어했는데 일백 일십팔 세였고 구십팔 년간 제왕의 자리에 있었다."라고 말했다.

【集解】 徐廣曰 號陶唐 皇甫謐曰 堯以甲申歲生 甲辰即帝位 甲午徵舜 甲寅舜代行天子事 辛巳崩 年百一十八 在位九十八年

[신주] 청나라 양옥승은 "정초鄭樵의 《통지通志》〈씨족략氏族略〉에는 '당唐·우虞·하夏·상商나라는 비록 국호가 있었지만 천자는 대대로 이름으로 불렀다.' 주周나라 이후에 이름을 휘諱(꺼려서 쓰지 않음)하고 시호諡號를 사용한다."고 했다. 정초鄭樵는 중세 송宋(960~1279) 시기의 인물로 《통지》를 저술했으며, 〈육서략六書略〉을 저술하여, 문자학에서도 조예를 보였다.

③其仁如天기인여천

색은 하늘이 보듬어 기르는 것과 같다고 했다.

【索隱】 如天之函養也

④其知如神기지여신

색은 신神의 미묘한 것과 같다.

【索隱】 如神之微妙也

백성들이 그에게 쏠리는 것은 해를 향하는 것 같았고,① 그에게
바라는 것은 구름이 덮어서 적셔주는 것 같았다.②
就之如日① 望之如雲②

①就之如日취지여일

색은 해가 비추어 다다르는 것처럼 사람들이 모두 그에게 의지하여
나아가는 것이 해바라기나 콩이 마음을 기울여 태양을 향하는 것과 같
다는 것이다.

【索隱】 如日之照臨 人咸依就之 若葵藿傾心以向日也

②望之如雲망지여운

【색은】 구름이 덮어 적시는 것처럼 덕화德化가 넓고도 크게 적셔 사람들을 살리니, 사람들이 모두 그를 우러러 바라본다는 말이다. 그러므로 모든 곡식이 제 때에 내리는 비를 우러르는 것과 같다는 것이다.

【索隱】 如雲之覆渥 言德化廣大而浸潤生人 人咸仰望之 故曰如百穀之仰膏雨也

부유한데도 교만하지 않았고① 귀한데도 거만하지 않았다. 누런 면류관을 쓰고 검은 옷을 입었다.② 붉은 마차에 흰 말을 탔는데, 능히 덕을 가르치고 밝혀서③ 구족九族을 친하게 했다. 구족들이 이미 화목해지자 백성을 공평하고 밝게 다스렸다.④ 백성이 사물을 분별하게 되자, 모든 나라들이 화합했다.

富而不驕① 貴而不舒 黃收純衣② 彤車乘白馬 能明馴德③ 以親九族 九族旣睦 便章百姓④ 百姓昭明 合和萬國

---

①貴而不舒귀이불서

【색은】 서舒는 '만慢(거만하다)'과 같다. 《대대례》에는 '불예不豫'로 되어 있다.

【索隱】 舒猶慢也 大戴禮作 不豫

②黃收純衣황수순의

집해 서광은 "순純은 다른 본一作에는 치紂(검다)로 되어 있다."라고
했다. 배인이 살펴보니 《태고관면도太古冠冕圖》에는 "하夏나라는 면류
관을 수收라고 말한다."라고 했고, 《예기》에는 "시골 사내[野夫]는 누런
관[黃冠]을 쓴다."라고 했다. 정현은 "순의純衣는 사인士人의 제복祭服이
다."라고 말했다.

【集解】 徐廣曰 純 一作 紂 駰案 太古冠冕圖云 夏名冕曰收 禮記曰 野夫黃
冠 鄭玄曰 純衣 士之祭服

색은 수收는 면류관 이름인데 그 색은 누렇다. 그래서 황수黃收라고
하는데 옛날의 꾸밈없고 소박한 것을 본떴다. 純은 치緇(검은 비단)로 읽
는다.

【索隱】 收 冕名 其色黃 故曰黃收 象古質素也 純 讀曰緇

③馴德순덕

집해 서광은 "순馴은 옛날 '훈訓' 자이다."라고 말했다.

【集解】 徐廣曰 馴 古訓字

색은 《사기》에서 "순馴자를 서광이 모두 훈訓자로 읽었는데, 훈은
순이란 뜻이다. 성대한 덕이 능히 사람을 따르게 한다는 것을 말한 것
이다. 살피건대 《상서》(서경)에는 '준덕俊德'이라고 썼는데, 공안국은 "능

히 밝게 뜻이 높은 사인士人을 등용한다."라고 말했는데, 이 문장과 다른 뜻이다.

【索隱】 史記 馴 字徐廣皆讀曰訓 訓 順也 言聖德能順人也 案 尚書作 俊德 孔安國云 能明用俊德之士 與此文意別也

④便章百姓편장백성

집해　서광은 "아래에서 '편정동작便程東作'(봄 농사를 공평하게 하다)이라고 했으니, 글자의 새김은 공평하다는 것이고 그 뜻은 편리하다는 것이다."라고 했다. 배인은 살펴보니 《상서》에는 '편便' 자를 나란히 '평平' 자로 썼다. 공안국은 "백성은 백관百官이다."라고 말했다. 정현은 "백성은 군신群臣의 부자 형제이다."라고 했다.

【集解】 徐廣曰 下云 便程東作 然則訓平爲便也 駰案 尚書並作 平 字 孔安國曰 百姓 百官 鄭玄曰 百姓 羣臣之父子兄弟

색은　《고문상서》에는 평平자로 썼으니 이 글은 아마도 평平으로 읽어야 할 것이고, 그 발음도 '평[浦耕反]'이다. 평은 이미 뜻을 편이라고 했으니 이 때문에 '편장便章'으로 썼다. 《금문상서》에는 '변장辯章'이라고 썼다. 옛날의 평平 자는 편便 자로도 썼고, 발음도 '변[婢緣反]'이다. 편便은 곧 새김이 훈訓이므로 드디어 변장辯章이라 했다. 추탄생鄒誕生의 본本도 같다.

【索隱】 古文尚書作 平 此文蓋讀 平 爲浦耕反 平既訓便 因作 便章 其今文 作 辯章 古 平 字亦作 便 音婢緣反 便則訓辯 逐爲辯章 鄒誕生本亦同也

추탄생은 남제南齊의 경거녹사輕車錄事를 지냈다.

이에 희씨羲氏와 화씨和氏에게 명해① 호천昊天(여름 하늘)을 공경
하게 받들고② 역법을 만들어③ 해와 달과 별의 운행에 헤아려④
공경하게 백성에게 농사의 때를 알려주었다.⑤

乃命羲和① 敬順昊天② 數法③ 日月星辰④ 敬授民時⑤

---

①羲和희화

집해 공안국은 "중려重黎의 후예인 희씨羲氏와 화씨和氏가 대대로
천지天地의 관직을 관장했다."고 말했다.

【集解】 孔安國曰 重黎之後 羲氏 和氏世掌天地之官

정의 《여형전呂刑傳》에는 "중重은 '희羲'이고 여黎는 곧 '화和'이다.
비록 나뉘어 씨족이 되었지만 중려重黎로부터 나왔다."라고 말했다. 상
고해 보면 성인聖人은 홀로 다스리지 않고 반드시 어진이의 보좌를 받
는다. 이에 천지를 주관하는 관직을 재상으로 명했으니 《주례》의 천관
경天官卿, 지관경地官卿과 같은 것이다.

【正義】 呂刑傳云 重即羲 黎即和 雖別爲氏族 而出自重黎也 案 聖人不獨
治 必須賢輔 乃命相天地之官 若周禮天官卿 地官卿也

②敬順昊天경순호천

　정의　 경敬은 공근恭勤(공손하고 부지런함)과 같다. 원기元氣가 호연昊然
하고 광대하므로 호천昊天이라고 일렀다.《이아》〈석천釋天〉에는 "봄이
창천蒼天이고 여름이 호천昊天이며 가을이 민천旻天이고 겨울이 상천上
天이다."라고 말했다. 홀로 호천昊天이라고 이른 것은 요임금이 능히 하
늘을 크게 공경했으므로 호대昊大(크고도 크다)라고 말한 것이다.

【正義】 敬猶恭勤也 元氣昊然廣大 故云昊天 釋天云 春爲蒼天 夏爲昊天
秋爲旻天 冬爲上天 而獨言昊天者 以堯能敬天 大 故以昊大言之

③ 數法수법

　색은　《상서》에 '역상일월曆象日月(역은 해와 달을 본뜨다)'이라고 한 것이
곧 이 '수법數法'을 말한 것이다. '역상曆象'이라고 두 글자로 훈訓한 것
은 '희羲'와 '화和'에게 명해서 역수曆數의 법으로 해와 달과 별과 뭇별
의 이르고 늦은 것을 관찰해서 사람에게 공경히 때를 알려주라고 한 것
을 이른 것이다.

【索隱】 尚書作 曆象日月 則此言 數法 是訓 曆象 二字 謂命羲和以曆數之
法觀察日月星辰之早晚 以敬授人時也

④日月星辰일월성신

　정의　 역수曆數의 법은 날[日]의 갑을甲乙이나, 달[月]의 크고 작은 것

이나, 어둡고 밝음이 별에서 교차하고 해와 달이 모이는 때로 그 천수天
數를 정해서 한 해의 달력을 만들었다.

【正義】 曆數之法 日之甲乙 月之大小 昏明遞中之星 日月所會之辰 定其
天數 以爲一歲之曆

⑤敬授民時경수민시

정의 《상서》〈고령요考靈耀〉에는 "봄을 주관하는 것은 장성張星이
어둠 속에 있을 때 직稷을 심는 것이 좋다. 여름을 주관하는 것은 화성
火星이 어둠 속에 있을 때 서숙黍菽을 심는 것이 좋다. 가을을 주관하
는 것은 허성虛星이 어둠 속에 있을 때 보리를 심는 것이 좋다. 겨울을
주관하는 것은 묘성昴星이 어둠 속에 있을 때 거두어들이는 것이 좋다."
라고 했다. 천자는 4개의 별을 살피는 가운데 백성의 느슨하고 급한 것
을 알게 된다. 그러므로 백성에게 공경하게 때를 알려주었다.

【正義】 尚書考靈耀云 主春者 張昏中 可以種稷 主夏者 火昏中 可以種黍
菽 主秋者 虛昏中 可以種麥 主冬者 昴昏中 可以收斂也 天子視四星之中 知
民緩急 故云敬授民時也

따로 희중羲仲에게 명해서 욱이郁夷에 살게 했는데 이곳을 양곡
暘谷이라고 했다.[1]

分命羲仲 居郁夷 曰暘谷[1]

①分命羲仲居郁夷曰暘谷분명희중거욱이왈양곡

집해 《상서》에는 '우이嵎夷(해 돋는 곳)'라고 썼다. 공안국은 "동쪽 언저리 땅을 우이嵎夷라고 부른다. 해는 양곡暘谷에서 나온다. 희중羲仲은 동방東方을 다스리는 관직이다."라고 말했다.

【集解】 尚書作 嵎夷 孔安國曰 東表之地稱嵎夷 日出於暘谷 羲仲 治東方之官

색은 구본舊本에는 '탕곡湯谷'이라고 했다. 지금은 모두《상서》의 글자에 의거했다. 살피건대《회남자》에서 "태양이 탕곡에서 나와 함지咸池에서 목욕한다."라고 했는데, 곧 탕곡도 다른 곳에서 증명할 수가 있다. 또 아래에는 '매곡昧谷'이라고 했다. 서광은 '유柳'라고 했는데, 유柳 또한 태양이 들어가는 곳의 지명이라고 말했다. 태사공은 경經과 기記에서 널리 채집해 이 역사서를 편찬할 때 달리 들은 것을 널리 기록했는데, 반드시《상서》에 의거하지는 않았다. 대개 욱이郁夷는 또한 땅의 다른 이름이다.

【索隱】 舊本作 湯谷 今並依尚書字 案 淮南子曰 日出湯谷 浴於咸池 則湯谷亦有他證明矣 又下曰 昧谷 徐廣云 一作 柳 柳亦日入處地名 太史公博採經記而爲此史 廣記異聞 不必皆依尚書 蓋郁夷亦地之別名也

정의 郁의 발음은 '우嵎'이다. 양陽은 혹은 '양暘'이라고도 썼다.《상서》〈우공禹貢〉은 청주靑州에 대해 이르기를 "우이嵎夷가 이미 차지한 땅이다."라고 말했다. 살피건대 우이는 청주이다. 요가 희중에게 명해 동방 청주 우이 땅을 다스리게 했는데, 해가 나오는 곳을 양명지곡陽明 之谷이라고 이름 지었다. 희중은 동방을 주관하는 관직으로서 《주례》의 춘관경春官卿과 같다.

【正義】 郁音隅 陽或作暘 禹貢青州云 嵎夷旣略 案 嵎夷 青州也 堯命羲仲 理東方青州嵎夷之地 日所出處 名曰陽明之谷 羲仲主東方之官 若周禮春 官卿

신주 이 부분은 《서경》에서 가져온 것이다. 공자가 고대부터 동이족 의 나라인 욱이를 제요가 다스린 것처럼 서술했다. 공자는 제요 때로부 터 1,600년 후의 춘추시대에 살았는데 그 이후에도 동이족과 충돌한 기록들이 계속 나타나기 때문에 요堯임금 때 설혹 욱이를 다스렸다고 하더라도 이는 일시적인 현상이었을 것이다.

> 태양이 뜨는 것을 공손하게 맞이하고 일의 분량을 적당하게 하 여 봄 농사를 짓게 했다.
> 敬道日出 便程東作①

①敬道日出便程東作경도일출편정동작

집해 공안국은 "해가 뜨는 것을 공경하게 맞이하여, 봄 밭갈이를 고 르고 질서 있게 하여 농사에 힘쓰게 하는 것이다."라고 말했다.

【集解】 孔安國曰 敬道出日 平均次序東作之事 以務農也

색은 유백장劉伯莊은 '전傳에는 모두 고사古史에 의지해서 평질平秩
은 음音이라고 썼다'고 한다. 그러나 《상서대전》에는 '변질동작辯秩東作'
이라고 해서 곧 이 질秩의 새김을 차례[程]라고 했으니, 과업에 알맞게
그 과정(차례)을 매겼다는 말이다.

【索隱】 劉伯莊傳皆依古史作平秩音 然尚書大傳曰 辯秩東作 則是訓秩爲
程 言便課其作程者也

정의 道는 발음이 '도導'이다. 편便과 정程은 나란히 글자와 같다. 뒤
에도 같다. 도導는 훈訓(가르침)이다. 삼춘三春(맹孟·중仲·계季)은 동東을
주관하므로 일출日出을 말한다. 경작耕作은 봄에 있으므로 동작東作이
라고 한 것이다. 희중에게 명해 공손하고 부지런하게 만민萬民(모든 백성)
에게 동작의 일(씨 뿌리는 일)을 가르쳐서 정해 놓은 기한이 있게 했다.

【正義】 道音導 便 程 並如字 後同 導 訓也 三春主東 故言日出 耕作在春
故言東作 命羲仲恭勤道訓萬民東作之事 使有程期

신주 편정便程은 일의 과정을 알맞게 한다는 뜻이다.

낮과 밤의 길이가 같아지고 조수鳥宿가 나타나는 것을 가지고 춘분[仲春]의 절기를 바르게 했다.[①] 백성은 농사 일로 흩어지고 조수鳥獸는 교미하고 번식했다.[③] 희숙羲叔에게 명해 남쪽 교산交山에서 살게 하고[①] 남쪽에서 일하는 과정을 알맞게 하니 공경함이 지극했다.[④]

日中 星鳥 以殷中春[①] 其民析 鳥獸字微[②] 申命羲叔 居南交[③] 便程南 爲 敬致[④]

① 日中星鳥以殷中春일중성조이은중춘

집해 공안국은 "일중日中은 춘분春分을 이른다. 조鳥는 남방南方의 주조朱鳥(주작朱雀) 칠수七宿이다. 은殷은 정正이란 뜻이다. 춘분春分 저녁에는 조성鳥星이 반드시 나타나 중춘仲春의 기절氣節을 바르게 한다. 이를 바꾸어 맹孟·계季도 미루어 알 수 있다."라고 말했다.

【集解】 孔安國曰 日中謂春分之日也 鳥 南方朱鳥七宿也 殷 正也 春分之昏 鳥星畢見 以正仲春之氣節 轉以推孟 季 則可知也

정의 아래의 중中은 음이 '중仲'인데, 여름·가을·겨울도 아울러 같다.

【正義】 下中音仲夏秋冬並同

② 其民析鳥獸字微기민석조수자미

집해 공안국은 "봄의 일이 이미 시작되어 장정은 일하러 나가는데, 그 백성의 늙은이와 젊은이를 나누는 것을 말한 것이다."라고 말했다. 젖이 불어나는 것[乳化]을 자字(새끼를 밴 것)라고 하는데 《상서》에는 미微자가 미眉자로 되어 있다. 《설문》에는 "미微는 교접交接하는 것이다."라고 말했다.

【集解】 孔安國曰 春事既起 丁壯就功 言其民老壯分析也 乳化曰字 尚書 微 作 尾 字 說 (文)云 尾 交接也

③申命羲叔居南交신명희숙거남교

집해 공안국은 "여름과 봄이 교차하면 남방南方의 관직이 다스린다."라고 말했다.

【集解】 孔安國曰 夏與春交 此治南方之官也

색은 공안국의 주석이 옳지 않다. 그렇다면 겨울과 가을이 교차될 때는 왜 아래에 그런 설명이 없는 것인가? 또 동쪽 우이嵎夷, 서쪽 매곡昧谷, 북쪽 유도幽都는 세 방향 모두 땅을 말했지만 여름은 유독 땅을 말하지 않았다. 이에 봄과 교차한다고 이른 것은 법식이 아닌 것이니 말한 것이 심한 것이다. 그리고 남방 땅에 교지交阯라는 지명이 있으니 혹 고문에서 생략해서 한 글자로 지명을 거론했다면 남교南交가 곧 이 교지라는 것을 의심할 것이 없다.

【索隱】 孔注未是 然則冬與秋交 何故下無其文 且東嵎夷 西昧谷 北幽都 三方皆言地 而夏獨不言地 乃云與春交 斯不例之甚也 然南方地有名交阯

者 或古文略舉一字名地 南交則是交阯不疑也

정의 희숙羲叔이 남방의 관직을 주관하는 것은《주례》의 하관경夏官
卿과 같은 것이다.

【正義】 羲叔主南方官 若周禮夏官卿也

④便程南爲敬致편정남위경치

집해 공안국은 "위爲는 화化(바뀜)이다. 남방에서 화육化育하는 일
을 공평하게 순서에 따라 나누고, 그 가르침을 공경하게 행하여 그 공로
를 이루는 것이다."라고 말했다.

【集解】 孔安國曰 爲 化也 平序分南方化育之事 敬行其教 以致其功也

색은 爲는 '의依' 자로 읽는다. 봄은 봄농사를 말하고 여름은 남위
南爲를 말하는데, 모두 경작하고, 경영하고 권농勸農의 일로 삼는 것이
다. 공안국이 억지로 위爲를 잘못된 글자로 읽었으며, 비록 화化로 새김
했지만 해석도 매우 멀리 돌아간 것이다.

【索隱】 爲依字讀 春言東作 夏言南爲 皆是耕作營爲勸農之事 孔安國強讀
爲 訛 字 雖則訓化 解釋亦甚紆回也

정의 희숙에게 명해서 백성의 일을 마땅히 공손하고 삼가게 하라고
했다. 씨 뿌리고 번식시키는 일을 차례와 기한이 있게 한 것이다.

【正義】 爲音于僞反 命羲叔宜恭勤民事 致其種殖 使有程期也

해가 길어지고 화성火星이 나타나는 것을 가지고 절기를 바르게 했다.① 백성들은 농사일로 바쁘고 새와 짐승들은 털이 성글어졌다.② 화중和仲에게 따로 명해③ 서쪽 땅에 살게 하고④ 매곡昧谷이라고 했다.⑤

日永 星火 以正中夏① 其民因 鳥獸希革② 申命和仲③ 居西土④ 曰昧谷⑤

①日永星火以正中夏일영성화이정중하

【集解】 공안국은 "영永은 길다는 뜻으로서 하지날을 이른다. 화火는 창룡蒼龍 속의 별로서, 가운데에 들면 칠성七星이 나타나는 것을 알 수 있어서 중하仲夏의 절기를 바르게 한다."라고 말했다. 마융馬融이나 왕숙王肅은 해가 길어 낮에는 60각의 시간이 된다고 했는데, 정현鄭玄은 55각의 시간이 된다고 말했다.

【集解】 孔安國曰 永 長也 謂夏至之日 火 蒼龍之中星 舉中則七星見可知也 以正中夏之[氣]節 馬融 王肅謂日長晝漏六十刻 鄭玄曰五十五刻

②其民因鳥獸希革기민인조수희혁

【集解】 공안국은 "인因은 노약자들이 전답에 있는 장정들에게 나아가 농사를 돕는 것을 이른 것이다. 여름철에는 새와 짐승의 털과 깃이 조금씩 바뀌어 성글어진다. 혁革은 바뀌는 것이다."라고 했다.

【集解】 孔安國曰 因 謂老弱因就在田之丁壯以助農也 夏時鳥獸毛羽希少 改易也 革 改也

③申命和仲신명화중

정의　화중和仲은 서방을 주관하는 관직이며《주례》의 추관경秋官卿 과 같다.

【正義】 和仲主西方之官 若周禮秋官卿也

④居西土거서토

집해　서광은 "어떤 본에는 '토土' 자가 없다. 서西라고 한 것은 지금 천수군天水郡 서현西縣이다."라고 말했다. 배인이 살피기를 "서란 농서隴 西의 서쪽인데, 지금 사람들은 태산兌山이라고 이른다."라고 말했다.

【集解】 徐廣曰 一無 土 字 以爲西者 今天水之西縣也 駰案 鄭玄曰 西者 隴西之西 今人謂之兌山

⑤曰昧谷왈매곡

집해　서광은 "어떤 곳에는 '유곡柳谷'으로 되어 있다."고 했다. 배인 이 살피기를 공안국은 '해가 계곡으로 들어가면 천하가 어두워지므로 매곡昧谷이라고 한 것이다. 이는 서방西方의 관직에 있으면서 추천秋天 (가을)의 정사를 관장하는 것이다.'라고 했다.

해가 지는 것을 공손하게 따르고 가을의 추수의 과정을 알맞게
했다.[1] 밤과 낮의 길이가 같아지고 허수虛宿[2]가 나타나는 것을
가지고 추분[仲秋]의 기절氣節을 바르게 하니[3] 백성들은 편안하
고 새와 짐승들은 털갈이를 했다.[4]

敬道日入 便程西成[1] 夜中 星虛[2] 以正中秋[3] 其民夷易 鳥獸毛毨[4]

①西成서성

집해 공안국은 "추秋는 서방이며 만물이 성취하는 것이다."라고 했다.
【集解】 孔安國曰 秋 西方 萬物成也

②星虛성허

색은 虛는 옛날에 '의依'로 읽었다. 추탄생은 '허墟'로 발음한다고 했
다. 상고해보니 허성虛星은 분묘墳墓를 주관하는데, 추씨鄒氏(추탄생)가
혹시 그 이치를 얻은 것인가!
【索隱】 虛 舊依字讀 而鄒誕生音墟 案 虛星主墳墓 鄒氏或得其理

③以正中秋이정중추

공안국은 "봄을 낮이라 말하고 가을을 밤이라고 말하는 것은
서로 갖추어진 것이다. 허虛는 현무玄武의 가운데 별이다. 또한 7개의
별이 모두 추분날에 나타나 삼추三秋(맹孟·중仲·계季)를 바르게 하는 것
을 말한 것이다."라고 했다.

【集解】 孔安國曰 春言日 秋言夜 互相備也 虛 玄武之中星 亦言七星皆以
秋分日見 以正三秋也

④其民夷易鳥獸毛毨기민이역조수모선

공안국은 "이夷는 평平이다. 노인과 장정이 모두 밭에 있어 여
름과 함께 편안하다. 선毨은 (털을) 손질한다는 것이다. 즉, 털이 다시 나
서 가지런히 손질한다는 것이다."라고 했다.

【集解】 孔安國曰 夷 平也 老壯者在田 與夏平也 毨 理也 毛更生 (曰) 整理

다시 화숙和叔에게 명해 북쪽에 살게 하니 유도幽都①라는 곳이다. 간직한 물건들을② 고루 살피게 했다. 해가 짧아지고 묘수昴宿가 나타나는 것을 보고 동지[中冬]를 정하게 하니③ 백성들은 집안으로 들어가 온화해지고 새와 짐승들은 솜털이 많이 났다.④

申命和叔 居北方 曰幽都① 便在伏物② 日短 星昴 以正中冬③ 其民燠 鳥獸氄毛④

①申命和叔居北方曰幽都신명화숙거북방왈유도

집해 공안국은 "북쪽은 유도幽都라고 칭하는데 모이는 곳聚을 이른 것이다."라고 했다.

【集解】 孔安國曰 北稱幽都 謂所聚也

색은 《산해경》에는 "북해 안에 산이 있는데 이름이 유도이다."라고 했는데 아마도 이를 말할 것이다.

【索隱】 山海經曰 北海之內有山名幽都 蓋是也

정의 살피건대 북방은 유주幽州이며 음陰이 모이는 땅인데, 화숙에게 명해 살면서 다스리게 했다. 북방의 관직은 《주례》의 동관경冬官卿과 같은 것이다.

【正義】 案 北方幽州 陰聚之地 命和叔居理之 北方之官 若周禮冬官卿

②伏物복물

색은 화숙和叔을 시켜 북방에 간직하고 감춘 사물들을 살피게 한 것인데, 사람이나 가축이 쌓고 모아놓은 것들을 겨울에 모두 간직하고 감춘 것이라고 일컬은 것이다. 《시자尸子》에도 "북방은 복방伏方이다."라고 말했다. 《상서》에는 '평재삭역平在朔易'이라고 되어 있다. 지금 상고해 보니 《대전大傳》(상서尚書)에 이르기를 '변재복물便在伏物'이라고 했는데, 태사공이 이에 의거해서 쓴 것이다.

【索隱】 使和叔察北方藏伏之物 謂人畜積聚等冬皆藏伏 尸子亦曰 北方者 伏方也 尚書作 平在朔易 今案 大傳云 便在伏物 太史公據之而書

③日短星昴以正中冬일단성묘이정중동

집해 공안국은 "일단日短은 동지冬至 날이다. 묘昴는 백호白虎의 가운데 별이다. 또한 칠성七星(서방 칠성)이 나란히 나타나 동절冬節을 바르게 한다."라고 했다. 마융과 왕숙은 일단日短은 낮의 시간이 40각刻을 이르는 것이라고 말했다. 정현은 45각刻이라고 했는데 잘못된 것이다.

【集解】 孔安國曰 日短 冬至之日也 昴 白虎之中星 亦以七星並見 以正冬節也 馬融 王肅謂日短晝漏四十刻 鄭玄曰四十五刻 失之

④其民燠鳥獸氄毛기민욱조수용모

집해 서광은 "氄은 '용茸'으로 읽는다."라고 했다. 배인이 살피기를 공안국이 "백성은 방에 들어가 거처하고 새와 짐승은 모두 부드럽고 연하고 가는 털이 나서 스스로를 따뜻하게 하는 것이다."라고 했다.

【集解】 徐廣曰 氄音茸 駰案 孔安國曰 民入室處 鳥獸皆生氄毳細毛以自溫也

1년은 366일인데 3년에 한 번 윤달을 두어 네 계절을 바르게 했다.① 모든 관료를 잘 다스리니② 모든 일이 다 흥성해졌다.

歲三百六十六日 以閏月正四時① 信飭② 百官 衆功皆興

---

①以閏月正四時이윤월정사시

색은 "무릇 태양이 궤도를 일주하는 것이 365도 4분의 1인데, 이것이 천도수天度數이다. 태양은 운행이 더뎌서 한 해에 한 번 궤도를 일주한다. 달은 운행이 빨라서 한 달에 한 번 궤도를 일주한다. 태양은 하루에 1도를 운행하고 달은 하루에 13도 19분의 7을 운행한다. 29일의 절반이 지나가면 달은 하늘을 한 번 돌고 또 태양에 이르러 함께 모인다. 1년에 12번 모이는데 이것이 12개월이 된다. 매달 29일의 절반에 조금 지난다. 해마다 작은 달이 여섯 번 나뉘어 나오니 매해 6일이 남는다. 또 대세大歲는 366일이고 소세小歲는 355일이니 모두 세면 66일이라고 이른다. 그 실상은 한 해에 오직 11일이 조금 모자라게 남는다. 삼세三歲(3년)가 차지 못해서 이미 1개월이 이루어지니 윤달을 둔다. 만약 3

년에 윤달을 두지 않으면 정월은 2월이 된다. 9년 동안 3개월이 어긋나게 되면 봄을 여름으로 삼아야 한다. 17년에 6개월이 어긋나면 네 계절이 모두 거꾸로 된다. 이로써 네 계절이 바르지 않게 되면 해歲가 성립되지 않게 된다. 그래서 전傳에 이르기를 "남는 것을 끝에서 되돌리면 일은 어그러지지 않는다."라고 한 것이다.

【索隱】　夫周天三百六十五度四分度之一 是天度數也 而日行遲 一歲一周天 月行疾 一月一周天 日一日行一度 月一日行十三度十九分度之七 至二十九日半強 月行天一帀 又逐及日而與會 一年十二會 是爲十二月 每月二十九日過半 年分出小月六 是每歲餘六日 又大歲三百六十六日 小歲三百五十五日 舉全數云六十六日 其實一歲唯餘十一日弱 未滿三歲 已成一月 則置閏 若三年不置閏 則正月爲二月 九年差三月 則以春爲夏 十七年差六月 則四時皆反 以此四時不正 歲不成矣 故傳曰歸餘於終 事則不悖 是也

②信飭신칙

집해　서광은 "칙飭은 옛날의 '칙勅' 자이다."라고 말했다.
【集解】　徐廣曰古勅字

인재를 천거 받다

요임금이 물었다.

"누구를 등용해 이 일을 따르게 하는 것이 좋겠는가?"①

방제放齊가 대답했다.

"맏아들인 단주丹朱는 지혜가 열렸으며 밝으십니다."②

요임금이 말했다.

"아! 탐욕스럽고 송사만을 좋아해 등용이 불가하다."③

堯曰 誰可順此事① 放齊曰 嗣子丹朱開明② 堯曰 吁 頑凶 不用③

①誰可順此事수가순차사

정의 장차 등용해서 자리를 물려주려는 것을 말한 것이다.

【正義】 言將登用之嗣位也

②放齊曰嗣子丹朱開明방제왈사자단주개명

공안국은 "방제放齊는 신하 이름이다."라고 말했다.

【集解】 孔安國曰 放齊 臣名

放은 발음이 '방[方往反]'이다. 정현은 "제요帝堯의 맏아들인
데 이름은 단주丹朱이고 개명開明이다."라고 말했다. 상고해보니 '개開'
는 풀어서 통달한 것이다. 《제왕기》에는 "요임금이 산의씨散宜氏의 딸에
게 장가들었는데 그가 여황女皇으로서 단주丹朱를 낳았다."라고 했다.
《급총기년汲冢紀年》에는 "후직后稷이 제왕의 아들인 단주를 내쫓았다."
라고 했다. 범왕范王의 《형주기荊州紀》에는 "단수현丹水縣에 단천丹川이
있는데 요임금의 아들 주朱를 봉한 곳이다."라고 말했다. 《괄지지》에는
"단수丹水의 옛 성은 등주鄧州 내향현內鄕縣 서남쪽 130리에 있다. 단
수丹水 때문에 현의 이름이 되었다."라고 했다.

【正義】 放音方往反 鄭玄云 帝堯胤嗣之子 名曰丹朱 開明也 案 開 解而達
也 帝王紀云 堯娶散宜氏女 曰女皇 生丹朱 汲冢紀年云 后稷放帝子丹朱 范
汪荊州記云 丹水縣在丹川 堯子朱之所封也 括地志云 丹水故城在鄧州內
鄕縣西南百三十里 丹水故爲縣

③吁頑凶不用우완흉불용

공안국은 "우吁는 의심하고 괴상하게 여기는 말이다."라고 말
했다.

【集解】 孔安國曰 吁 疑怪之辭

정의 《좌전》에는 "입에서 충성스럽고 신용 있는 말을 하지 않는 것
을 효嚚라고 하고, 마음에서 덕의德義의 떳떳한 것을 법칙을 삼지 않는
것을 완頑이라고 한다."라고 했다. 흉凶은 '송訟(시비)'이다. 단주의 마음
이 이미 완효하고 또 송사하기 좋아해서 쓰는 것이 불가하다고 말한 것
이다.

【正義】 左傳云 口不道忠信之言爲嚚 心不則德義之經爲頑 凶 訟也 言丹
朱心既頑嚚 又好爭訟 不可用之

신주 단주는 기祁성으로 이름은 주朱인데, 제요의 아들 열 명 중 장
남이다. 《상서》〈일편逸篇〉에 "요의 아들이 불초해서, 순이 단연丹淵에
거주하게 해서 제후로 삼았다. 그래서 호를 단주라고 했다."고 말하고
있다. 장화張華의 《박물지博物志》에는 "요가 바둑을 만들어서 단주를
가르쳤다."고 말하고 있다. 공자는 요임금이 단주에게 제위를 물려주지
않고 순에게 물려준 것을 선양으로 크게 높였다. 그러나 《죽서기년》은
"단저丹諸(단주)가 순을 피해 방房땅으로 갔다."라고 말해서 단주가 제
위를 사양했다고 말하고 있다. 단주가 봉함을 받은 단수丹水를 하남성
석천淅川현 단수 유역으로 비정하는데, 진秦나라에서 단수현을 설치한
곳이다.

요임금이 또 물었다.

"어떤 사람이 좋겠는가?"

환두讙兜가 대답했다.

"공공共工이 사방의 업적을 취합하고 공로를 폈으니 등용하는 것이 좋을 것 같습니다."①

요임금이 답했다.

"공공은 말은 잘하는데 그 마음씀이 사특해서 공손한 척하지만 하늘을 깔보니 등용하기 불가하다."②

堯又曰 誰可者 讙兜曰 共工旁聚布功 可用① 堯曰 共工善言 其用僻 似恭漫天 不可②

---

①讙兜曰共工旁聚布功可用환두왈공공방취포공가용

집해 공안국은 "환두讙兜는 신하 이름이다."라고 했다. 정현은 "공공共工은 수관水官의 이름이다."라고 했다.

【集解】 孔安國曰 讙兜 臣名 鄭玄曰 共工 水官名

정의 兜는 '두[斗侯反]'로 발음한다.

【正義】 兜音斗侯反

신주 공공과 바로 뒤에 나오는 사악四嶽은 동이족인 신농씨의 후손으로 신농씨와 같은 강강姜씨다.

②共工善言其用僻似恭漫天不可공공선언기용벽사공만천불가

<u>정의</u> 漫은 '만[莫干反]'으로 발음한다. 공공共工은 말은 잘하지만 마음씀이 간사하고 치우친 것을 사용했다. 공손하고 공경하는 척 하지만 죄악이 하늘까지 가득차서 등용이 불가하다는 뜻이다.

【正義】 漫音莫干反 共工善爲言語 用意邪僻也 似於恭敬 罪惡漫天 不可用也

요임금이 또 말했다.

"아! 사악四嶽이여![1] 넘실대는 홍수洪水는 하늘까지 넘칠 듯하고 거칠 것 없이 흐르는 물결은 산을 품고 언덕으로 넘었구나.[2] 아래의 백성은 그것을 걱정하는데 능력이 있는 이를 시켜 다스릴 수 있겠는가?"

모두가 대답했다.

"곤鯀이 좋을 것입니다."[3]

요임금이 답했다.

"곤鯀은 명령을 어기고 착한 이들을 헐뜯었다[4]. 불가하다."

堯又曰嗟 四嶽[1] 湯湯洪水滔天 浩浩懷山襄陵[2] 下民其憂 有能使治者 皆曰鯀可[3] 堯曰 鯀負命毀族[4] 不可

①四嶽사악

집해 정현은 "사악은 사시관四時官(춘하추동을 관장)이며 사방의 산악의 일을 주관한다."라고 했다.

【集解】 鄭玄曰 四嶽 四時官 主方嶽之事

정의 홍수鴻水(洪水)를 걱정하고 사방의 산악을 누가 능히 다스릴 수가 있는가를 사악에게 물은 것이다. 공안국은 "사악은 곧 위에 나온 희화義和의 네 아들이다. 사악의 제후들을 나누어 관장하게 했다. 그러므로 이렇게 일컬은 것이다."라고 했다.

【正義】 嗟嘆鴻水 問四嶽誰能理也 孔安國云 四嶽 即上羲和四子也 分掌四嶽之諸侯 故稱焉

신주 사악에 대해서는 한 사람이라는 설과 네 사람이라는 설이 양립한다. 정현은 사악이 관직 이름이고, 사람이라고 본 반면 공안국은 사악을 희화의 네 아들이라고 보았다. 송나라 공평중孔平仲(서기 1044~1111)도 한 사람이라고 보았다. 사악은 우禹의 치수에 공을 세워 강姜씨 성을 하사받고 여呂 땅에 봉해진 동이족이다. 주 문왕에게 등용된 강태공姜太公 여상呂尙이 그 후예다.

②湯湯洪水滔天浩浩懷山襄陵탕탕홍수도천호호회산양릉

집해 공안국은 "회懷는 '포包'이고 양襄은 '상上'의 뜻이다."라고 말했다.

【集解】 孔安國曰 懷 包 襄 上也

<hr/>

정의 湯의 발음은 '상商'인데 지금은 글자대로 (탕으로) 읽는다. 탕탕湯湯은 넓고 평평한 모양이다. 물이 빠르게 달려가 더러운 것을 씻어 없애서 지상地上의 사물이 물에 떠서 흐르는 것이 넓고 평평하게 된 것을 말한다. 살펴보니 회懷는 '장藏(감추다)'으로 포리包裏(감싸다)의 뜻이다. 그러므로 회懷는 포包가 되는 것이다. 《이아》〈석언釋言〉 편에는 "양襄(오르는 것)은 수레에 탄다."고 했다. 소와 말에 올라타는 것은 모두 위에 있는 것이다. 물이 위로 올라서 언덕[陵]을 타고 넓고 넓게 성대해서 그 세력이 하늘까지 넘칠 듯한 것을 말한 것이다.

【正義】 湯音商 今讀如字 蕩蕩 廣平之貌 言水奔突有所滌除 地上之物爲水漂流蕩蕩然 案 懷 藏 包裹之義 故懷爲包 釋言以襄爲駕 駕乘牛馬皆在上也 言水襄上乘陵 浩浩盛大 勢若漫天

<hr/>

③鯀곤

<hr/>

집해 마융은 "곤鯀은 신하 이름이고 우禹임금의 아버지이다."라고 말했다.

【集解】 馬融曰 鯀 臣名 禹父

<hr/>

신주 곤鯀은 제전욱의 아들이자 우禹의 아버지로 동이족이다. 《금문신고》는 곤과 우가 장인과 사위라면서 "《사기》는 '자子'를 곤 소생의

아들로 오인하여 '곤이 우를 낳았다.'고 잘못 말했다(《금문신고》〈인물집〉 하우)"고 했다. 우의 아버지는 제곡이며 제곡의 아들인 제요와는 배다른 형제간이라는 것인데, 이 말이 맞다고 해도 곤과 우가 모두 동이족이란 사실에는 변함이 없다.

④負命毁族부명훼족

[정의] 負는 '패佩'로 발음한다. 부負는 '어긴다(위違)'는 뜻이고 족族은 '무리(유類)'라는 뜻이다. 곤鯀의 성질이 패려궂고 어그러져 교명教命을 어기고 선한 무리들을 훼손하고 무너뜨려서 등용하는 것이 불가하다는 것이다.《시경》〈대아〉 탕湯 편에 "탐하는 사람이 선한 사람을 해치네 [貪人敗類]."라고 했다.

【正義】 負音佩 依字通 負 違也 族 類也 鯀性很戾 違負教命 毁敗善類 不可用也 詩云 貪人敗類也

> 사악이 말했다.
> "남다른 사람입니다. 시험 삼아 등용하시고 불가하면 중지하십시오."[1]
> 요임금은 이에 사악의 말을 듣고 곤을 등용했지만, 등용한 지 9년 동안 공을 이루지 못했다[2]
>
> 嶽曰 异哉 試不可用而已[1] 堯於是聽嶽用鯀 九歲 功用不成[2]

① 异哉試不可用而已이재시불가용이이

　정의　異는 '이異'로 발음한다. 공안국은 "이異는 이已(그치다), 또는 '퇴退'라고 했다. 나머지 사람들은 이미 다 해봤으니 오직 곤鯀을 등용해 시험해보고 성과가 없으면 이에 물리치십시오."라는 뜻이라고 했다.

【正義】 異音異 孔安國云 異 已 已 退也 言餘人盡已 唯鯀可試 無成乃退

② 九歲功用不成구세공용불성

　정의　《이아》〈석천釋天〉 편에는 "재載는 '세歲(한 해)'이다. 하夏나라는 사祀라고 하고 주周나라는 연年이라고 하고 당唐과 우虞는 재載라고 한다."고 했다. 이순李巡은 "각각 스스로 일을 기록해서 서로 답습하지 않는다는 것을 보이는 것이다."라고 했다. 손염孫炎은 "세歲는 세성歲星이 한 차례 운행한 것에서 취한 것이다. 사祀는 네 계절의 제사를 한 번 마치는 것에서 취한 것이다. 연年은 벼와 곡식이 한 번 익는 것에서 취한 것이다. 재載는 만물이 끝마치고 다시 시작하는 것에서 취하는 것이다. 재載란 연年의 별명이다. 그러므로 재를 연으로 삼았다."라고 했다.

　상고해보니 공용을 성취하지 못한 것은 수해水害가 그치지 않았다는 것이다. 그러므로 내쫓아 물리친 것이다. 다음해에 이르러 순舜을 얻고 곤鯀을 우산羽山에서 처형하고 그의 아들인 우禹를 등용한 것이다.

【正義】 爾雅釋天云 載 歲也 夏曰祀 周曰年 唐 虞曰載 李巡云 各自紀事 示不相襲也 孫炎云 歲 取歲星行一次也 祀 取四時祭祀一訖也 年 取禾穀一熟也 載 取萬物終更始也 載者 年之別名 故以載爲年也 案 功用不成 水害不

息 故放退也 至明年得舜 乃殛之羽山 而用其子禹也

요임금이 말했다.

"아! 사악四嶽이여. 짐이 제왕의 자리에 있은 지 70년이다. 그대는
능히 명령을 집행할 수 있을 것이니 짐의 지위를 물려받으라."①

사악이 대답했다.

"덕이 비루해 제왕의 자리만 더럽힐 뿐입니다."②

요임금이 말했다.

"그렇다면 귀한 친척이나 소원疏遠해서 숨어 사는 자들이라도
모두 추천하라."

여러 사람들이 모두 요임금에게 말했다.

"애처롭게 아내가 없는 자가 백성 속에 있는데③ 우순虞舜이라고
합니다."④

堯曰 嗟 四嶽 朕在位七十載 汝能庸命 踐朕位① 嶽應曰 鄙惪忝帝位②
堯曰 悉舉貴戚及疏遠隱匿者 眾皆言於堯曰 有矜在民閒③ 曰虞舜④

①汝能庸命踐朕位여능용명천짐위

집해 정현은 "너희 제후들 가운데에서 일을 따르는데 능력이 있고
천명天命을 행할 자가 있으면 들어와 나의 자리에 거처해 천자天子의 일
을 거느려 다스리겠는가?"라는 말이라고 했다.

【集解】 鄭玄曰 言汝諸侯之中有能順事用天命者 入處我位 統治天子之事者乎

정의 공안국은 "요임금은 16세에 당후唐侯에서 올라 천자가 되었으며, 재위한 지 70년 당시의 나이는 여든 여섯이므로 늙어서 장차 대신할 사람을 구한 것이다."라고 말했다.

【正義】 孔安國云 堯年十六 以唐侯升爲天子 在位七十載 時八十六 老將求代也

②鄙德忝帝位비덕첨제위

정의 사악이 모두 이르기를 "야비하고 속되고 덕이 없는데 만약 갑자기 천자의 일을 행한다면 제위를 욕되게 하는 것이다."라고 말했다. 자신들은 감당할 수 없다고 말한 것이다.

【正義】 四嶽皆云 鄙俚無德 若便行天子事 是辱帝位 言己等不堪也

③有鰥在民閒유관재민간

집해 공안국은 "아내가 없는 것이 관鰥이다."라고 말했다.

【集解】 孔安國曰 無妻曰鰥

정의 鰥은 '관[古頑反]'으로 발음한다.

【正義】 鰥 古頑反

신주　홀아비와 홀어미, 고아와 자식 없는 늙은이를 뜻하는 환과고독 鰥寡孤獨은 옛 제왕이 먼저 구제해야 하는 대상들이었다. 矜은 홀아비 를 뜻하는 말로 '관'으로 발음한다.

④虞舜우순

신주　우순은 우虞나라의 임금 순舜이라는 뜻이지만, 고사변학파의 동서업童書業은 우虞는 황제 이후 오제들의 공통된 나라 이름이며 순의 나라 이름이 아니라고 말했다(《제요도당씨 명호 삭원》).
한편 요 임금이 순을 천거 받고 제위를 물려주었다는 기록에 대해서 낙 빈기는 《금문신고》에서 이렇게 비판하고 있다.
"《서경》 〈요전堯典〉은 거짓으로 꾸며 기록하여 가공된 부분이 매우 많은데, 중요한 점은 요임금이 재위 70년에 이르도록 세대가 상호 혼인 했던 전욱 임금계와는 교류하면서도 그의 자손이었던 순과는 만난 적 이 없다는 것이다. 이런 사실을 거짓으로 꾸며 기록한 목적은 요임금이 '어진 사람에게 왕위를 물려주었다'는 선양이 나타내는 '삶을 택함에 있 어 덕으로써 하고 친함으로써 하지 않았다.'는 정신을 강조하기 위한 것 이다."《금문신고》 〈전적집〉
즉 제위를 자식에게 물려주는 세습이 아니라 어질고 능력있는 타인 에게 물려주는 선양을 후대 임금들에게 강조하기 위해서 유가에서 선 양설을 만들어 냈다는 것이다.

요임금이 말했다.

"그러한가? 짐도 들었다. 그는 어떤 사람인가?"

사악이 답했다.

"맹인의 아들입니다. 아버지는 완악하고 어머니는 어리석으며 아우는 오만한데 능히 효도로써 화목하게 하고 지극한 정성으로 집안을 다스려 간악함에 이르지 않게 했습니다."①

요임금이 말했다.

"내가 그를 시험해보리라."②

이에 요임금은 아황娥皇과 여영女英인 두 딸을 그에게 시집보내고③ 그의 덕을 두 딸에게 살피게 했다.

堯曰 然 朕聞之 其何如 嶽曰 盲者子 父頑 母嚚 弟傲 能和以孝 烝烝 治 不至姦① 堯曰 吾其試哉② 於是堯妻之二女③ 觀其德於二女④

---

①父頑母嚚弟傲能和以孝烝烝治不至姦부완모은제오능화이효증증치부지간

集解 공안국은 "간악함에 이르지 않았다."라고 말했다.
【集解】 孔安國曰 不至於姦惡

正義 증烝은 진進(나아가다)의 뜻이다. 아버지는 완악스럽고 어머니는 어리석었고 아우는 오만한데 순임금이 모두 효도로써 화목하게 하고 선善으로 나아가게 해 간악함에 이르지 않은 것을 말한 것이다.

【正義】 烝 之升反 進也 言父頑 母囂 弟傲 舜皆和以孝 進之於善 不至於姦 惡也

②吾其試哉오기시재

정의 　두 명의 딸을 주어 순을 시험해 집안을 다스리는 도리를 관찰하고자 한 것이다.
【正義】 欲以二女試舜 觀其理家之道也

③堯妻之二女요처지이녀

정의 　두 딸은 아황娥皇과 여영女英이다. 아황은 자식이 없었고 여영은 상균商均을 낳았다. 순이 천자에 오르자 아황이 후后가 되었고 여영이 비妃가 되었다.
【正義】 妻音七計反 二女 娥皇 女英也 娥皇無子 女英生商均 舜升天子 娥皇爲后 女英爲妃

④觀其德於二女관기덕어이녀

정의 　두 딸에게 하는 덕행을 살펴서 집안을 다스리고 국가를 경영하는 것들을 관찰하게 한 것이다.
【正義】 視其爲德行於二女 以理家而觀國也

순舜은 예를 갖추어 요임금의 두 딸을 규수의 물가로 내려오게 해서① 부인의 예도를 따르게 했다. 요임금이 순의 이러한 행동을 좋게 여기고 이에 순을 시켜 삼가 오전五典에 화답하도록 했는데② 오전이 능히 시행되었다. 이에 모든 관리들의 일을 두루 간여하게 하니 모든 관리들이 질서가 정연해졌다. 네 문四門에서 빈객을 접대하게 하니 네 문의 빈객들이 화목하게 되었고 제후들이나 먼 지방의 빈객들도 모두 공경하게 되었다.③

舜飭下二女於嬀汭① 如婦禮 堯善之 乃使舜慎和五典② 五典能從 乃徧入百官 百官時序 賓於四門 四門穆穆 諸侯遠方賓客皆敬③

①舜飭下二女於嬀汭순칙하이녀어규예

집해 공안국은 "순이 규수嬀水의 물가에서 거처했다."라고 말했다.
【集解】 孔安國曰 舜所居嬀水之汭

색은 《열녀전》에는 "두 딸 중에 장녀는 아황이고 다음이 여영女英이다."라고 말했다. 《계본》에는 여영女瑩으로 되어 있다. 《대대례》에는 여언女匽으로 되어 있다. 황보밀은 "규수는 하동河東 우향현虞鄕縣 역산歷山 서쪽에 있다. 예汭는 물가이다. 곧 낙예洛汭나 위예渭汭와 같다."라고 말했다.
【索隱】 列女傳云二女長曰娥皇 次曰女英 系本作 女瑩 大戴禮作 女匽 皇

甫謐云 嬀水在河東虞鄉縣歷山西 汭 水涯也 猶洛汭 渭汭然也

정의　飭은 발음이 '칙勅'이고, 下는 발음이 '하[胡亞反]'이고 汭은 발음이 '예芮'다. 순이 두 여자를 의리로써 가지런하게 해서 두 여자의 마음이 규예로 내려가 우씨虞氏에게 며느리의 도리를 행하게 했다.《괄지지》에는 "규예수嬀汭水의 근원은 포주蒲州 하동河東 남산南山에서 나온다."고 했다. 허신은 "수애水涯(물가)는 예汭이다."라고 말했다. 살펴보니《지기地記》에는 "하동군 청산靑山 동쪽 산속에는 두 개의 샘이 있는데, 남쪽으로 내려 흐르는 것은 규수嬀水이고 북쪽으로 흐르는 것이 예수汭水이다. 두 물은 근원을 달리하지만 합류해서 계곡을 나와 서쪽 하수河水로 쏟아진다. 규수嬀水의 북쪽을 예汭라고 한다."고 했다. 또 이르기를 "하동현 이리二里의 옛 포판성蒲坂城은 순이 도읍한 곳이다. 성안에는 순의 사당舜廟이 있고 성 밖에는 순의 집과 두 비의 제단二妃壇이 있다."고 말했다.

【正義】 飭音勅 下音胡亞反 汭音芮 舜能整齊二女以義理 下二女之心於嬀汭 使行婦道於虞氏也 括地志云 嬀汭水源出蒲州河東南山 許慎云 水涯曰汭 案 地記云 河東郡青山東山中有二泉 下南流者嬀水 北流者汭水 二水異源 合流出谷 西注河 嬀水北曰汭也 又云 河東縣二里故蒲坂城 舜所都也 城中有舜廟 城外有舜宅及二妃壇

신주　순이 거처했다는 규수嬀水를 산서성 하동군 지역으로 비정하고 있으나 이는 논란의 여지가 있다.《사기》〈순본기〉에는 순의 주요 활동 지역으로 역산歷山·뇌택雷澤·하빈河濱·수구壽丘·부하負夏 등이

나오는데,《집해》에서 역산이 산서성 하동河東이라고 한 것을 빼고는
모두 하남성과 산동성 지역이다. 그래서 고사변학파의 양관楊寬은《중
국상고사 도론》에서 하동의 역산은 먼 곳으로 순의 농사짓던 곳이 아
니라고 말했다.《중국 고금지명대사전》에 보면 역산이 산서·강소·절강
성 등지에도 있고, 또한 산동성에는 복현濮縣 동남쪽에도 있다고 하는
데 산동성 복현 동남쪽이 순의 활동한 역산일 것이다.

　　그래서 맹자가《맹자》〈이루장구 하〉 편에서 "순은 제풍諸馮에서 태
어나 부하로 옮겼으며 명조鳴條에서 죽었으니 동이 사람이다."라고 말
한 것이다. 또 고사변학파의 몽문통蒙文通은 〈고사견미古史甄微〉에서
"뇌택·하빈·부하 등의 지명이 동이가 살던 곳으로 발해와 동해 그리고
태산·황하·제수濟水 사이이며 부상扶桑·양곡暘谷·우이嵎夷 또한 구
이夷의 왕래하던 곳이다."라고 했다. 이와 같이 순의 주 거주지가 동쪽
의 동이 지역인데 그가 거처했다는 규수가 산서성에 있었을 수는 없다.

②舜愼和五典순신화오전

[집해]　정현은 "오전五典은 오교五敎이다. 대개 사도司徒의 직책으로
시험해 본 것이다."라고 했다.
【集解】　鄭玄曰 五典 五教也 蓋試以司徒之職

③四門穆穆諸侯遠方賓客皆敬사문목목제후원방빈객개경

[집해]　마융은 "사문四門은 사방의 문이다. 제후와 모든 신하들이 조

회하는 자를 순이 빈賓으로 맞이하는데 모두 미덕美德이 있었다."라고
말했다.

【集解】 馬融曰 四門 四方之門 諸侯羣臣朝者 舜賓迎之 皆有美德也

요임금은 순舜을 시켜 산림山林이나 천택川澤으로 들어가게 했
는데[1] 폭풍이나 우레와 빗속에서도 순의 행동은 미혹되지 않았
다. 요임금이 이에 성인으로 여기고 순을 불러 말했다.
"그대가 사업을 계획함이 지극하고 말을 실천해 공적을 쌓은 지
3년이 되었도다.[2] 그대가 제위帝位에 오르라."
순舜이 덕으로 기뻐하지 않으면서 사양했다.[3]
堯使舜入山林 川澤[1] 暴風雷雨 舜行不迷 堯以爲聖 召舜曰 女謀事
至而言可績 三年矣[2] 女登帝位 舜讓於德不懌[3]

①堯使舜入山林川澤요사순입산림천택

색은 《상서》에는 '납우대록納偶大麓'이라고 했다. 《(춘추) 곡량전穀梁
傳》에는 "수풀이 산과 이어진 것이 녹麓이다."라고 했다. 이는 산기슭이
녹麓이라는 뜻이다. 그래서 산림 속에 들어가서도 미혹되지 않았다고
여겼다. 공씨孔氏(공안국)는 녹麓을 녹錄이라 새김하고, 순에게 대록大錄
과 만기萬幾의 정사를 명했다고 말했는데 여기와 같지 않다.

【索隱】 尚書云 納于大麓 穀梁傳云 林屬於山曰麓 是山足曰麓 故此以爲

入山林不迷 孔氏以麓訓錄 言令舜大錄萬幾之政 與此不同

②女謀事至而言可績三年矣 여모사지이언가적삼년의

집해 정현은 "3년이란 사방의 문의 뒤에서 빈賓(손님)을 맞은 지 3년이다."라고 말했다.

【集解】 鄭玄曰 三年者 賓四門之後三年也

③舜讓於德不懌 순양어덕불역

집해 서광은 "懌은 '역亦'으로 발음한다. 《금문상서》에는 (불역을) '불이不怡'라고 썼는데, 이怡는 역懌이다."라고 말했다.

【集解】 徐廣曰 音亦 今文尚書作 不怡 怡 懌也

색은 고문古文(고문상서)에는 '불사不嗣'라고 했고 금문今文(금문상서)에는 '불이不怡'라고 썼는데 이怡는 곧 역懌(기뻐하는 것)이다. 덕으로 감당하지 못해서 사양하고 마음이 기쁘지 않은 까닭을 '역懌'이라고 말한 것이다. 속본俗本에 '택澤'으로 되어 있는 것은 잘못이고, 또한 마땅히 '역懌'이 되어야 한다.

【索隱】 古文作 不嗣 今文作 不怡 怡即懌也 謂辭讓於德不堪 所以心意不悅懌也 俗本作 澤 誤爾 亦當爲懌

> 정월正月 초하룻날① 순은 마침내 문조文祖에서 제위를 물려받았
> 는데, 문조文祖(종묘)는 요堯임금의 대조大祖이다.②
>
> 正月上日① 舜受終於文祖 文祖者 堯大祖也②

①正月上日정월상일

<u>집해</u> 마융은 "상일上日은 삭일朔日(초하룻날)이다."라고 말했다.
【集解】 馬融曰 上日 朔日也

<u>정의</u> 정현은 "제왕帝王이 대代를 바꾸면 바르게 고치지 않는 것이
없다. 요堯는 건축建丑(12월)을 정월로 삼았고, 순舜은 건자建子(11월)를
정월로 삼았는데, 이때 고치지 않으므로 요堯의 정월 초하루에 의거
한 것이다."라고 말했다.
【正義】 鄭玄云 帝王易代 莫不改正 堯正建丑 舜正建子 此時未改 故依堯
正月上日也

<u>신주</u> 역법에 따르면 하夏 · 상商 · 주周 삼대三代는 각각 정삭正朔이
다르다.《논어》에서 하나라는 인월寅月(음력 1월)로 세수歲首를 삼아 인
통人統이라 했고, 상나라는 축월丑月(음력 12)로 세수를 삼아 지통地統
이라 하고, 주나라는 자월子月(음력 11월)로 세수를 삼아 천통天統이라
하는데, 지금 우리가 쓰는 태음력은 하력夏曆을 따르는 것이다. 중국에

서는 음력을 농력農曆이라고 부른다.

②文祖者堯大祖也문조자요대조야

집해 정현은 "문조文祖는 오부五府의 큰 이름으로 주周나라의 명당明堂과 같다."라고 말했다.

【集解】 鄭玄曰 文祖者 五府之大名 猶周之明堂

색은 《상서제명험尚書帝命驗》에는 "오부는 오제五帝의 묘廟이다. 파란 것은 영부靈府, 붉은 것은 문조文祖, 누런 것은 신두神斗, 흰 것은 현기顯紀, 검은 것은 현구玄矩이다. 당우唐虞 때는 오부五府라고 했고 하夏나라는 세실世室, 은殷나라는 중옥重屋, 주周나라는 명당明堂이라고 일렀는데 모두 오제를 제사지내는 곳이다."라고 말했다.

【索隱】 尚書帝命驗曰 五府 五帝之廟 蒼曰靈府 赤曰文祖 黃曰神斗 白曰顯紀 黑曰玄矩 唐虞謂之五府 夏謂世室 殷謂重屋 周謂明堂 皆祀五帝之所也

정의 순임금은 요임금이 제위를 마치는 일을 문조에서 받았다.《상서제명험》에는 "제帝란 하늘을 계승해 오부를 세우고 하늘을 높이고 상象을 중하게 여겼다. 오부는 황黃을 신두神斗라고 한다."라고 말했다. 그 주석에 "당우 때는 천부天府라고 하고, 하나라는 세실이라 하고, 은나라는 중옥이라고 하고 주나라는 명당이라고 했는데 모두 오제를 제사지내는 곳이다. 문조는 적제赤帝가 불꽃처럼 튀는 부당府堂으로 문조라고 한다. 화정火精이 광명光明한 것이 문장文章의 조조祖이므로 문조라

고 한다. 주나라에서는 명당이라고 한다. 신두神斗는 황제가 추뉴樞紐
(북극성)를 머금은 부당으로 신두라고 한다. 두斗는 주主이다. 토정土精
은 맑고 고요해서 사행四行을 주관하므로 신두라고 한다. 주나라는 태
실太室이라고 했다.

현기顯紀란 백제白帝가 부르고 막는 부당으로 현기라고 한다. 기紀는
'법法'이다. 금정金精은 만물을 끊어 가르는 것이므로 현기라고 일컫는
다. 주나라에서는 총장總章이라 했다. 현구玄矩는 흑제黑帝가 빛의 벼리
를 모으는 부당으로 현구라고 한다. 구矩는 '법法'이다. 수정水精은 가
물거리고 흐릿하여 능히 가볍고 무거운 것을 저울질한다. 그러므로 현
구라고 이른다. 주나라에서는 현당玄堂이라고 했다. 영부靈府는 창제蒼
帝가 영험한 위력으로 우러르는 부당으로 영부靈府라고 한다. 주周나라
에서는 청양靑陽이라고 한다."라고 했다.

【正義】 舜受堯終帝之事於文祖也 尚書帝命驗云 帝者承天立五府 以尊天
重象也 五府者 黃曰神斗 注云 唐虞謂之天府 夏謂之世室 殷謂之重屋 周謂
之明堂 皆祀五帝之所也 文祖者 赤帝熛怒之府 名曰文祖 火精光明 文章之
祖 故謂之文祖 周曰明堂 神斗者 黃帝含樞紐之府 名曰神斗 斗 主也 土精澄
靜 四行之主 故謂之神斗 周曰太室 顯紀者 白帝招拒之府 名顯紀 紀 法也
金精斷割萬物 故謂之顯紀 周曰總章 玄矩者 黑帝汁光紀之府 名曰玄矩 矩
法也 水精玄味 能權輕重 故謂之玄矩 周曰玄堂 靈府者 蒼帝靈威仰之府 名
曰靈府 周曰青陽

신주 문조文祖는 요임금의 조상이자 지명이기도 하다.《상서》〈순전
舜典〉에 "순임금은 정월 상일上日에 마침내 문조에서 제위를 물려받았

다[正月上日, 受終于文祖]"라고 말하고 있다. 문조가 장소를 뜻하면 태조太祖(시조)의 사당이란 뜻이다.

> 이에 요임금이 늙어 순에게 명해 천자의 정사를 대리代理하게 하고 하늘의 명命을 관찰했다. 순이 이에 옥玉으로 장식된 혼천의渾天儀를 가지고 칠정(해와 달과 오성五星)의 운행을 가지런하게 했다.[1]
> 於是帝堯老 命舜攝行天子之政 以觀天命 舜乃在璿璣玉衡 以齊七政[1]

①璿璣玉衡以齊七政선기옥형이제칠정

[집해] 정현은 "선기璿璣 옥형玉衡은 혼천의渾天儀(천체를 관찰하는 기구)이다. 칠정七政은 해와 달과 금성·목성·수성·토성·화성이다."라고 말했다.
【集解】 鄭玄曰 璿璣 玉衡 渾天儀也 七政 日月五星也

[정의] 《설문說文》에는 "선璿은 적옥赤玉이다."라고 말했다. 살펴보니 순임금이 비록 요임금의 명을 받았으나 오히려 스스로 편안하지 못해 다시 선기옥형으로 천문을 바르게 했다. 기璣는 운전運轉이 되고 형衡은 횡소橫簫(성도星度를 관찰하는 기구)가 되어 기璣를 운전해서 아래에서 움직이게 하고 형衡으로써 바라보는데 이것은 왕자王者가 천문기天文器를 바르게 해서 그것이 가지런한지 가지런하지 않는지 관찰하는 것이

다. 지금 칠정七政이 가지런하게 되면 자신이 선양을 받은 것이 옳은 것이 되는 것이다. 채옹蔡邕은 "옥형은 길이가 8자이고 구멍의 직경이 1치인데 하단下端에서 바라보면 성수星宿를 볼 수 있고 아울러 기璣를 매달아 하늘을 본뜨고 형衡으로써 바라보며 기璣를 회전시키고 형衡을 엿보아 성수를 알게 된다. 기의 직경은 8자이고 원의 둘레는 25자가 조금 넘는다."고 말했다. 정현은 "운전하는 것은 기이고 바르게 지탱하는 자는 형이다."라고 말했다. 《상서대전》에는 '정政이란 제중齊中이다. 봄·여름·가을·겨울의 천문天文 지리地理 인도人道로 정사를 하는 까닭에 도道가 바르게 되고 모든 일들이 순조롭게 성취되므로 천도를 정사의 대체大體라고 일컫는다'라고 했다.

【正義】 說文云 璿 赤玉也 案 舜雖受堯命 猶不自安 更以璿璣玉衡以正天文 璣爲運轉 衡爲橫簫 運璣使動於下 以衡望之 是王者正天文器也 觀其齊與不齊 今七政齊 則己受禪爲是 蔡邕云 玉衡長八尺 孔徑一寸 下端望之 以視星宿 並縣璣以象天 而以衡望之 轉璣窺衡 以知星宿 璣徑八尺 圓周二丈五尺而強也 鄭玄云 運轉者爲璣 持正者爲衡 尚書大傳云 政者 齊中也 謂春秋冬夏天文地理人道 所以爲政也 道正而萬事順成 故天道政之大也

마침내 상제上帝(하늘)에게 류제類祭를 올리고[1] 육종六宗에 인제禋祭를 올리고[2] 산천山川에 망제望祭를 지내고[3] 모든 신들에게 두루 제를 올렸다.[4]

遂類于上帝[1] 禋于六宗[2] 望于山川[3] 辯于羣神[4]

---

①類于上帝류우상제

집해 정현은 "예禮에는 원구園丘에서 상제에게 제사지낸다."라고 말했다.

【集解】 鄭玄曰 禮祭上帝于園丘

정의 《오경이의五經異義》에는 "제때가 아닌데 하늘에 제사지내는 것을 류類라고 하는데 사류事類로써 고하는 것을 말한 것이다. 그때 순舜이 섭정을 고한 것은 떳떳한 제사는 아니었다."라고 말했다. 〈왕제王制〉편에는 "천자가 장차 출타하려면 상제에게 류제類祭를 지낸다."라고 말했다. 정현은 "호천상제昊天上帝는 천황대제天皇大帝이며 북신北辰의 별을 이른 것이다."라고 말했다.

【正義】 五經異義云 非時祭天謂之類 言以事類告也 時舜告攝 非常祭也 王制云 天子將出 類于上帝 鄭玄云 昊天上帝謂天皇大帝 北辰之星

②禋于六宗인우육종

집해 정현은 "육종六宗은 성星·신辰·사중司中·사명司命·풍사風師·우사雨師이다."라고 말했다. 나 배인이 살펴보니 육종六宗의 뜻이 많았는데 우愚(배인 자신)는 정현의 설명이 으뜸이라고 이른 것이다.

【集解】 鄭玄曰 六宗 星 辰 司中 司命 風師 雨師也 駰案 六宗義衆矣 愚謂 鄭說為長

정의 《국어》〈주어周語〉에는 "정의精意로써 제사지내는 것이 인禋이다."라고 했다. 손염孫炎은 "인은 깨끗하고 공경하게 하는 제사이다."라고 했다. 살펴보니 성星은 오위성五緯星이다. 신辰은 해와 달이 모이는 12차次이다. 사중司中, 사명司命은 문창성文昌星의 제5, 제4의 별이다. 풍사風師는 기성箕星이다. 우사雨師는 필성畢星이다. 공안국은 "네 계절의 추위와 더위이며 태양과 달과 별이며, 수한水旱(홍수와 가뭄)이다."라고 말했다.

《예기》〈제법祭法〉에는 "태소太昭라는 제단에 양이나 돼지를 묻는 것은 네 계절에 제사지내는 것이다. 감단坎壇이라는 제단에 빌고 기도하는 것은 추위와 더위를 맞이하고 보내는 제사이다. 왕궁의 제단에서는 해에게 제사지낸다. 야명夜明이라는 제단에서는 달에게 제사지낸다. 유영幽禜이라는 제단에서는 별에게 제사지낸다. 우영雩禜이라는 제단에서는 수재나 가뭄의 신에게 제사지내는 것이다."라고 말했다.

사마표司馬彪의 《속한서續漢書》에는 "안제安帝는 육종을 세우고 낙양성의 서북쪽 해지亥地에 제사지냈는데 예를 대사大社에 견주었다. 조위曹魏에서도 이를 따랐다. 진晉나라의 초기에 이르러 순의荀顗가 새로운 제사를 말했는데 육종의 신神은 제가諸家의 설과 동일하지 않다고 말해서 이에 그 제사를 폐지했다."라고 했다.

【正義】 周語云 精意以享曰禋也 孫炎云 禋 絜敬之祭也 案 星 五緯星也 辰 日月所會十二次也 司中 司命 文昌第五 第四星也 風師 箕星也 雨師 畢星也 孔安國云 四時寒暑也 日月星也 水旱也 禮祭法云 埋少牢於大昭 祭時也 禳 祈於坎壇 祭寒暑也 王宮 祭日也 夜明 祭月也 幽禜 祭星 雩禜 祭水旱也 司馬彪續漢書云 安帝立六宗 祀於洛陽城西北亥地 禮比大社 魏因之 至晉初

苟顗言新祀 以六宗之神諸家說不同 乃廢之也

③望于山川망우산천

집해　서광은 '명산대천名山大川'이라고 말했다.

【集解】 徐廣曰 名山大川

정의　망望이란 멀리 바라보고 산천에 제사지내는 것이다. 산천은 오악五嶽과 사독四瀆이다. 《이아》에는 "양산梁山은 진晉나라에서 망제望祭를 지낸 곳이다."라고 했다.

【正義】 望者 遙望而祭山川也 山川 五嶽 四瀆也 爾雅云 梁山 晉望也

④辯于群神변우군신

집해　서광은 "辯은 '반班'으로 발음한다."라고 했다. 나 배인이 살펴보니 정현은 "군신羣神은 구릉丘陵이나 분연墳衍과 같다."라고 말했다.

【集解】 徐廣曰 辯音班 駰案 鄭玄曰 羣神若丘陵墳衍

정의　辯은 '변遍'으로 발음하는데, 여러 신에게 제사지내는 것을 이른다.

【正義】 辯音遍 謂祭羣神也

제후들의 다섯 가지 홀笏을 모으고 길한 달과 길한 날을 가려 사악四嶽과 여러 주목관州牧官들을 접견하고 홀笏을 제후들에게 나누어 주었다.①

揖五瑞 擇吉月日 見四嶽諸牧 班瑞①

①揖五瑞擇吉月日見四嶽諸牧班瑞집오서택길월일현사악제목반서

집해 마융은 "집揖은 '모으다'의 뜻이다. 오서五瑞는 공후백자남公侯伯子男의 작위를 가진 자가 잡는 것인데, 서신瑞信(신임의 뜻으로 주는 부절)으로 삼는다. 요가 장차 순에게 선위하려고 하면서 군목羣牧을 시켜서 거두어 순에게 친히 가서 나누어 주게 했다."라고 말했다.

【集解】 馬融曰 揖 斂也 五瑞 公侯伯子男所執 以爲瑞信也 堯將禪舜 使羣牧斂之 使舜親往班之

정의 揖은 '집集'으로 발음한다. 《주례》〈전서典瑞〉에는 "왕은 진규鎭圭를 가지는데 1자 2치이다. 공공은 환규桓圭를 가지는데 9치이다. 후侯는 신규信圭를 가지는데 7치이다. 백伯은 궁규躬圭를 가지는데 5치이다. 자子는 곡벽穀璧을 가지고 남은 포벽蒲璧을 가지는데 모두 5치이다. 오서五瑞라고 말한 것은 왕을 포함시키지 않은 것이다."라고 말했다. 공문상孔文祥은 "송宋(중국 고대 송나라)나라 말기에 회계會稽에서 우묘禹廟를 닦을 때 묘정廟庭의 산토山土에서 오등五等의 규벽圭璧 100여 매枚

를 얻었는데 형상은 《주례》에 쓰여 있는 것과 같았으며, 길이는 모두 짧고 작았다. 이것은 곧 우禹가 제후들을 회계에 모이게 해서 규를 가지고 산신에게 예를 지내고 묻은 것이다. 그 벽璧은 지금도 오히려 존재하고 있다."라고 했다.

【正義】 揖音集 周禮典瑞云 王執鎮圭 尺二寸 公執桓圭 九寸 侯執信圭 七寸 伯執躬圭 五寸 子執穀璧 男執蒲璧 皆五寸 言五瑞者 王不在中也 孔文祥云 宋末 會稽修禹廟 於廟庭山土中得五等圭璧百餘枚 形與周禮同 皆短小 此即禹會諸侯於會稽 執以禮山神而埋之 其璧今猶有在也

신주 오서五瑞는 고대 중국에서 천자가 공公·후侯·백伯·자子·남男의 제후를 봉할 때에 그 등급에 따라 내려 주던 다섯 가지 규珪와 벽璧이다. 그런데 공문상이 고대 중국의 송宋나라가 회계에서 우임금의 묘당을 수리하면서 규벽을 얻었다는 서술은 의문이다. 춘추시대 송나라는 자성子姓에 송씨宋氏로서 왕도는 지금의 하남성 상구商丘시인 상구商丘였다. 하남성에 있던 송나라에서 멀리 장강 남쪽의 월나라까지 가서 묘당을 수리할 수는 없다. 이는 현재 절강성 회계산이 고대의 회계산이 아님을 말한다. 고대의 회계산은 옛 송나라 강역인 회수淮水와 사수泗水의 언저리에 있었다. 또한 월나라 역사는 원래 중원의 역사가 아니다. 그래서 전국칠웅(한·위·초·연·제·조·진)에도 들지 않는 것이다. 중국의 역사 강역이 확장되면서 회계라는 지명이 남쪽으로 확장되어 월나라 임금의 계통도 우임금의 후예로 변한 것이다.

> 그해 2월 동쪽으로 순행해 태산泰山(대종岱宗)에 이르러 시제柴祭
> 를 지내고① 차례로 산천의 신들에게도 망제望祭를 올렸다.②
> 歲二月 東巡狩 至於岱宗 柴① 望秩於山川②

①歲二月東巡狩至於岱宗柴세이월동순수지어대종시

[집해] 마융은 "순이 제위를 받고 요가 죽은 뒤 5년 2월의 일이다."라고
말했다. 정현은 "건묘建卯의 달이다. 동악東嶽에 시제柴祭를 지낸 것은 공
적을 조사한 것이다. 시柴는 요燎(섶을 태워 제사지냄)이다."라고 말했다.
【集解】 馬融曰 舜受終後五年之二月 鄭玄曰 建卯之月也 柴祭東嶽者 考
績 柴 燎也

[정의] 살펴보니 이미 여러 제후들에게 서瑞(부절)를 나누어 주고 동쪽
으로 순수巡狩(임금이 나라 안을 두루 다니는 것)한 것은 토지를 지키는 제후
들을 대종岱宗(태산)의 악嶽에 모이게 해서 섶을 태워 고했다고 이른 것
이다. 왕자王者의 순수는 제후들에게 스스로 한 나라를 다스리게 해서
위엄과 복을 맡겼는데 그들이 위의 명을 막아서 (임금의) 은택이 아래 백
성에게 흐르지 않을 것을 두려워했기 때문이다. 그래서 순행해서 백성의
질고疾苦를 위문하는 것이다. 《풍속통風俗通》에는 "태太(태산)는 산이 존
엄한 것인데, 다른 말로 대종岱宗이라고 하는 것은 산의 시작이며 으뜸
임을 말하는 것으로 곧 만물의 시작이고 음과 양이 교대하는 곳이기 때

문이다. 그래서 오악의 으뜸이 된다."라고 말했다. 살펴보니 2월은 중월仲月인데, 중仲은 중中이며 그 중中(알맞음)을 얻은 것을 말한 것이다.

【正義】 案 旣班瑞羣后即東巡者 守土之諸侯會岱宗之嶽 焚柴告至也 王者巡狩 以諸侯自專一國 威福任己 恐其壅遏上命 澤不下流 故巡行問人疾苦也 風俗通云 太 山之尊者 一曰岱宗 始也 長也 萬物之始 陰陽交代 故爲五嶽之長也 案 二月 仲月也 仲 中也 言得其中也

②望秩於山川망질어산천

정의 이에 동쪽 제후의 경내境內의 명산名山과 대천大川에 차례로 망제를 지냈다. 질秩이라는 것은 오악五嶽은 삼공三公이 살피고 사독四瀆은 제후諸侯가 살피는 것을 말한 것이다.

【正義】 乃以秩望祭東方諸侯境內之名山大川也 言秩者 五嶽視三公 四瀆視諸侯

마침내 동쪽의 군장君長(제후)들을 접견하여 계절과 달을 맞추고 날짜를 바로잡았다.① 음률音律과 도량형度量衡을 통일시키고② 오례五禮③와 오옥五玉④과 삼백三帛⑤과 이생二生⑥과 일사一死⑦를 닦아 지贄로 삼았다.⑧

遂見東方君長 合時月正日① 同律度量衡② 脩五禮③ 五玉④ 三帛⑤ 二生⑥ 一死⑦ 爲贄⑧

①遂見東方君長合時月正日수견동방군장합시월정일

집해 정현은 "네 계절의 달의 수[月數]와 날의 이름[日名]을 바르게 맞추고 잘못된 것이 있는 것에 대비하는 것이다."라고 했다.

【集解】 鄭玄曰 協正四時之月數及日名 備有失誤

정의 동방의 군장들을 접견하고, 이에 네 계절의 절기를 같게 하고, 달의 크고 작은 것과, 날의 갑甲과 을乙을 가지런하게 했다. 《주례》에 "태사太史는 세歲와 연年의 차례로써 할 일을 바로잡아 여러 나라邦國에 정삭正朔(정월 초하루, 책력)을 반포하는 것을 주관한다."라고 했다. 곧 절기節氣와 그믐과 초하루는 모두 천자가 반포하는데, 제후국에서 책력을 다르게 시행하거나 혹 같게 하지 않을 것을 걱정해서 순수巡狩해서 바르게 맞춘 것을 따르게 한 것이다.

【正義】 既見東方君長 乃合同四時氣節 月之大小 日之甲乙 使齊一也 周禮 太史掌正歲年以序事 頒正朔於邦國 則節氣晦朔皆天子頒之 猶恐諸侯國異 或不齊同 因巡狩合正之

신주 본문의 '동쪽의 군장을 접견하여[見東方君長]' 부분은 공자의 《서경》에는 '동방의 임금을 뵈어[肆覲東后]'라고 되어 있다. 이는 사마천이 제순帝舜을 천자로 격상시키고 동방의 임금을 제후로 낮춘 것이라고 볼 수 있다. 동방의 임금이란 동이족 국가의 임금일 것이다.

②同律度量衡동률도량형

정현은 "률律은 음률音律이다. 도度는 장척丈尺(자)이다. 양量은 두곡斗斛(용량)이다. 형형衡은 근량斤兩(무게)이다."라고 말했다.

【集解】 鄭玄曰 律 音律 度 丈尺 量 斗斛 衡 斤兩也

률律은 12율律, 도度는 장척丈尺, 양量은 두곡斗斛, 형형衡은 근량斤兩인데, 대개 천하로 하여금 서로 같게 해서 그 제도에 장단이나 경중이 다르지 않게 한 것이다. 《한서》〈율력지律曆志〉에 이르기를 "《상서》〈우서虞書〉에 '률律과 도度와 양量과 형형衡은 동일하다.'라고 말했다. 멀고 가깝고 간에 가지런하게 해서 백성의 믿음을 세웠다. 율律은 모두 열둘인데, 양陽 여섯이 율이고, 음陰 여섯이 려呂다. 율은 기氣를 거느림으로써 사물을 분류한다. 첫째는 황종黃鍾, 둘째는 태주太簇, 셋째는 고선姑洗, 넷째는 유빈蕤賓, 다섯째는 이칙夷則, 여섯째는 무역無射이다. 려呂는 양陽을 돕고 기氣를 펴는 것이다. 첫째는 임종林鍾, 둘째는 남려南呂, 셋째는 응종應鍾, 넷째는 태려太呂, 다섯째는 협종夾鍾, 여섯째는 중려中呂이다. 도度는 푼分·치[寸]·자[尺]·장丈·인引이며 길고 짧은 것을 재는 것이다. 본래 황종黃鍾의 관장管長(대롱의 길이)에서 시작되어 기장 알곡 중간짜리 한 기장으로 일분一分을 삼고, 십분으로 일촌一寸을 삼고, 십촌으로 척尺으로 삼고, 십척으로 장丈을 삼고, 십장으로 인引을 삼음으로써 5도度를 밝혔다.

양量은 약龠(한 홉의 10분의 1), 합合(홉)·승升(되)·두斗(말)·곡斛(10말)이며 양이 많고 적은 것을 재는 것이다. 본래 황종黃鍾의 약龠(피리)에서 시작해서 기장 알곡 중간치 1,200개를 채워 1약一龠으로 삼고 약을 둘 합친 것을 홉[合]으로 삼고 10홉이 승升(되)이 되고 10승이 두斗가 되고

10두十斗가 곡斛이 되어 5량五量이 좋아졌다.

형권衡權이란 수銖(양兩의 24분의 1), 양兩·근斤·균鈞·석石인데 사물의 가볍고 무거운 것을 저울로 재는 단위이다. 본래 황종黃鍾의 무게에서 시작되었는데 1약一龠은 1,200알의 기장을 담는데 무게는 12수銖이며, 24수銖가 양兩이 되고 16량이 근斤이 되고 30근이 균鈞이 되고 4균鈞이 석石이 되니 오권五權은 삼가는 것이다. 형衡은 저울이다. 권權은 무게이다."

【正義】 律之十二律 度之丈尺 量之斗斛 衡之斤兩 皆使天下相同 無制度長短輕重異也 漢律歷志云 虞書云 同律度量衡 所以齊遠近 立民信也 律有十二 陽六為律 陰六爲呂 律以統氣類物 一曰黃鍾 二曰太蔟 三曰姑洗 四曰蕤賓 五曰夷則 六曰無射 呂以旅陽宣氣 一曰林鍾 二曰南呂 三曰應鍾 四曰大呂 五曰夾鍾 六曰中呂 度者 分 寸 尺 丈 引也 所以度長短也 本起黃鍾之管長 以子穀秬黍中者一黍爲一分 十分爲一寸 十寸爲尺 十尺爲丈 十丈爲引 而五度審矣 量者 龠 合 升 斗 斛也 所以量多少也 本起黃鍾之龠 以子穀秬黍中者千有二百實爲一龠 合龠爲合 十合爲升 十升爲斗 十斗爲斛 而五量嘉矣 衡權者 銖 兩 斤 鈞 石也 所以稱物輕重也 本起於黃鍾之重 一龠容千二百黍 重十二銖 二十四銖爲兩 十六兩爲斤 三十斤爲鈞 四鈞爲石 而五權謹矣 衡 平也 權 重也

③脩五禮수오례

집해 마융은 "오례五禮는 길吉·흉凶·빈賓·군軍·가嘉례이다."라고 말했다.

【集解】 馬融曰 吉凶賓軍 嘉也

[정의] 《주례》에 "길례吉禮로써 나라의 인귀人鬼와 천신天神과 지기志氣를 섬기고 흉례凶禮로써 나라의 근심을 슬퍼하고 빈례賓禮로써 여러 나라들과 친하게 지내고 군례軍禮로써 여러 나라를 같게 하고 가례家禮로써 만민萬民을 친하게 한다."고 말했다. 《상서》〈요전堯傳〉에는 "유제類祭로써 상제에게 제사지낸다[類于上帝] (현전하는 《상서》에는 이런 구절이 없다)라고 했는데 길례이다. '부모의 상을 치른다'는 흉례凶禮이다. '군후群后가 사방에서 조회한다'고 했는데, 빈례賓禮이다. 〈대우모大禹謨〉에는 '네가 정벌하러 가라'고 했는데 군례軍禮이다."라고 했다. 〈요전〉에는 '딸을 시집보낸다[女于時]'라고 했는데, 가례家禮이다."라고 했다.

【正義】 周禮 以吉禮事邦國之鬼神祇 以凶禮哀邦國之憂 以賓禮親邦國 以軍禮同邦國 以嘉禮親萬民也 尚書堯典云 類于上帝 吉禮也 如喪考妣 凶禮也 羣后四朝 賓禮也 大禹謨云 汝徂征 軍禮也 堯典云 女于時 嘉禮也 女音女慮反

④五玉오옥

[집해] 정현은 "오옥五玉은 곧 오서五瑞(다섯 가지 옥으로 만든 부절)이다. 손에 쥐는 것을 서瑞라고 하고 진열해 놓는 것을 옥玉이라 한다."라고 했다.

【集解】 鄭玄曰 即五瑞也 執之曰瑞 陳列曰玉

⑤三帛삼백(세 가지 비단)

[집해] 마융은 "삼백三帛은 삼고三孤가 쥐는 것이다."라고 했다. 정현은 "백帛은 옥玉을 바치는 것이다. 반드시 셋이라고 한 것은 고양씨高陽氏 뒤에는 붉은 비단赤繒을 사용했고, 고신씨高辛氏 뒤에는 검은 비단黑繒을 사용했고, 그 나머지 제후들은 모두 흰비단白繒을 사용했기 때문이다."라고 말했다.

【集解】 馬融曰 三孤所執也 鄭玄曰 帛 所以薦玉也 必三者 高陽氏後用赤繒 高辛氏後用黑繒 其餘諸侯皆用白繒

[정의] 공안국은 "제후의 세자는 훈纁(분홍빛 비단)을 쥐고, 공公의 고孤는 현玄(검은빛 비단)을 쥐고, 부용附庸의 군君은 황黃(누런빛 비단)을 쥔다."라고 말했다. 살펴보니《삼통기三統紀》에는 복희씨를 미루어 천통天統으로 삼았는데, 색은 붉은 것을 숭상했고, 신농을 미루어 지통地統으로 삼았는데, 색은 검은 것을 숭상했고, 황제를 미루어 인통人統으로 삼았는데 색은 흰색을 숭상했다. 소호는 황제의 아들로써 또한 흰색을 숭상했다. 그러므로 고양씨는 또 천통天統이 되므로 역시 붉은색을 숭상했고, 요堯는 인통人統이 되므로 흰색을 사용했다.

【正義】 孔安國云 諸侯世子執纁 公之孤執玄 附庸之君執黃也 案 三統紀 推伏羲爲天統 色尚赤 神農爲地統 色尚黑 黃帝爲人統 色尚白 少昊 黃帝子 亦尚白 故高陽氏又天統 亦尚亦 堯爲人統 故用白

⑥二生이생

정의   이생二生은 새끼 양과 기러기다. 정현은《주례》〈태종백太宗伯〉
편을 주석하면서 "고羔는 새끼 양이다. 그 무리에서 그 부류를 잃지 않
은 것을 취한 것이다. 안鴈은 그것들이 때를 살펴서 행하는 것을 취한
것이다. 경卿이 고羔를 가지고 대부는 안鴈을 가진다."라고 말했다. 살펴
보니 새끼 양[羔]과 기러기[鴈]는 성질이 온순해서 키울 수 있어서 지贄
(폐백)로 삼는 것이다.

【正義】 羔 鴈也 鄭玄注周禮大宗伯云 羔 小羊也 取其羣不失其類也 鴈 取
其候時而行也 卿執羔 大夫執鴈 案 羔 鴈性馴 可生爲贄

⑦一死일사

정의   일사一死는 '꿩[雉]'이다. 마융은 "한 마리 죽은 꿩은 사士가 지
贄(제물)로 가지는 것이다."라고 말했다. 살펴보니 산 것으로 지贄를 삼을
수 없으므로 죽은 것으로 한다. 꿩이 굳게 죽음으로 지켜 절개를 잃지
않는 것을 취한 것이다.

【正義】 雉也 馬融云 一死雉 士所執也 案 不可生爲贄 故死 雉 取其守介死
不失節也

⑧爲摯위지

집해   마융은 "지摯(폐백)이다. 이생二生은 고羔(새끼 양)와 안鴈(기러기)
으로서 경과 대부가 가지는 예물이다. 한 마리 죽은 꿩은 사士가 폐백
으로 가지는 것이다."라고 말했다.

【集解】 馬融曰 摯 二生 羔 鴈 卿大夫所執 一死 雉 士所執

정의 　摯는 발음이 '지至'다. 지摯는 쥐는 것[執]이다. 정현은 "지가 지극하다고 말한 것은 스스로 이르기 때문이다."라고 말했다. 위소는 "지는 육지六摯(여섯 가지 패물)이다. 고孤(제후)는 피백皮帛을 쥐고 경은 새 끼양을 쥐고 대부는 안鴈을 쥐고 사士는 꿩을 폐백으로 쥐고 서인庶人은 무鶩(오리)를 쥐고 공인工人이나 상인商人은 닭을 폐백으로 쥔다."라고 말했다.

【正義】 摯音至 摯 執也 鄭玄云 摯之言至 所以自致也 韋昭云 摯 六摯 孤執皮帛 卿執羔 大夫執鴈 士執雉 庶人執鶩 工商執雞也

오기五器(오기五玉)는 일을 마치면 돌려주었다.[1] 5월에는 남쪽을 순행했다. 8월에는 서쪽을 순행했다. 11월에는 북쪽을 순행했다. 모든 것을 동쪽을 순행했을 때와 같이 행했다. 돌아와 조예묘祖禰廟[2]에 이르러, 한 마리의 희생소를 사용하는 예를 행했다. 5년마다 한 번 순수했고 4년 동안은 여러 제후들이 와서 조회하게 했다.[3]

如五器 卒乃復[1] 五月 南巡狩 八月 西巡狩 十一月 北巡狩 皆如初 歸 至于祖禰廟[2] 用特牛禮 五歲一巡狩 羣后四朝[3]

---

①如五器卒乃復여오기졸내복

집해　마융은 "오기五器는 오옥五玉을 올리는 것이다. 오옥은 예를 마치면 돌려주고 삼백三帛을 이미 내렸으면 돌려주지 않는다."라고 했다.

【集解】 馬融曰 五器 上五玉 五玉禮終則還之 三帛已下不還也

정의　卒의 발음은 '쥴[子律反]'이고 復의 발음은 '복伏'이다.

【正義】 卒音子律反 復音伏

②于祖禰廟우조예묘

정의　하휴何休는 "살아 계실 때는 부父라고 하고 돌아가셨으면 고考라고 하고 사당에 모시면 예禰라고 한다."고 말했다.

【正義】 禰音乃禮反 何休云 生曰父 死曰考 廟曰禰

③五歲一巡狩群后四朝오세일순수군후사조

집해　정현은 "순수巡狩하는 해에 제후들이 사방의 악嶽 아래에서 알현했다. 그 기간은 4년이며 사방의 제후들이 나누어 들어와 경사京師에서 조회했다.

【集解】 鄭玄曰 巡狩之年 諸侯見於方嶽之下 其閒四年 四方諸侯分來朝於京師也

제후들에게 나라를 다스리는 여러 가지 방법을 두루 말하게 하고① 제후들의 공로를 시험하는 것을 밝게 해 수레와 의복을 공로에 따라 상으로 주었다.②

徧告以言① 明試以功 車服以庸②

①徧告以言편고이언

정의 徧은 발음이 '편[遍]'이다. 천자에게 나라를 다스리는 이치의 말을 두루 말하게 했다는 말이다.

【正義】 徧音遍 言遍告天子治理之言也

②明試以功車服以庸명시이공거복이용

정의 공안국은 "공로가 성취되면 수레와 의복을 주어서 그 능력을 사용한 것을 드러나게 하는 것이다."라고 말했다.

【正義】 孔安國云 功成則錫車服 以表顯其能用也

새로 12주를 설치하고 하천을 잘 통하게 했다.[1] 법을 제정해 일정한 형벌을 정했는데[2] 다섯 가지 형벌[五刑]을 유형流刑(유배)으로 대신해 너그럽게 했다.[3] 관청에서는 채찍으로 형을 집행했고[4] 종아리를 치는 것을 교화시키는 벌로 삼았다.[5] 벌금으로 체형體刑을 대신하게 했다.[6]

肇十有二州 決川[1] 象以典刑[2] 流宥五刑[3] 鞭作官刑[4] 扑作教刑[5] 金作贖刑[6]

①肇十有二州決川조십유이주결천

정의 마융은 "우는 수토水土를 평정平正하고 구주九州를 설치했다. 순은 기주冀州의 북쪽을 넓고 크게 하고 나누어 병주并州를 설치했다. 연燕이나 제齊는 멀고 멀어서 연燕을 나누어 유주幽州를 설치하고 제齊를 나누어 영주營州를 만들었다. 이에 12주十二州가 되었다."라고 말했다. 정현은 "다시 경계를 확정해서 물의 피해가 없게 했다."라고 했다.

【集解】 馬融曰 禹平水土 置九州 舜以冀州之北廣大 分置并州 燕 齊遼遠 分燕置幽州 分齊爲營州 於是爲十二州也 鄭玄曰 更爲之定界 濬水害也

②象以典刑상이전형

집해 마융은 "구요咎繇에게 오상五常의 형벌을 제정해서 범하는 자

가 없게 하라고 했다. 다만 그 상象(법)은 있지만 그 죄지은 사람은 없게
하라고 말했다."라고 했다.

【集解】 馬融曰 言咎繇制五常之刑 無犯之者 但有其象 無其人也

【정의】 공안국은 "상象은 '법法'이다. 법은 항상 떳떳하게 사용하고,
사용하는데 법을 넘어서는 안 된다."라고 말했다.

【正義】 孔安國云 象 法也 法用常刑 用不越法也

③流宥五刑유유오형

【집해】 마융은 "유流는 추방하는 것이고, 유宥는 너그럽게 하는 것寬
이다. 첫째는 유소幼少(어린아이), 둘째는 노모老耄(늙은이), 셋째는 준우蠢
愚(굼뜨고 어리석은 자)이다. 오형五刑은 묵墨(이마에 먹물로 죄명을 새기는 것),
의劓(코를 벰), 비剕(종지뼈를 벰), 궁宮(거세함), 대벽大辟(사형)이다."라고 말
했다.

【集解】 馬融曰 流 放 宥 寬也 一曰幼少 二曰老耄 三曰蠢愚 五刑 墨 劓 剕
宮 大辟

【정의】 공안국은 "유방流放(유배)의 법으로써 오형을 관대하게 했다."
라고 말했다. 정현은 "삼유三宥는 첫째는 불식弗識(무식), 둘째는 과실過
失, 셋째는 유망遺忘(건망증)이다."라고 했다.

【正義】 孔安國云 以流放之法寬五刑也 鄭玄云 三宥 一曰弗識 二曰過失
三曰遺忘也

다섯 가지의 형벌을 유배형으로 대신하게 하고 무식하거나 과실을 행한 죄 등은 너그럽게 처리했다는 뜻이다.

④鞭作官刑편작관형

집해 마융은 "관리의 일을 분별해서 다스리기 위한 형벌이다."라고 말했다.

【集解】 馬融曰 爲辨治官事者爲刑

⑤扑作敎刑복작교형

집해 정현은 "복扑은 가초櫃楚(회초리)이다. 관리를 가르치기 위해 회초리를 치는 형벌로 했다는 것이다."라고 했다.

【集解】 鄭玄曰 扑 櫃楚也 扑爲敎官爲刑者

⑥金作贖刑금작속형

집해 마융은 "금金은 황금이다. 뜻은 좋았는데 공이 나쁘면 금金(돈)을 내서 속죄하게 했고, 경계하고 신중하지 않는 자는 연좌시켰다."라고 말했다.

【集解】 馬融曰 金 黃金也 意善功惡 使出金贖罪 坐不戒愼者

실수나 재난으로 지은 죄는 용서했고[1] 지은 죄를 끝까지 뉘우치지 않을 때는[2] 사형을 시켰다.[3] '삼가고 삼가 오직 형벌을 내릴 때는 신중하게 해야 한다!' 라고 말했다.[4]

眚烖過 赦[1] 怙終[2] 賊 刑[3] 欽哉 欽哉 惟刑之靜哉[4]

①眚災過赦생재과사

집해 정현은 "생재眚災(재난)는 사람이 근심과 피해를 만든 것이다. 과실이 있어서 비록 피해가 있어도 사면시켰다."라고 말했다.

【集解】 鄭玄曰 眚烖 爲人作患害者也 過失 雖有害則赦之

②怙終호종

집해 서광은 "다른 본에는 '중衆'으로 되어 있다."라고 말했다.

【集解】 徐廣曰 一作 衆

신주 호怙는 '믿는다'는 뜻으로서 호종은 《대명률大明律》에 따르면 믿는 구석이 있어서 다시 죄를 범하는 것을 뜻한다.

③賊刑적형

정현은 "그 간사한 것을 믿고 종신토록 남을 해치게 되면 형(사형)을 사용한다."라고 말했다.

【集解】 鄭玄曰 怙其姦邪 終身以爲殘賊 則用刑之

뉘우침이 없는 자는 사형시켰다는 뜻이다.

④惟刑之靜哉유형지정재

서광은 "《금문상서》에는 '유형지밀재惟刑之謐哉(오직 형벌을 내릴 때는 삼가야 한다)'라고 쓰여 있다."고 말했다. 《이아》에는 "밀謐(삼가는 것)이 정靜(고요함)이다."라고 말했다.

【集解】 徐廣曰 今文云 惟刑之謐哉 爾雅曰 謐 靜也

'유형지밀재惟刑之謐哉'의 주석을 살펴보니 《고문상서》에는 '휼재恤哉'라고 쓰여 있고 또 《금문상서》에는 복생伏生이 입으로 암송했다고 되어 있는데 '휼恤'과 '밀謐'은 발음이 비슷해서 마침내 '밀謐'로 썼다."라고 말했다.

【索隱】 注 惟形之謐哉 案 古文作 恤哉 且今文是伏生口誦 衈謐聲近 逐作 謐也

'밀謐' 자에는 '고요하다'는 뜻과 '삼가다'라는 뜻이 함께 있다.

순舜이 후계 수업을 받다

환두讙兜가 공공共工을 추천해 아뢰자① 요堯임금은 "불가하다."
라고 말했으나 그래도 공공을 시험 삼아 공사工師로 삼아 보았
다.② 공공은 과연 음란하고 지나치게 괴벽했다.③

讙兜進言共工① 堯曰不可而試之工師② 共工果淫辟③

①讙兜進言共工환두진언공공

정의 환두讙兜는 혼돈渾沌이다. 공공共工은 궁기窮奇이다. 곤鯀은 도
올檮杌이다. 삼묘三苗는 도철饕餮이다. 《춘추좌전》에 "순이 요의 신하가
되어 사흉四凶(환두·공공·곤·삼묘)을 유배시켜 사방 변방으로 추방해서
이매魅魅(도깨비)를 막게 했다."고 했다.

【正義】 讙兜 渾沌也 共工 窮奇也 鯀 檮杌也 三苗 饕餮也 左傳云 舜臣堯

流四凶 投諸四裔 以禦魑魅也

②工師공사

공사工師는 지금의 대장경大匠卿과 같다.
【正義】 工師 若今大匠卿也

③淫辟음벽

辟은 '펵[匹亦反]'으로 발음한다.
【正義】 匹亦反

사악四嶽이 곤鯀을 추천해 홍수鴻水를 다스리자고 하자 요임금
은 불가하다고 했다. 사악이 시험해보자고 억지로 요구해 시험
삼아 등용했으나 공을 세우지 못했다. 그래서 백성들은 편안하
지 못했다.[1]
四嶽擧鯀治鴻水 堯以爲不可 嶽彊請試之 試之而無功 故百姓不便[1]

---

①故百姓不便고백성불편

곤은 사악의 천거로 요임금에게 등용되어 치수사업을 담당했

다. 그는 매년 홍수로 인한 백성들의 피해를 막기 위해 9년 동안 강둑을 쌓아 물길을 막는 일에 매진했으나 물을 다스리지 못하고 공을 세우지 못했다. 이 때문에 백성들을 편하게 하지 못하자 우산羽山에서 처형했다고 한다. 《술이기述異記》에는 "요가 곤에게 치수를 맡겼는데, 임무를 다하지 못하자 마침내 곤을 우산에서 죽이자 황능黃能으로 변해서 우천羽泉에 들어갔다. 지금 회계會稽의 우 사당에서 제사를 지낼 때 웅熊(곰)을 사용하지 않는다. 황능이란 곧 황웅黃熊(누런 곰)이다. 땅에 거주하면 웅熊이고, 강에 거주하면 능能이다."라고 말했다. 이는 곤이 우와 권력다툼 끝에 패해 죽음에 이르렀음을 암시하는 내용이다. 능能은 전설상의 짐승으로 곰[熊]과 비슷하게 생겼다고도 하고, 세발 달린 자라별[鼈]를 뜻하기도 한다고 한다.

삼묘三苗①는 강회江淮와 형주荊州에 있으면서② 자주 난을 일으켰다.

三苗① 在江淮 荊州②數爲亂

---

①三苗삼묘

집해 마융은 "삼묘三苗는 나라 이름이다."라고 했다.

【集解】 馬融曰 國名也

정의 《춘추좌전》에는 예부터 제후로서 왕명을 듣지 않는 자가 우虞에는 삼묘三苗가 있고 하夏에는 관觀과 호扈가 있다고 말했다. 공안국은 "진운씨縉雲氏의 후예가 제후가 되었는데 도철饕餮이라고 불렀다."고 했다. 오기吳起는 "삼묘국三苗國은 왼쪽에 동정호洞庭湖가 있고 오른쪽에 팽려호彭蠡湖가 있다."라고 했다. 상고해보니 동정洞庭은 호수 이름이며 악주岳州 파릉巴陵의 서남쪽 1리에 있어 남쪽으로 청초호靑草湖와 이어졌다. 팽려는 호수 이름이며 강주江州 심양현潯陽縣 동남쪽 52리에 있다. 천자가 북쪽에 있으므로 동정호는 서쪽에 있으니 왼쪽이 되고 팽려는 동쪽에 있으니 오른쪽이 된다. 지금 강주江州·악주鄂州·악주岳州는 삼묘三苗의 땅이다.

【正義】 左傳云自古諸侯不用王命 虞有三苗 夏有觀扈 孔安國云 縉雲氏之後爲諸侯 號饕餮也 吳起云 三苗之國 左洞庭而右彭蠡 案 洞庭 湖名 在岳州巴陵西南一里 南與青草湖連 彭蠡 湖名 在江州潯陽縣東南五十二里 以天子在北 故洞庭在西爲左 彭蠡在東爲右 今江州 鄂州 岳州 三苗之地也

신주 삼묘는 성이 강姜으로서 동이족이다. 환두·공공·곤과 함께 4죄라고 칭하는데 묘민苗民, 유묘有苗라고도 불린다.

②江淮荊州강회형주

정의 淮는 회淮로 읽는데 발음은 '회[胡罪反]'다. 회淮는 지금의 팽려호이다. 본래 형주荊州에 소속되었다. 《상서》에는 "남쪽으로 강수江水에 흘러들어 동쪽으로 물이 늪지로 돌아들어 팽려를 이룬다."고 한 것이 이것이다.

【正義】 淮 讀曰匯 音胡罪反 今彭蠡湖也 本屬荊州 尚書云 南入于江 東匯
澤爲彭蠡 是也

이에 순舜이 순수에서 돌아와 요임금에게 말했다. 공공을 유릉
幽陵으로 유배시켜① 북적北狄을 변화하게 하고,② 환두를 숭산崇
山으로 추방해③ 남만南蠻을 변화하게 하고, 삼묘三苗를 삼위산
三危山으로 옮겨④ 서융西戎을 변화하게 하고, 곤鯀을 우산羽山에
서 처형해⑤ 동이東夷를 변화시켜야 한다고 청했다. 요가 이를 받
아들여 네 죄인 [사죄四辠]을 처벌하자 천하가 모두 복종했다.

於是舜歸而言於帝 請流共工於幽陵① 以變北狄② 放驩兜於崇山③ 以
變南蠻 遷三苗於三危④ 以變西戎 殛鯀於羽山⑤ 以變東夷 四辠而天
下咸服

---

①共工於幽陵공공어유릉

집해 마융은 "유릉幽陵은 북쪽 변방이다."라고 말했다.

【集解】 馬融曰 北裔也

정의 《상서》와《대대례》에는 모두 '유주幽州'로 되어 있다. 《괄지지》
에는 "옛날 공성龔城이고 단주檀州 연락현燕樂縣의 경계에 있다. 옛 늙

은이들이 전해 이르기를 '순이 공공을 유주로 유배시켜 이 성에서 살게 했다'"라고 했다. 《신이경神異經》에는 "서북황西北荒에 사람이 있는데 사람의 얼굴에 붉은 머리꾸미개를 하고 뱀의 몸에 사람의 손과 발이 있으며 오곡과 새와 짐승을 먹으며 완악하고 어리석은데 이름을 공공이라 한다."라고 했다.

【正義】 尚書及大戴禮皆作 幽州 括地志云 故龔城在檀州燕樂縣界 故老傳云舜流共工幽州 居此城 神異經云 西北荒有人焉 人面 朱 蛇身 人手足 而食五穀禽獸 頑愚 名曰共工

②以變北狄이변북적

집해 서광은 "변變은 다른 판본에는 섭燮(조화시키다)으로 되어 있다."라고 말했다.

【集解】 徐廣曰 變 一作 燮

색은 변變은 그 형상과 의복을 바꾸어(變) 이적夷狄(이민족)과 같게 된 것을 이른 것이다. 서광은 '섭燮'이라고 했다. 섭은 조화이다.

【索隱】 變謂變其形及衣服 同於夷狄也 徐廣云作 燮 燮 和也

정의 사흉四凶을 네 변방으로 유배 보냈다는 말은 각각 사방의 이민족[四夷] 지역에 공공共工 등을 추방해서 중국의 풍속으로 만들게 한 것을 이른 것이다.

【正義】 言四凶流四裔 各於四夷放共工等爲中國之風俗也

③放驩兜於崇山방환도어숭산

집해　마융은 "남쪽 변방이다[南裔]"라고 말했다.

【集解】　馬融曰 南裔也

정의　《신이경》에는 "남방황南方荒(남쪽 끝) 안에 사람이 있다. 사람의 얼굴에 새의 부리를 하고 날개가 있다. 양쪽 손과 양쪽 발로 날개를 붙잡고 다니는데 바다 속의 물고기를 먹고 사람됨이 패려궂고 사나워 바람이나 비나 새나 짐승을 두려워하지 않고 범해서 죽어야 곧 중지하는데 이름이 환두驩兜이다."라고 말했다.

【正義】　神異經云 南方荒中有人焉 人面鳥喙而有翼 兩手足扶翼而行 食海中魚 爲人很惡 不畏風雨禽獸 犯死乃休 名曰驩兜也

④遷三苗於三危천삼묘어삼위

집해　마융은 "서쪽 변방이다[西裔]"라고 말했다.

【集解】　馬融曰 西裔也

정의　《괄지지》에는 "삼위산三危山에는 3개의 봉우리가 있어서 삼위라고 했다. 세속에서는 또한 비우산卑羽山이라고 부른다. 사주沙州 돈황현敦煌縣 동남쪽 30리에 있다."라고 했다. 《신이경》에는 "서황西荒 안에 사람이 있다. 얼굴과 눈과 손과 발이 모두 사람의 형상이다. 겨드랑이 아래에 날개가 있는데 능히 날지는 못하고 사람됨이 도철饕餮과 같고

음란한 짓을 하는 것이 이치가 없는데 묘민苗民이라고 이름 한다."라고
했다. 또《산해경》의 대황북경大荒北經에는 "흑수黑水의 북쪽에 사람이
있는데 날개가 있으며 묘민이라고 부른다."라고 했다.

【正義】 括地志云 三危山有三峯 故曰三危 俗亦名卑羽山 在沙州敦煌縣東
南三十里 神異經云 西荒中有人焉 面目手足皆人形 而胳下有翼不能飛 爲
人饕餮 淫逸無理 名曰苗民 又山海經云大荒北經 黑水之北 有人有翼 名曰
苗民也

신주 공공·환두·삼묘·곤을 사죄四罪라는 이름으로 불렀다. 모두
이족夷族의 우두머리로서 공공共工은 전욱과 제위를 다투다가 패했는
데, 중국에서는 수신水神으로 여긴다. 환두驩兜는 근래 중국 학계에서
양자강 중하류의 묘만苗蠻족을 뜻한다고 보고 있다. 삼묘는 '묘민苗民'
'유묘有苗'라고도 하는데, 양자강 중류 남쪽 일대에 살았다고 보고 있
다. 양계초梁啓超는 삼묘의 묘苗는 만蠻을 뜻하는데 요순시대에는 삼묘,
춘추 때는 만蠻이라고 불렀다고 했다. 묘민은 구려九黎의 후손들인데
치우가 구려의 통치자였으므로 이들 역시 동이족이라는 사실을 알 수
있다. 묘민족들에게 복희와 치우를 민족의 시조와 조상으로 묘사한 신
화와 전설이 많은 것은 이 때문이다. 곤鯀은 우왕의 부친인데《산해경山
海經》〈해내경海內經〉에는 "황제黃帝가 낙명駱明을 낳고, 낙명이 백마白
馬를 낳고, 백마가 곤을 낳았다."라고 말하고 있다. 사죄四罪는 하화족
들이 이족들을 내몰고 자신들을 중심으로 역사를 만들어 가는 과정에
서 생겨난 것으로 추측된다.

⑤殛鯀於羽山극곤어우산

집해 마융은 "극殛은 죽이는 것이다. 우산은 동쪽의 변방이다."라고
말했다.

【集解】 馬融曰 殛 誅也 羽山 東裔也

정의 殛은 '격[紀力反]'으로 발음한다. 공안국은 "극殛·찬竄·방放·
류流는 모두 죽이는 것이다."라고 말했다.

《괄지지》에는 "우산은 기주沂州 임기현臨沂縣 경내에 있다."라고 했
다. 《신이경》에는 "동방에 사람이 있다. 사람의 형체에 몸에는 털이 많
고 스스로 물이나 흙을 잘 알아서 통하고 막히는 것을 안다. 사람됨이
자기 멋대로 하고자 하고 쉬고자 하는데 대개 이를 곤이라고 한다."라고
했다.

【正義】 殛音紀力反 孔安國云 殛 竄 放 流 皆誅也 括地志云 羽山在沂州臨
沂縣界 神異經云 東方有人焉 人形而身多毛 自解水土 知通塞 爲人自用 欲
爲欲息 皆 {曰} 云是鯀也

신주 기주沂州 임기현臨沂縣은 현재 산동성山東省 남쪽이다. 이 무렵
중국의 동쪽 경계에는 산동성이 포함되지 않았음을 알 수 있다. 현재
임기에 동이문화박물관이 있어서 복희·치우·소호·순 임금 등을 동이
족이라고 인정하고 있다. 치우 겨레는 한 갈래가 남방으로 가서 백족白
族·묘족苗族 등이 되고, 한 갈래가 동북쪽 몽골과 만주 일대로 가서 한
족韓族·말갈족 등이 되고, 한 갈래는 산동성 방향으로 가서 동이족이

되었다고 여겨지는데 이런 사실을 말해주는 구절이다.

> 요임금이 제위에 오른 지 70년 만에 순을 얻었다. 20년 후에 늙
> 게 되자 순에게 천자의 정사를 대행케 하고 하늘에 추천했다. 요
> 임금이 제위에서 물러난 지 28년 만에 붕어했다.[①]
>
> 堯立七十年得舜 二十年而老 令舜攝行天子之政 薦之於天 堯辟位
> 凡二十八年而崩[①]

①堯辟位凡二十八年而崩요피위범이십팔년이붕

집해 서광은 "요임금이 총 98년간 재위에 있었다."라고 했다. 배인이
살펴보니 《황람》에는 "요총堯冢(요의 무덤)은 제음濟陰 성양城陽에 있다."
라고 했다. 유향은 "요임금은 제음에 장사지냈는데 구롱丘壠이 모두 작
았다."라고 했다. 《여씨춘추》에는 "요임금을 곡림穀林에 장사지냈다."라
고 했다. 황보밀은 "곡림穀林은 곧 양성陽城이다. 요堯는 평양平陽에 도
읍했는데《시경》에서 말한 당국唐國이다."라고 말했다.

【集解】 徐廣曰 堯在位凡九十八年 駰案 皇覽曰 堯冢在濟陰城陽 劉向曰
堯葬濟陰 丘壠皆小 呂氏春秋曰 堯葬穀林 皇甫謐曰 穀林即城陽 堯都平陽
於詩爲唐國

정의 황보밀은 "요가 즉위한 지 98년이고 순이 섭정한 것이 28년으

로 총 117세였다."라고 말했다. 공안국은 "요임금이 수명은 116세였다."
라고 말했다. 《괄지지》에는 "요릉堯陵은 복주濮州 뇌택현雷澤縣 서쪽 3리
에 있다."라고 했다. 곽연생郭緣生의 《술정기述征記》에는 "양성현 동쪽에
요총堯冢이 있는데 또한 요릉堯陵이며 비碑가 있다."라고 한 것이 이것이
다. 《괄지지》에는 "뇌택현은 본래 한나라 성양현城陽縣이다."라고 했다.

【正義】 皇甫謐云 堯即位九十八年 通舜攝二十八年也 凡年百一十七歲 孔
安國云 堯壽百一十六歲 括地志云 堯陵在濮州雷澤縣西三里 郭緣生述征
記云 城陽縣東有堯冢 亦曰堯陵 有碑 是也 括地志云 雷澤縣本漢城陽縣也

신주 요임금의 재위기간과 나이에 대해서는 청나라 고증학자들이
합리적으로 받아들이기 힘들다고 말했다. 청나라 양옥승梁玉繩은 《사
기지의》에서 제요의 기년紀年에 관한 것은 착오가 많아서 믿을 수 없다
고 말했다. 즉 유지기의 《사통》〈의고〉 편과 《사기정의》에서 인용한 《죽
서기년》에 "순이 요를 성에 가두었다."는 기록으로 볼 때, 선양설은 만
들어진 내용으로 그 기년도 믿을 수 없다는 것이다. 순이 우에게 제위
를 물려주었다는 선양설을 사실로 만들기 위해 재위기간과 나이를 늘
렸다는 뜻이다. 낙빈기는 《금문신고》는 이렇게 말하고 있다.

　"《제왕세기》의 '제요는 스스로 20년에 제위에 올랐다.'는 기록에 근
거하여 수치를 계산하면, 제요의 딸이 우순에게 혼인하였던 때에 제요
는 이미 90세였으므로 60세 이전에 낳았을 그의 딸의 나이는 30세
이상은 되었을 것이다. 고대사회에서 씨족의 번성을 강구한 것이 모두
'15세에 혼인한다'는 전통 풍습이었을 것이라는 점에서 보면, 이는 절대
불가능하다."(『금문신고』 「전적집」)

황보밀은《제왕세기》에서 "요는 갑신甲申년에 태어나 갑진甲辰년에 즉위하고 갑오甲午년에 순舜을 얻고 갑인甲寅년에 순에게 천자의 일을 대행시키다가 신사辛巳년에 붕崩했다."라고 기록했다. 낙빈기는《금문신고》에서 "황보밀이 '요는 갑진년(서기전 2357년)에 즉위하고 신사년(서기전 2320년)에 붕어했다.'는 것은 금문의 연대기록과 일치한다"라고 썼다. 즉 제요의 재위기간은 38년이라는 것이다. 요의 재위기간과 나이가 지나치게 긴 것은 요·순 선양설을 사실로 만들기 위해 나이와 제위연대를 조정한 것으로 추측된다.

백성이 슬퍼하는 것이 부모상을 당한 것과 같았다. 3년의 상기喪期 동안 사방의 제후들이 음악을 연주하지 않았고[1] 요임금만을 추모했다.

百姓悲哀 如喪父母 三年 四方莫擧樂[1] 以思堯

---

①四方莫擧樂사방막거악

__정의__ 《상서尙書》에 "3년 동안 천하에 음악 소리가 끊겨 조용했다."라고 한 것이 이것이다.

【正義】 尙書 三載 四海遏密八音 是也

요임금은 아들 단주丹朱가 현명하지 못해서① 천하를 물려주기에 족하지 못하다는 것을 알고 권도權道로써 순에게 권력을 넘겨주었다.②

堯知子丹朱之不肖① 不足授天下 於是乃權授舜②

①丹朱之不肖단주지불초

[색은] 정현은 "초肖는 '닮은 것[似]'이다. 불사不似는 아버지를 닮지 않은 것을 말한다."라고 했다. 황보밀은 "요임금이 산의씨散宜氏 딸인 여황女皇에게 장가들어 단주를 낳았다. 또 서자庶子 아홉 명이 있었는데 모두 불초不肖했다."고 말했다.

【索隱】 鄭玄云 肖 似也 不似 言不如父也 皇甫謐云 堯娶散宜氏之女 曰女皇 生丹朱 又有庶子九人 皆不肖也

②於是乃權授舜어시내권수순

[색은] 부자가 이어서 즉위하는 것은 상도常道이다. 어진 이를 구해서 선위禪位하는 것은 권도權道이다. 권도權道는 상도常道에는 반하지만 도道에는 합당한 것이다.

【索隱】 父子繼立 常道也 求賢而禪 權道也 權者 反常而合道

오제五帝는 천하를 관장하다가 늙으면 곧 어진 이에게 선양했다. 그러므로 권權으로써 순임금을 시험한 것이다.

【正義】 五帝官天下 老則禪賢 故權試舜也

순에게 천하를 넘겨주면 천하는 그 이로운 것을 얻게 되고 단주만이 원망할 뿐이지만 단주에게 천하를 넘겨준다면 천하의 백성은 원망할 것이며 단주만이 그 이로운 것을 얻게 될 것이다. 요임금이 말했다.

"결코 천하의 원망을 들으면서 한 사람만의 이익을 위하지는 않을 것이다."

마침내 순에게 천하를 물려주었다. 요임금이 붕어하고 3년 상을 마치자 순은 천하를 사양하고 단주를 피해 하남河南 남쪽으로 갔다.[1]

授舜 則天下得其利而丹朱病 授丹朱 則天下病而丹朱得其利 堯曰 終不以天下之病而利一人 而卒授舜以天下 堯崩 三年之喪畢 舜讓 辟丹朱於南河之南[1]

①舜讓辟丹朱於河南之南순양피단주어하남지남

[집해] 유희劉熙는 "하남은 구하九河의 가장 남쪽에 있는 것이다."라고 말했다.

【集解】 劉熙曰 南河 九河之最在南者

정의 《괄지지》에는 "옛 요성堯城은 복주濮州 견성현鄄城縣 동북쪽 50리에 있다."라고 했다. 《죽서竹書》에는 "옛날 요의 덕이 쇠해서 순에 게 갇히게 되었다. 또 언주偃州에 옛 성이 있는데 현의 서북쪽 15리에 있다."라고 했다. 《죽서》에는 "순이 요를 가두고 다시 단주를 쓰러뜨려 아버지와 서로 만나지 못하게 막았다."라고 했다. 살펴보니 복주 북쪽은 탑수漯水에 닿는데, 탑수는 대천大川이다. 하수河水는 요도堯都의 남쪽 에 있으므로 하남河南이라고 했다. 《상서》〈우공禹貢〉에 "하남에 이르렀 다."라고 한 것이 이것이다. 그 언주성偃朱城은 곧 "순이 사양하고 하남 남쪽에서 단주를 피했다."고 한 곳이다.

【正義】 括地志云 故堯城在濮州鄄城縣東北十五里 竹書云昔堯德衰 爲舜 所囚也 又有偃朱故城 在縣西北十五里 竹書云舜囚堯 復偃塞丹朱 使不與 父相見也 案濮州北臨漯 大川也 河在堯都之南 故曰南河 禹貢 至于南河 是 也 其偃朱城所居 即 舜讓避丹朱於南河之南 處也

신주 공자는 《서경》에서 요가 순에게 제위를 선양했다고 썼으며 《논 어》를 비롯한 여러 저작에서 선양을 높이 평가했고, 사마천도 선양을 높였다. 그러나 《한비자》〈설의說疑〉편에는 "순이 요를 핍박하고 우가 순을 핍박하고 탕湯이 걸傑을 쫓아내고 무왕이 주紂를 쳤는데, 이 네 왕들은 신하로서 왕을 시해하였으나 천하가 그들을 명예로 받들었다." 고 써서 요·순은 물론 순·우 간의 왕위 교체가 폭력에 의한 것이라고 주장했다. 《정의》에 인용한 《죽서》(죽서기년)에는 "순이 요를 가두고 (요의 아들) 단주를 쓰러뜨려 아버지와 서로 만나지 못하게 막았다."면서 "순이 요를 평양平陽에 가두고 제위를 취하였다. 순이 요를 평양으로 추방했다."라고도 썼다.

당나라의 유지기劉知幾도 《사통史通》 〈의고擬古〉에서 선양설을 부인하여 "《서경》 〈요전堯傳 서序〉에 '(단주가) 장차 제위에서 물러나려고 제순에게 양보했다.'고 했고 공안국의 주석에는 '제요는 아들 단주가 불초한 것을 알았기 때문에 선위하려는 뜻이 있었다.'고 했다. 그런데 《급총쇄어汲塚鎖語》에는 '순이 요를 평양으로 추방했다.'고 했으며 어떤 책에는 '어느 곳에 성이 있는데 이름은 수요囚堯(요를 가둠)라고 불렀다.'고 했다. …… 그렇다면 요가 순에게 양보했다는 사실은 분명하다고 보기 어려우며, 나라를 양보했다는 말은 단지 빈 말일 뿐이다."라고 말했다. 《급총쇄어》나 《죽서》의 내용으로 볼 때 공자나 사마천은 선양설을 높여 후대 임금들에게 천하의 덕 있는 인재에게 왕위를 물려주지 않고 자식에게 물려주는 것을 부끄럽게 여기려 한 것으로 추측할 수 있다. 고사변학파의 고힐강顧詰剛도 《선양전설기어묵가고禪讓傳說起於墨家考》에서 선양설이 처음 《묵자》에서 나와 공자가 이를 채택했다고 보았다.

조회 드는 제후들이 단주에게 가지 않고 순에게 갔다. 송사를 다투는 자들도 단주에게 가지 않고 순에게 갔다. 은덕을 칭송해 노래하는 자들도 단주를 찬양해 노래하지 않고 순을 찬양해 노래했다. 순이 말했다.

"하늘이 하신 일이다."

뒤에 중국中國으로 가 천자의 자리에 올랐다.[①] 이 이가 '순임금[帝舜]'이다.

諸侯朝覲者不之丹朱而之舜 獄訟者不之丹朱而之舜 謳歌者不謳歌丹朱而謳歌舜 舜曰 天也 夫而後之中國踐天子位焉[①] 是爲帝舜

①夫而後之中國踐天子位焉부이후지중국천천자위언

집해 유희劉熙는 "천자의 지위는 오랜 세월 비는 것이 불가하다. 이에 드디어 돌아와 문조文祖에 이르러 제위를 맡았다. 제왕이 도읍한 곳이 중심[中]이 된다. 그러므로 '중국中國'이다."라고 했다.

【集解】 劉熙曰 天子之位不可曠年 於是遂反 格于文祖而當帝位 帝王所都 爲中 故曰中國

신주 원래 중국은 주周나라의 수도 낙양洛陽과 그 북쪽 황하 유역을 일컫는 작은 개념이었다. 이 일대 지역을 주나라에서 천하의 가운데 란 뜻의 중中이라고 자칭하면서 중국이란 개념이 나타났다. 이후 자신들을 하화夏華라고 하고, 사방의 이족夷族들을 동이東夷·서융西戎·남만南蠻·북적北狄으로 나누고 사이四夷라고 불렀다. 여기에서 천하를 중국을 뜻하는 화華와 사방의 이夷를 뜻하는 화이관華夷觀이 생겨났다. 그러나 주나라를 세운 주족周族 역시 이夷의 하나에 지나지 않았다.

제5장

제순

순임금은 동이 사람

우순虞舜①은 이름이 중화重華이다.②

虞舜①者 名曰重華②

①虞舜者우순자

집해 《시법》(시호법)에는 "인성성명仁聖盛明(재덕이 뛰어나고 아주 현명한 것)을 순舜이라고 부른다."라고 했다.

【集解】 諡法曰 仁聖盛明曰舜

색은 우虞는 나라 이름이다. 하동 대양현大陽縣에 있다. 순舜은 시호이다. 황보밀은 "순의 자字는 '도군都君'이다."라고 말했다.

【索隱】 虞 國名 在河東大陽縣 舜 諡也 皇甫諡云 舜字都君也

정의 《괄지지》에는 "옛 우성虞城은 섬주陝州 하북현河北縣 동북쪽 50리 우산虞山 위에 있다."고 했다. 역원酈阮(역도원)이 주석한 《수경》의 주석에는 간교幹橋 동북쪽에 우성虞城이 있는데 요가 딸을 우의 땅으로 시집보낸 곳이라고 했다. 또 송주宋州의 우성虞城은 대양국大襄國을 봉한 읍인데 두예가 이르기를 "순의 후손이 제후이다."고 말했다. 또 월주越州 여요현餘姚縣은 고야왕顧野王이 이르기를, 순의 후손과 지서支庶(맏아들 이외의 아들들과 서자들)를 봉한 땅이라고 했다. 순의 성은 요姚이므로 여요餘姚라고 했다.

현縣의 서쪽 70리에 한漢나라 때 상우上虞 옛 현이 있다. 《회계구기會稽舊記》에는 순은 상우 사람이고, 우에서 30리 거리에 요구姚丘가 있는데 곧 순이 태어난 곳이라고 했다. 주처周處의 《풍토기風土記》에는 "순은 동이 사람이고 요구에서 태어났다고 했다. 《괄지지》에는 또 요허姚墟는 복주濮州 뇌택현雷澤縣 동쪽의 13리에 있다고 했다. 《효경원신계孝經援神契》에는 순은 요허姚墟에서 태어났다고 했다. 상고해보니 두 가지 설명이 자세하지 못하다.

【正義】 括地志云 故虞城在陝州河北縣東北五十里虞山之上 酈元注水經云幹橋東北有虞城 堯以女嬪于虞之地也 又宋州虞城大襄國所封之邑 杜預云舜後諸侯也 又越州餘姚縣 顧野王云舜後支庶所封之地 舜姚姓 故云餘姚 縣西七十里有漢上虞故縣 會稽舊記云舜上虞人 去虞三十里有姚丘 即舜所生也 周處風土記云舜東夷之人 生姚丘 括地志又云 姚墟在濮州雷澤縣東十三里 孝經援神契云舜生於姚墟 案 二所未詳也

신주 순은 오제의 다섯 번째 임금으로 요성姚姓이고, 우씨虞氏로서 이름이 중화重華이고, 자가 도군都君이다. 제전욱의 아들 궁선의 후예로서 아버지는 고수瞽叟이고 어머니는 악등握登이다. 소호의 동복同腹 형제인 창의의 아들 제전욱의 6세 손이다. 맹자는 "순은 제풍諸馮에서 태어나 부하負夏로 천도해서 명조鳴條에서 세상을 떠났으니 동이 사람이다."《맹자》〈이루離婁 하〉)라고 말했고 《풍토기》에도 "순은 동이 사람"이라고 말하고 있는 것처럼 순이 동이족인 것은 의심의 여지가 없다.

황제에서 순까지 계보도

황제 — 창의 — 전욱 — 궁선 — 경강 — 구망 — 교우 — 고수 — 순

②重華중화

집해 서광은 "황보밀은 '순은 요임금 재위 21년 갑자甲子생이고 31년 갑오甲午에 불려서 등용되어 79년 임오壬午년에 진위眞位(왕위)에 나가서 100세 계묘癸卯년에 붕어했다.'고 했다."라고 말했다.

【集解】 徐廣曰 皇甫謐云 舜以堯之二十一年甲子生 三十一年甲午徵用 七十九年壬午即眞 百歲癸卯崩

정의 《상서》에는 "중화는 제帝(요임금)와 합치한다."라고 말했다. 공안국은 "화華는 문덕文德을 이른 것이며 그 빛나는 문채가 요임금과 거듭 합치한 것을 말한 것이다."라고 말했다. 고수瞽叟(순의 아버지)의 성씨는 규嬀이다. 아내는 악등握登인데 큰 무지개를 보고 마음으로 느껴 순

舜을 요허姚墟에서 낳았으므로 성을 요姚라고 했다. 눈동자가 겹쳐졌기에 중화重華라고 했다. 자字는 도군이다. 용안에 입이 컸으며 흑색黑色이고 신장이 6자 1치였다.

【正義】 尚書云 <重華協於帝 孔安國云 華謂文德也 言其光文重合於堯 瞽叟姓嬀 妻曰握登 見大虹意感而生舜於姚墟 故姓姚 目重瞳子 故曰重華 字都君 龍顔 大口 黑色 身長六尺一寸

중화의 아버지는 고수瞽叟이고[1] 고수의 아버지는 교우橋牛이다.[2] 교우의 아버지는 구망句望이고[3] 구망의 아버지는 경강敬康이다. 경강의 아버지는 궁선窮蟬이고 궁선의 아버지는 전욱顓頊이다. 전욱의 아버지는 창의昌意이다. 창의에서 순임금까지 7대七代에 이른다. 궁선으로부터 제순帝舜에 이르기까지는 모두가 미천한 서인庶人이었다.[4]

重華父曰瞽叟[1] 瞽叟父曰橋牛[2] 橋牛父曰句望[3] 句望父曰敬康 敬康父曰窮蟬 窮蟬父曰帝顓頊 顓頊父曰昌意 以至舜七世矣 自從窮蟬以至帝舜 皆微爲庶人[4]

---

①瞽叟고수

정의 叟의 발음은 '수[先后反]'이다. 공안국은 "눈이 없는 사람을 고瞽라 한다. 순의 아버지는 눈은 있었지만 좋고 나쁜 것을 분별하지 못했

다. 그래서 당시 사람들이 고라고 일렀다. 이 글자에 짝해서 '수瞍'라고
했다. 수瞍는 눈이 없는 것을 일컫는다.

【正義】 瞍 先后反 孔安國云 無目曰瞽 舜父有目不能分別好惡 故時人謂
之瞽 配字曰瞍 瞍 無目之稱也

②橋牛교우

　정의　 橋는 또 발음이 '교嬌'이다.

【正義】 橋又音嬌

③句望구망

　정의　 句의 발음은 '구[古侯反]'이고, 뎔의 발음은 '망亡'이다.

【正義】 句 古侯反 望音亡

④皆微爲庶人개미위서인

　신주　 제전욱의 아들인 궁선부터 순까지 모두 서인이라는 설명은 자
연스럽지 못하다. 청나라 양옥승은 《사기지의》에서 《사기》〈오제본기〉
에 나오는 제왕들의 계보에 문제가 많다면서 그 모순을 열거했다.

　"전욱은 황제의 손자이고 제곡은 황제의 증손이며 순은 9세손이고,
요堯·우禹·설契·직稷은 모두 황제의 원손元孫이다…… 황제가 붕어
하니 둘째 아들 창의의 아들 전욱에게 전하고, 전욱이 붕어하니 백부

현효의 손자 제곡에게 전하고, 제곡이 붕어하니 넷째 왕비의 아들 지와 셋째 왕비의 아들 요에게 전하고, 요가 붕어하니 아래로 친족 태자의 아들 순에게 내려 전하고, 순이 붕어하니 위로 4세 할아버지 우에게 전했다고 하는데, 어지럽고 어그러짐을 면하지 못한다. 시험삼아 생각해 보면 황제는 왜 적장자인 현효(소호)에게 전하지 않았는가? 전욱은 왜 후사를 궁선에게 전하지 않았는가?"

양옥승이 분석한 대로 《사기》〈오제본기〉의 계보는 부자연스럽다. 사마천이 태호·신농·소호를 배제하고 황제를 시조로 하는 하화족 계보를 만드는 과정에서 생긴 모순들이라고 할 수 있다.

순의 아버지 고수瞽叟는 맹인이었다. 순의 어머니가 세상을 떠나자 고수는 다시 아내를 맞아들여 상象을 낳았는데 상象은 오만 방자했다. 고수는 후처의 자식을 사랑하고 항상 순舜을 죽이고자 했으나 그때마다 순이 도망 다녔고 작은 과실이 있으면 벌을 받았다. 아버지와 계모를 순종하고 섬겼으며 아우와 잘 지냈고 날마다 독실하게 몸을 삼가고 게으름을 피우지 않았다.

舜父瞽叟盲 而舜母①死 瞽叟更娶妻而生象 象傲 瞽叟愛後妻子 常欲殺舜 舜避逃 及有小過 則受罪 順事父及後母與弟 日以篤謹 匪有解

---

①舜母순모

색은 황보밀은 "순舜의 어머니 이름은 악등인데 순을 요허에서 낳아서 요를 성씨로 삼았다."라고 말했다.

【索隱】 皇甫謐云 舜母名握登 生舜於姚墟 因姓姚氏也

순舜은 기주冀州 사람이다.[1] 순은 역산歷山에서 농사를 짓고[2] 뇌택雷澤에서 고기를 잡고[3] 하빈河濱에서 질그릇을 구웠다.[4]

舜 冀州之人也[1] 舜耕歷山[2] 漁雷澤[3] 陶河濱[4]

---

①冀州之人也기주지인야

정의 포주蒲州 하동현河東縣은 본래 기주冀州에 속해 있었다.《송영초산천기宋永初山川記》에는 "포판성蒲坂城 안에 순묘舜廟가 있고, 성 밖에는 순의 집과 이비二妃(순의 두 부인)의 단壇이 있다."라고 했다.《괄지지》에는 "규주嬀州에는 규수嬀水가 있는데 물의 근원은 성안에서 나온다.《기구전耆舊傳》(나이 많은 사람들의 이야기를 적은 책)에는 '곧 순이 거처하던 규예嬀汭 땅에 내려온 두 딸을 보살핀 곳이라고 했다. 외성外城 안에는 순정舜井이 있고 성북城北에는 역산이 있고 산 위에는 순묘舜廟가 있다고 했는데 자세하지 않다."라고 했다. 살펴보니 규주를 또한 기주성이라고 한 것이 이것이다.

【正義】 蒲州河東縣本屬冀州 宋永初山川記云 蒲坂城中有舜廟 城外有舜宅及二妃檀 括地志云 嬀州有嬀水 源出城中 耆舊傳云即舜釐降二女於嬀汭之所 外城中有舜井 城北有歷山 山上有舜廟 未詳 案 嬀州亦冀州城是也

②耕歷山경력산

집해   정현은 "하동河東에 있다."라고 했다.

【集解】 鄭玄曰 在河東

정의   《괄지지》에는 "포주 하동현 뇌수산雷首山은 일명 중조산中條
山이라고 하고 또 역산이라고 하며, 또 수양산首陽山이라고 하고 또 포
산蒲山이라고 하고 또 양산襄山이라고 하고 또 감조산甘棗山이라고 하고
또 저산猪山이라고 하고 또 구루산狗頭山이라고 하고 또 박산薄山이라고
하고 또 오산吳山이라고도 한다. 이 산은 서쪽 뇌수산에서 시작해 동쪽
오판吳坂까지 모두 열한 개의 이름이 있는데 주州와 현縣에 따라 나누
어진다. 역산 남쪽에 순정舜井이 있다."라고 말했다. 또 이르기를 "월주
越州 여요현餘姚縣 역산에 순정이 있고, 복주 뇌택현 역산에도 순정이
있는데, 두 곳에 또 요허姚墟가 있어서 순임금이 태어난 곳이라고 이른
다. 규주 역산 순정에 이르기까지 모두 순임금이 밭을 간 곳이라고 이
르는데 자세하지 않다."라고 했다.

【正義】 括地志云 蒲州河東縣雷首山 一名中條山 亦名歷山 亦名首陽山
亦名蒲山 亦名襄山 亦名甘棗山 亦名猪山 亦名狗頭山 亦名薄山 亦名吳山
此山西起雷首山 東至吳坂 凡十一名 隨州縣分之 歷山南有舜井 又云 越州
餘姚縣有歷山舜井 濮州雷澤縣有歷山舜井 二所又有姚墟 云生舜處也 及
嬀州歷山舜井 皆云舜所耕處 未詳也

신주   《정의》에서는 순이 농사지었다는 역산의 위치에 대해 여러 곳

에 있다고 설명해 놓았지만 산동의 복주 뇌택현 역산이 가장 유력하다. 고사변학파의 양관楊寬은 《중국상고사 도론》에서 하동의 역산은 먼 곳으로 순이 농사짓던 곳이 아니라고 말했다. 《중국 고금지명대사전》에 산동성 복현濮縣 동남쪽에 역현이 있다고 썼는데, 이곳이 순이 활동한 역산일 가능성이 크다.

③漁雷澤어뢰택

집해 정현은 "뇌하雷夏는 연주兗州에 있는 연못인데 지금은 제음濟陰에 속해 있다."라고 말했다.
【集解】 鄭玄曰 雷夏 兗州澤 今屬濟陰

정의 《괄지지》에는 "뇌하택雷夏澤은 복주 뇌택현 성곽 밖 서북쪽에 있다."라고 말했다. 《산해경》에는 "뇌택에는 뇌신雷神이 있는데 용의 몸에 사람의 머리를 하고 그 배를 두드리면 우렛소리가 난다."라고 했다.
【正義】 括地志云 雷夏澤在濮州雷澤縣郭外西北 山海經云雷澤有雷神 龍身人頭 鼓其腹則雷也

신주 순이 물고기를 잡았다는 뇌택이 있는 제음은 현재 산동성 정도定陶현으로 비정한다. 이곳은 양국梁國이 있던 곳으로, 서한 경제景帝 중원中元 6년(서기전 144) 양국을 나누어 제음국을 설치했는데, 다스리는 치소는 현 산동성 정도현 서북쪽인 정도현이었다.

④陶河濱도하빈

집해 황보밀은 "제음군 정도현 서남쪽 도구정陶丘亭이 이곳이다."라
고 했다.

【集解】 皇甫謐曰 濟陰定陶西南陶丘亭是也

정의 상고해보니 조주曹州 빈하濱河에서 와기瓦器를 만들었다. 《괄지
지》에 "도성은 포주 하동현 북쪽 30리에 있는데 곧 순이 도읍한 땅이
다. 남쪽에서 역산까지 거리는 멀지 않다. 어떤 이는 밭을 갈았다고 하
고 어떤 이는 질그릇을 구웠다고 하는데, 있었다는 곳은 그럴 수 있지
만 하필이면 정도에서 질그릇을 구웠겠는가? 순이 질그릇을 구웠다는
곳이 혹 이곳 하나뿐이겠는가?"라고 말했다.

【正義】 案 於曹州濱河作瓦器也 括地志云 陶城在蒲州河東縣北三十里 即
舜所都也 南去歷山不遠 或耕或陶 所在則可 何必定陶方得爲陶也 舜之陶
也 斯或一焉

신주 순이 질그릇을 구웠다는 하빈에 대해 《집해》는 제음 정도현 서
남쪽 도구정이라고 말했는데, 이곳 역시 지금의 산동성 하택荷澤시 정
도현 서남쪽에 있는 곳이다. 순이 활동한 곳은 모두 동이족의 활동지인
산동성 경내였다.

여러 가지의 기물을 수구壽丘에서 만들었고[①] 필요한 때에는 부하負夏로 나아가기도 했다.[②]

作什器於壽丘[①] 就時於負夏[②]

①作什器於壽丘작십기어수구

집해 황보밀은 "수구壽丘는 노魯 동문 북쪽에 있다."라고 말했다.
【集解】 皇甫謐曰 在魯東門之北

색은 십기什器의 십什은 수數이다. 대개 인가人家에서 늘 사용하는 기물이 하나는 아니다. 그러므로 십十으로써 수를 삼았으니 마치 지금의 '십물什物'과 같은 것이다. 수구는 지명인데, 황제가 출생한 곳이다.
【索隱】 什器 什 數也 蓋人家常用之器非一 故以十爲數 猶今云 什物也 壽丘 地名 黃帝生處

정의 壽는 발음이 '수受'다. 안사고는 "군법軍法에는 다섯 사람[伍人]으로 오伍를 만들고 이오二伍는 십什이 되어 기물을 함께 사용한다. 그래서 끊임없이 생겨나는 기구를 십기什器라고 했는데, 또한 마치 종군從軍하거나 사역하는 자 열 사람이 화火를 만들어 함께 저축해서 고르게 사용하는 제도와 같은 것이다."라고 했다.
【正義】 壽音受 顏師古云 軍法 伍人爲伍 二伍爲什 則共器物 故謂生生之

具爲什器 亦猶從軍及作役者十人爲火 共畜調度也

신주 순이 기물을 만든 수구가 있었다는 노魯는 지금의 산동성 곡
부曲阜를 뜻한다. 공자의 고향이기도 하다. 그 북쪽에 황제의 탄생지와
소호의 무덤이 있다.

②就時於負夏취시어부하

집해 정현은 "부하負夏는 위衛나라 땅이다."라고 말했다.
【集解】 鄭玄曰 負夏 衞地

색은 취시就時는 축시逐時와 같으며 때를 타서 요행으로 이익을 얻으
려는 것과 같은 것이다. 《상서대전》에는 "돈구頓丘에서 판매하고 필요한
때마다 부하負夏로 나아갔다."라고 말했다. 《맹자》에 '부하에 옮겨 살
다.'라고 한 것이 이것이다.
【索隱】 就時猶逐時 若言乘時射利也 尚書大傳曰 販於頓丘 就時負夏 孟
子曰 遷于負夏 是也

신주 중국에서 현재 부하를 산서성山西省 운성運城시 원곡신성垣曲
新城 북쪽 45㎞의 동선진同善鎮으로 비정하지만 순이 활동한 모든 지역
이 산동성인데, 부하만 산서성에 있다는 것은 이치에 맞지 않다.

순의 아버지 고수는 완악하였고 어머니는 어리석었으며 아우인 상은 오만해서 모두 순을 죽이려고 했다. 순은 순종하며 나아가 자식 된 도리를 잃지 않았고 형제간에는 우애하고 부모에게는 효도했다. 순을 죽이고자 했으나 죽이지 못했는데 곧 찾으면 일찍이 곁에 있었다. 순의 나이 20세에 효성으로 세상에 알려졌다. 30세에 제요帝堯(요임금)가 등용할 만한 자①가 있느냐고 묻자 사악四嶽이 모두 우순虞舜을 추천해서 등용할 만하다고 말했다. 이에 요임금이 두 딸(아황과 여영)을 순의 아내로 삼아 주어 그의 집안을 관찰케 했다. 또 아홉 명의 아들을 함께 거처하게 해서 집 밖의 행동도 살펴보았다. 순이 규수嬀水 물가에 거처하는데 안에서 행동을 더욱 조심했다. 또 요임금의 두 딸도 감히 귀한 신분이라도 교만하지 않았고 순과 그의 친척들을 섬겨② 부인의 도가 깊었다. 요임금의 9명의 아들들과도 모두 더욱 돈독해졌다.③

舜父瞽叟頑 母嚚 弟象傲 皆欲殺舜 舜順適不失子道 兄弟孝慈 欲殺不可得 即求 嘗在側 舜年二十以孝聞 三十而帝堯問可用者① 四嶽咸薦虞舜 曰可 於是堯乃以二女妻舜以觀其內 使九男與處以觀其外 舜居嬀汭 內行彌謹 堯二女不敢以貴驕事舜親戚② 甚有婦道 堯九男皆益篤③

①可用가용

정의 가용可用은 천자가 되는 것이 마땅하다고 이른 것이다.

【正義】 可用 謂可爲天子也

②堯二女不敢以貴驕事舜親戚요이녀불감이귀교사순친척

정의 두 딸이 감히 황제의 딸이라고 순의 친척들에게 교만하지 않았다는 뜻이다. 친척은 순의 아버지 고수, 계모와 동생 상, 누이동생 과수顆手 등이다.

【正義】 二女不敢以帝女驕慢舜之親戚 親戚 謂父瞽叟 後母弟象 妹顆手等也 顆音苦果反

③堯九男皆益篤요구남개익독

정의 독篤은 돈惇의 뜻이다. 오직 두 딸만이 공손하고 부지런하게 부도婦道를 한 것이 아니라 아홉 명의 아들도 순을 섬기는데 모두 더욱 두텁게 하고 삼가고 공경을 더했다는 것이다.

【正義】 篤 惇也 非唯二女恭勤婦道 九男事舜皆益惇厚謹敬也

순이 역산에서 밭을 갈면 역산의 백성이 모두 밭두둑을 양보했다.[1] 뇌택에서 고기잡이를 하면 뇌택 가의 사람들이 모두 고기 잡는 장소를 양보했다. 하빈에서 질그릇을 구우면 하빈의 그릇들이 모두 거칠거나 나쁘지 않았다.[2]

舜耕歷山 歷山之人皆讓畔[1] 漁雷澤 雷澤上人 皆讓居 陶河濱 河濱器皆不苦窳[2]

①歷山之人皆讓畔역산지인개양반

정의 《한비자》에는 "역산의 농사꾼들이 서로 침략했는데 순임금이 가서 농사를 지은 지 1년 만에 농사짓는 자들이 밭두둑을 사양했다."라고 했다.

【正義】 韓非子 歷山之農相侵略 舜往耕 朞年 耕者讓畔也

②河濱器皆不苦窳하빈기개불고유

집해 《사기음은史記音隱》에는 窳(이지러지다)의 발음은 '오[游甫反]'라고 했다. 배인은 "窳는 병病이란 뜻이다."라고 말했다.

【集解】 史記音隱曰 音游甫反 駟謂窳 病也

정의 苦는 '고鹽'와 같이 읽는데 발음은 '고古'다. '거칠다麤'는 뜻이고, 庾는 '유庾'라고 발음한다.

【正義】 苦 讀如鹽 音古 鹽 麤也 庾音庚

1년을 거처하자 마을을 이루었고[①] 2년을 거처하자 읍邑이 이루어졌고, 3년을 거처하자 도시가 이루어졌다.[②] 요임금이 이에 갈포 옷[③]과 거문고를 하사하고 창고를 만들어주었으며 소와 양을 주었다.

一年而所居成聚[①] 二年成邑 三年成都[②] 堯乃賜舜絺衣[③] 與琴 爲築 倉廩 予牛羊

---

①一年而所居成聚일년이소거성취

정의 聚는 발음이 '쥬[在喻反]'로서 촌락村落을 이룬 것을 이른다.

【正義】 聚 在喻反 謂村落也

②二年成邑三年成都이년성읍삼년성도

정의 《주례》교야郊野법에 이르기를 "구부九夫(아홉 장정)로 정井(마을 단위)을 만들고 사정四井으로 읍邑을 만들고 사읍四邑으로 구丘를 만들고 사구四丘로 전甸을 만들고 사전四甸으로 현縣을 만들고 사현四縣으로 도都를 만든다."라고 했다.

【正義】 周禮郊野法云 九夫爲井 四井爲邑 四邑爲丘 四丘爲甸 四甸爲縣 四縣爲都也

③絺衣치의

정의　絺는 발음이 '치[勑遲反]'이다. 치絺는 가는 갈포葛布 옷이다. 추탄생鄒誕生은 '지[竹几反]'로 발음한다고 했다.

【正義】 絺 勑遲反 細葛布衣也 鄒氏音竹几反

> 고수는 오히려 다시 순을 죽이고자 했다. 순에게 창고에 올라가 흙을 바르게 하고 고수는 아래에서 사람을 시켜 창고에 불을 질렀다. 순이 이에 삿갓 두 개로써 스스로 막으면서 뛰어내려 도망쳐 죽지 않았다.[1]
>
> 瞽叟尚復欲殺之 使舜上塗廩 瞽叟從下縱火焚廩 舜乃以兩笠自扞 而下 去 得不死[1]

---

①使舜上塗廩~去得不死사순상도름~거득불사

색은　삿갓으로 스스로 자신의 몸을 지킨 것이 마치 새가 날개를 펼쳐서 가볍게 아래로 내려서 손상당하지 않은 것을 말한 것이다. 황보밀은 "양립兩笠을 '양산兩繖(두 우산)'이라고 했다. 산繖은 립笠(삿갓)의 종류이다."라고 말했다. 《열녀전》에 "요임금의 두 딸이 순에게 새처럼 나는 방법을 가르쳐 창고에 오르게 했다."라고 한 것이 이것이다.

【索隱】 言以笠自扞己身 有似鳥張翅而輕下 得不損傷 皇甫謐云 兩繖 繖笠類 列女傳云 二女教舜鳥工上廩 是也

정의 《통사通史》에는 "고수가 순에게 창고를 수리하라고 시키자 순이 요임금의 두 딸에게 고했다. 두 딸이 '이때 그대를 불에 태우려고 하는 것이니 그대의 의상을 까치처럼 만들면 새처럼 날아갈 것이요'라고 말했다. 순이 이미 창고 위에 올라갔지만 화를 면하고 떠났다."고 말했다.

【正義】 通史云 瞽叟使舜滌廩 舜告堯二女 女曰 時其焚汝 鵲汝衣裳 鳥工往 舜既登廩 得免去也

신주 순임금을 시켜서 창고 위에 올라가 흙을 바르게 하고 고수는 아래에서 사람을 시켜 창고에 불을 놓게 했다. 순이 2개의 삿갓을 만들어 스스로를 방어하면서 새처럼 뛰어내려서 도망쳐 죽지 않았다는 뜻이다.

뒤에 고수는 또 순에게 우물을 파게 했다. 순이 우물을 파 들어 가면서 옆에 몰래 굴을 만들어① 탈출할 수 있게 해놓았다.② 순이 우물을 깊이 파 들어가자 고수와 상이 함께 우물 아래로 흙을 던 져 우물을 메워버렸다.③ 순은 숨겨 둔 굴을 따라 탈출해 갔다.④

後瞽叟又使舜穿井 舜穿井爲匿空① 旁出② 舜旣入深 瞽叟與象共下 土實井① 舜從匿空出 去②

①穿井爲匿空천정위익공

 색은 空의 발음은 '공孔'이다. 《열녀전》에 '용공입정龍工入井'이라고 했다.

【索隱】 音孔 列女傳所謂 龍工入井 是也

 신주 《열녀전》의 '용공입정龍工入井'이라는 말은 지금 전하는 《열녀 전》에는 없다. 곧 순임금이 우물을 팔 때 옷을 벗어 놓고 용공의龍工衣 를 입고 탈출했다는 뜻이다.

②旁出방출

 정의 순임금이 몰래 옆에 구멍을 파서 숨겨 두었다가 다른 우물을 따라서 나간 것을 말한 것이다. 《통사》에는 "순임금이 우물을 파려는데 또 두 여인에게 알렸다. 두 여인이 '그대의 의복을 버리고 용공龍工으로 가라'고 했다. 우물로 들어가자 고수가 상象과 함께 흙을 내려서 우물을 메우자 순임금이 다른 우물을 따라서 탈출했다."라고 말했다.

《괄지지》에는 "순정舜井은 규주 회융현懷戎縣 서쪽의 외성 안에 있다. 그 서쪽에 또 하나의 우물이 있는데, 《기구전》에는 순정과 더불어 순임금이 안에서 나온 곳"이라고 말했다. 《제왕기》에는 "하동에 순정이 있다고 했지만 자세하지 않다."라고 말했다.

【正義】 言舜潛匿穿孔旁 從他井而出也 通史云 舜穿井 又告二女 二女曰 去汝裳衣 龍工往 入井 瞽叟與象下土實井 舜從他井出去也 括地志云 舜井 在嬀州懷戎縣西外城中 其西又有一井 耆舊傳云並舜井也 舜自中出 帝王 紀云河東有舜井 未詳也

③共下土實井공하토실정

　색은　또한 우물을 메웠다고 쓴 것도 있다.

【索隱】 亦作 塡井

④舜從匿空出去순종익공출거

　집해　유희劉熙가 말하기를 "순이 권모술수로써 스스로 면했으니 또한 큰 성인으로 신인神人의 도움이 있는 것이다."라고 했다.

【集解】 劉熙曰 舜以權謀自免 亦大聖有神人之助也

고수와 상은 순이 죽은 것으로 여기고 기뻐하고 있었다. 상象이 말했다.

"본래 계획을 세운 자는 접니다."

상이 그의 부모와 순의 재물을 나누어 가지려 하면서 말했다.

"순의 아내인 요임금의 두 딸들과 거문고는 제가 가지겠습니다. 소와 양과 창고는 부모님께 드리겠습니다."

상이 이에 순의 방에 머물러 있으면서 그의 거문고를 탔다.[①]

순이 집으로 돌아가서 상을 보았다. 상이 깜짝 놀라고 기뻐하지 않는 얼굴로 말했다.

"나는 형兄을 생각하며 답답한 가슴을 가라앉히고 있었어요."

순이 말했다.

"그렇구나! 네가 형을 그렇게 생각하고 있었구나!"[②]

瞽瞍 象喜 以舜爲已死 象曰 本謀者象 象與其父母分 於是曰 舜妻堯二女 與琴 象取之 牛羊倉廩予父母 象乃止舜宮居[①] 鼓其琴 舜往見之 象鄂不懌 曰 我思舜正鬱陶 舜曰 然 爾其庶矣[②]

①宮居궁거

[정의] 궁宮은 곧 실室이다. 《이아》에는 "실室을 궁宮이라고 이른다."라고 했다. 예禮에는 "명사命士 이상은 아버지와 아들이 궁宮을 다르게 한다."라고 말했다.

【正義】 宮即室也 爾雅云 室謂之宮 禮云 命士已上 父子異宮也

②然爾其庶矣 연이기서의

[색은] 네가 오히려 형제의 정의에 가까이 해야 마땅할 것이라는 말이다. 《맹자》에서는 《상서》의 글을 취해 또 이르기를 '유자신서, 여기우여치[惟玆臣庶, 女其于予治](모든 관리들은 나를 위해 다스려달라)'고 했는데, 대개 상으로 하여금 나와 함께 신하와 백성을 다스리고자 한다는 뜻이었을 것이다.

【索隱】 言汝猶當庶幾於友悌之情義也 如孟子取尚書文 又云 惟玆臣庶 女其于予治 蓋欲令象共我理臣庶也

순이 다시 고수를 섬기고 아우인 상을 사랑하며 행동을 더욱 조심했다. 이에 요임금이 순에게 시험 삼아 오전五典과 백관들을 간여하게 했는데 모두 잘 다스렸다.
舜復事瞽叟愛弟彌謹 於是堯乃試舜五典百官 皆治

황제 자손들의 분열

옛날에 고양씨高陽氏는 8명의 재능 있는 아들을 두어서① 대대로
그들의 이로움을 얻었는데 그들을 팔개八愷라고 일렀다.②

昔高陽氏有才子八人① 世得其利 謂之 八愷②

①才子八人재자팔인

집해 《좌전》에 이름이 나와 있다.

【集解】 名見左傳

신주 고양씨는 제전욱을 뜻한다. 《좌전》 문공文公 18년 조에 아들
들의 이름이 나와 있다.

②八愷팔개

집해 가규賈達는 "개愷는 '화和'이다."라고 말했다.
【集解】 賈達曰 愷 和也

색은 《좌전》에는 사극史克이 노선공魯宣公의 물음에 대답하기를,
"옛날 고양씨에게 재자才子 8명이 있었는데, 팔개八愷는 창서倉舒, 퇴개
隤愷, 도연檮戢, 대림大臨, 방강尨降, 정견庭堅, 중용仲容, 숙달叔達이다."
라고 말했다.
【索隱】 左傳史克對魯宣公曰 昔高陽氏有才子八人 倉舒 隤愷 檮戢 大臨
尨降 庭堅 仲容 叔達

신주 창서倉舒는 훗날 《삼국지》에도 등장한다. 조조曹操는 현명했던
아들 조충曹沖에게 창서라는 이름을 따서 자字로 지어주고 후계자로 삼
으려고 했다. 하지만 조창서가 불행하게 일찍 죽자 조조는 그 이전에 명
의名醫라 불리던 화타華陀를 죽인 일을 후회하면서 만약 화타를 죽이지
않았다면 아들 창서를 살릴 수 있었을 것이라고 한탄한다.

고신씨高辛氏는 8명의 재능 있는 아들을 두었는데① 세상에서는
그들을 팔원八元이라고 일렀다.②
高辛氏有才子八人① 世謂之 八元②

①才子八人재자팔인

집해 이름이 《좌전》에 나타나 있다.
【集解】 名見左傳

신주 고신은 제곡帝嚳이다.《좌전》문공 18년 조에 있다.

②八元팔원

집해 가규賈逵는 "원元은 '선善'이다."라고 말했다.
【集解】 賈逵曰 元 善也

색은 《좌전》에는 "고신씨高辛氏에게는 재자才子 여덟 명이 있었는데 백분伯奮 · 중감仲堪 · 숙헌叔獻 · 계중季仲 · 백호伯虎 · 중웅仲熊 · 숙표叔豹 · 계리季貍이다."라고 말했다.
【索隱】 左傳 高辛氏有才子八人 伯奮 仲堪 叔獻 季仲 伯虎 仲熊 叔豹 季貍

이 열여섯 명의 후손들은 대대로 세상에서 그들의 아름다운 것들을 성취시켜① 그들의 명성을 떨어뜨리지 않았다.

此十六族者 世濟其美① 不隕其名

①十六族者世濟其美십육족자세제기미

색은 원元과 개愷는 각각 친족親族으므로로 족族이라고 일컬었다.
제濟는 '성成'인데 후대後代에서 전대前代의 일을 성취할 것이라고 말한
것이다.

【索隱】 謂元 愷各有親族 故稱族也 濟 成也 言後代成前代也

요임금 때 이르렀으나 요임금은 그들을 등용하지 못했다. 순임금
이 팔개八愷를 등용해 후토后土를 주관하게 했다.① 그들은 온갖
일들을 헤아려 시절의 순서를 따르지 않는 것이 없게 했다.②

至於堯 堯未能舉 舜舉八愷 使主后土① 以揆百事 莫不時序②

①使主后土사주후토

집해 왕숙王肅은 "군주가 구토九土를 다스리는 것이 마땅하다."라고
말했다. 두예는 "후토后土는 지관地官이다."라고 말했다.

【集解】 王肅曰 君治九土之宜 杜預曰 后土地官

색은 땅을 주관하는 것이다. 우禹가 사공司空이 되었는데 사공이 토
土를 주관했으니 곧 우禹도 팔개八愷 속에 있는 것이다.

【索隱】 主土 禹爲司空 司空主土 則禹在八愷之中

정의 《춘추정의春秋正義》에는 "후后는 군君이다. 하늘은 황천皇天이라고 하고 땅은 후토后土라고 한다."라고 했다.

【正義】 春秋正義云 后 君也 天曰皇天 地曰后土

②以揆百事莫不時序이규백사막불시서

정의 우禹가 구토九土를 마땅히 헤아려서 때에 맞춰 그 질서를 얻지 않는 것이 없었다고 말한 것이다.

【正義】 言禹度九土之宜 無不以時得其次序也

팔원八元을 등용해 오교五教를 사방으로 반포하게 했다.[①] 이에 아버지는 의롭고 어머니는 자애롭고 형은 우애롭고 아우는 공손하고 자식은 효도하니 국내는 평화스럽고 국외도 태평해졌다.[②]

舉八元 使布五教于四方[①] 父義 母慈 兄友 弟恭 子孝 內平外成[②]

---

①使布五教于四方사포오교우사방

색은 설契이 사도司徒가 되었는데, 사도는 오교를 펼치는 것인즉 설도 팔원의 수數에 들어 있는 것이다.

【索隱】 契爲司徒 司徒敷五教 則契在八元之數

②內平外成내평외성

정의 두예는 "안은 제하諸夏(중국)이고 바깥은 이적夷狄이다."라고 말
했다. 살펴보니 설이 오상五常의 가르침을 일으켜 중국[諸夏]을 태평하
게 하고 이적夷狄들이 교화로 향하게 했다는 것이다.

【正義】 杜預云 內諸夏 外夷狄也 案 契作五常之教 諸夏太平 夷狄向化也

옛날에 제홍씨帝鴻氏에게는 재주 없는 아들이 있었다.① 그는 의
를 가리고 도적들을 숨겨주고 흉하고 사특하게 행동하기를 좋
아해서 천하의 사람들이 '혼돈渾沌'이라고 일렀다.②

昔帝鴻氏有不才子① 掩義隱賊 好行凶慝 天下謂之渾沌②

---

①不才子부재자

집해 가규賈逵는 "제홍帝鴻은 황제이다. 재주 없는 아들은 그의 먼
자손인 환두讙兜이다."라고 했다.

【集解】 賈逵曰 帝鴻 黃帝也 不才子 其苗裔讙兜也

②掩義隱賊好行凶慝天下謂之渾沌엄의은적호행흉특천하위지혼돈

정의 특慝은 '악惡'이다. 다른 판본에는 '천하지민위지혼돈天下之民

謂之渾沌'으로 되어 있다. 혼돈渾沌은 곧 환두讙兜이다. 곧 의로운 일을 가리고 몰래 해쳐서 흉악한 것을 좋아하는 것을 말한 것이다. 그래서 혼돈이라고 일렀다.

두예는 "혼돈은 열려 있어도 통하지 않는 모양이다."라고 했다. 《신이경》에는 "곤륜산 서쪽에 짐승이 있는데 그 모양은 개와 같고 긴 털에 4개의 발이 있어 말곰(비羆)과 같지만 발톱이 없다. 눈이 있지만 보지를 못하고 움직이지만 펴지 못하고 두 개의 귀가 있지만 듣지 못하는데 사람과 같은 지성知性이 있으며, 배는 있지만 오장五藏이 없고 창자는 있지만 곧아서 돌지 않으므로 음식을 먹으면 곧바로 지나간다. 사람 중에 덕행이 있으면 가서 접촉하기를 거절하지만 흉한 덕이 있는 자에게는 가서 의지하고 기대니 이름을 혼돈이라 한다."고 했다.

또 《장자》에는 "남해의 제帝는 조儵라하고, 북해의 제帝는 홀忽이라 하고, 중앙中央의 제帝는 혼돈渾沌이라 한다. 조儵와 홀忽이 혼돈의 땅에서 서로 만나면 혼돈은 그들을 매우 잘 대접한다. 조와 홀이 계획을 세워 혼돈의 덕에 보답코자 해서 이르기를 '사람은 모두 7개의 구멍이 있어서 보고 듣고 먹고 숨을 쉬는데 이 홀로 이러한 것이 없으니 일찍이 시험해서 구멍을 파 줄 것이다.'라면서 날마다 하나의 구멍을 뚫었는데 7일 만에 혼돈이 죽었다."라고 했다. 살펴보니 환두의 성품과 비슷하다고 말한 것이다. 그래서 이렇게 호칭했다.

【正義】 愚 惡也 一本云 天下之民 謂之渾沌 渾沌即讙兜也 言掩義事 陰爲賊害 而好凶惡 故謂之渾沌也 杜預云 渾沌 不開通之貌 神異經云 崑崙西有獸焉 其狀如犬 長毛 四足 似羆而無爪 有目而不見 行不開 有兩耳而不聞 有人知性 有腹無五藏 有腸直而不旋 食徑過 人有德行而往抵觸之 有凶德則

往依憑之 名渾沌 又莊子云 南海之帝爲儵 北海之帝爲忽 中央之帝爲渾沌 儵 忽乃相遇於渾沌之地 渾沌待之甚善 儵與忽謀欲報渾沌之德 曰 人皆有 七竅以視聽食息 此獨無有 嘗試鑿之 日鑿一竅 七日而渾沌死 案 言讙兜性 似 故號之也

소호씨少皡氏[①]에게도 재주 없는 아들이 있었다. 신용 있는 자를 헐뜯고 충성하는 자를 미워했으며 악언惡言을 높여 꾸미니 천하 의 사람들이 '궁기窮奇'라고 일렀다.[②]

少皡氏[①] 有不才子 毀信惡忠 崇飾惡言 天下謂之窮奇[②]

---

①少皡氏소호씨

[集解] 복건은 (소호는) "김천씨金天氏의 제帝의 호號이다."라고 했다.

【集解】 服虔曰 金天氏帝號

신주 《삼국사기》〈김유신열전〉에도 신라 김씨와 가락국 김씨는 황제 헌원 및 소호 김천씨의 후예라고 말하고 있다.

②天下謂之窮奇천하위지궁기

[集解] 복건服虔은 "궁기는 공공씨共工氏를 이른 것이다. 그의 행동이

궁색하고 기이한 것을 좋아했다."라고 말했다.

【集解】 服虔曰 謂共工氏也 其行窮而好奇

정의 공공共工을 이른 것이다. 믿음과 행동을 훼손하고 무너뜨리고, 충직한 것을 미워하고 언어가 사나운 데도 고상하게 꾸미는 것을 말한 것이다. 그래서 궁기窮奇라고 했다. 살펴보니 떳떳한 행동은 반드시 끝까지 그만두게 하고 아첨하고 기이한 사람만을 좋아했다.

《신이경》에는 "서북쪽에 짐승이 있다. 그의 모습은 호랑이와 같은데, 날개가 있어 날수 있으며 갑자기 습격해서 사람을 잡아먹고 사람의 언어를 알아서 사람들이 다툰다는 소리를 들으면 번번이 정직한 자를 잡아먹고 사람이 충성스럽고 신용이 있다는 소리를 들으면 갑자기 그의 코를 먹어 버린다. 사람이 사납고 거역하고 착하지 않다는 소리를 들으면 갑자기 짐승을 죽여서 가서 먹이는데 이름을 궁기窮奇라고 한다."라고 말했다. 상고해보니 공공共工의 성품과 비슷하기 때문에 이렇게 호칭한 것이다.

【正義】 謂共工 言毀敗信行 惡其忠直 有惡言語 高粉飾之 故謂之窮奇 案 常行終必窮極 好諂諛奇異於人也 神異經云 西北有獸 其狀似虎 有翼能飛 便勦食人 知人言語 聞人鬪輒食直者 聞人忠信輒食其鼻 聞人惡逆不善輒 殺獸往饋之 名曰窮奇 案 言共工性似 故號之也

전욱씨顓頊氏에게도 재주 없는 아들이 있었다. 교육을 시키는 것이 불가했고 말로 타일러도 알아듣지 못했으니 천하의 사람들이 '도올檮杌'이라고 일렀다. 이 세 족속은 세상에 우환거리였다. 요임금에 이르렀으나 요임금이 제거할 수 없었다.

顓頊氏有不才子 不可教訓 不知話言 天下謂之檮杌^① 此三族世憂之至于堯 堯未能去

①檮杌도올

[집해] 가규賈逵는 "도올檮杌은 완악하고 흉하기 짝이 없는 모양을 뜻하며 곤鯀을 이른 것이다."라고 했다.

【集解】 賈逵曰 檮杌 頑凶無疇匹之貌 謂鯀也

[정의] 도올은 곤鯀을 이른 것이다. 흉악하고 완악해서 가르쳐 훈계하지도 못하며 조서나 명령을 따르지도 않는다. 그러므로 도올이라고 일렀다. 살펴보니 짝할 사람이 없을 정도로 스스로 제멋대로 하는 것을 말한 것이다. 《신이경》에는 "서방 황중荒中에 짐승이 있다. 그 모양이 호랑이와 같은데 크다. 털의 길이는 두 자이고 사람의 얼굴에 호랑이의 발을 갖고 있고 돼지의 입과 이빨에 꼬리의 길이는 한 장 여덟 척이며 황중荒中을 요란스럽게 어지럽혀 도올이라고 한다. 일명 오흔傲很이라고 하고 일명 난훈難訓이라고 한다."라고 했다. 살펴보니 곤鯀의 성품과 같

은 것을 말한 것이다. 그러므로 이렇게 호칭한 것이다.

【正義】 檮音道刀反 杌音五骨反 謂鯀也 凶頑不可教訓 不從詔令 故謂之
檮杌 案 言無疇匹 言自縱恣也 神異經云 西方荒中有獸焉 其狀如虎而大 毛
長二尺 人面 虎足 豬口牙 尾長一丈八尺 攪亂荒中 名檮杌 一名傲很 一名難
訓 案 言鯀性似 故號之也

전욱의 아들 도올은 역시 동이족이다.

진운씨縉雲氏^①에게도 재주 없는 아들이 있었다. 음식을 탐하고
뇌물을 탐하니 천하의 사람들이 그를 '도철饕餮'이라고 일렀다.^②
천하에서는 모두 그들을 미워해 삼흉三凶^③과 비교했다.
縉雲氏^① 有不才子 貪于飲食 冒于貨賄 天下謂之饕餮^② 天下惡之 比
之三凶^③

---

①縉雲氏진운씨

集解 가규는 "진운씨縉雲氏는 강성姜姓이고 염제炎帝의 먼 후손인데,
황제 때에 진운 관직에 임명했다."라고 말했다.
【集解】 賈逵曰 縉雲氏 姜姓也 炎帝之苗裔 當黃帝時任縉雲之官也

正義 지금 괄주括州 진운현이 아마도 그를 봉한 곳이다. 《자서字書》

에는 "진증縉은 적증赤繒(붉은 비단)이다."라고 했다.

【正義】 今括州縉雲縣 蓋其所封也 字書云縉 赤繒也

염제는 신농씨의 후손이라고도 하고 신농씨라고도 하는데 성은 강姜이다. 괴외씨魁隗氏, 연산씨連山氏, 열산씨列山氏라고도 하는데, 별호는 주양朱襄이다.

②饕餮도철

정의 도철饕餮은 삼묘三苗를 이른 것이다. 음식을 탐하고 재물을 탐하는 것을 말한 것이다. 그러므로 도철이라고 일렀다. 《신이경》에는 "서남쪽에 사람이 있다. 몸에는 털이 많고 머리 위에는 돼지를 이었고 성질이 패려궂고 사나우며 쉬는 것을 좋아한다. 또 재물을 쌓아놓고 사용하지 않으면서 남의 곡식이나 물건을 빼앗는 것을 좋아한다. 억지로 노약자들을 겁탈하고 무리를 두려워해서 홀로 있는 자를 공격하는데 도철饕餮이라고 이름 한다."라고 했다. 삼묘三苗의 성질이란 이와 같은 것을 말한 것이다. 그래서 이름으로 삼았다.

【正義】 謂三苗也 言貪飲食 冒貨賄 故謂之饕餮 神異經云 西南有人焉 身多毛 頭上戴豕 性很惡 好息 積財而不用 善奪人穀物 強者奪老弱者 畏羣而擊單 名饕餮 言三苗性似 故號之

③三凶삼흉

집해 두예는 "제帝의 자손이 아니다. 그러므로 분별해서 삼흉三凶에 비교한 것이다."라고 말했다.

【集解】 杜預曰 非帝子孫 故別之以比三凶也

정의 이상의 네 곳(혼돈, 궁기, 도올, 도철)은 모두 《좌씨전》의 문장이다. 어떤 본本에는 문장을 합쳐서 차례대로 서로 사흉四凶으로 분류한 것이 있었다. 그래서 이를 썼는데 아마 본래의 것이 착오하거나 빠졌을 따름이다.

【正義】 此以上四處皆左傳文 或本有並文次相類四凶 故書之 恐本錯脫耳

순임금이 네 문에서[1] 빈객을 접대하면서 이 네 흉족凶族들을 유배시켜 사예四裔의 땅으로 옮기고[2] 이매螭魅를 제어하게 했다.[3] 이에 사방의 문이 열리고 흉인凶人들이 없어졌다고 말했다.

舜賓於四門[1] 乃流四凶族 遷于四裔[2] 以御螭魅[3] 於是四門辟 言毋凶人也

---

①四門사문

정의 두예는 "사방의 문을 열고, 사방의 총명함에 통달해서 많은 어진 이에게 빈례賓禮로써 대하는 것이다."라고 말했다.

【正義】 杜預云 闢四門 達四聰 以賓禮衆賢也

②四裔사예

┌─────┐
│ 집해 │ 가규는 "사예의 땅은 왕성에서 4,000리이다."라고 말했다.
└─────┘
【集解】 賈逵曰 四裔之地 去王城四千里

③御螭魅어이매

┌─────┐
│ 집해 │ 복건服虔은 "이매는 사람의 얼굴에 짐승의 몸이고 4개의 발에
└─────┘
사람을 의혹시키기를 좋아하는데, 산림의 이기異氣에서 생겨나서 사람
을 해치는 것이다."라고 말했다.
【集解】 服虔曰 螭魅 人面獸身 四足 好惑人 山林異氣所生 以爲人害

┌─────┐
│ 정의 │ 御는 발음이 '여[魚呂反]'이고, 螭는 발음이 '치[丑知反]'이고, 魅
└─────┘
는 발음이 '미媚'다. 상고해보니 '어이매御螭魅'는 번갈아 사특하고 아첨
하는 사람이 있을 것을 두려워한 것이다. 그러므로 사흉四凶을 유배시
켜서 막게 한 것이다. 그래서 아래의 문장에서 '무흉인無凶人이다.'라고
이른 것이다.
【正義】 御音魚呂反 螭音丑知反 魅音媚 案 御魑魅 恐更有邪諂之人 故流
放四凶以禦之也 故下云 無凶人也

┌─────┐
│ 신주 │ 동양 유학 사회에서는 혼돈, 궁기, 도올, 도철을 사흉四凶이
└─────┘
라고 불러서 악한 신하의 표상으로 비판했다. 《사기》〈오제본기〉에서
는 이 넷을 순 임금이 내쫓았다고 했지만 환두讙兜(혼돈)에 대해《장자》

〈재유在宥〉에는 "요임금이 환두를 숭산崇山으로 추방했다."고 썼으며,
《산해경》〈해내남경海內南經〉의 '환두국'에 대해 진晉나라 곽박郭璞은
주석에서 "환두는 요임금의 신하인데 죄가 있어서 스스로 남해에 투신
해 죽었다."라고 달리 쓰고 있다. 이들은 모두 이족夷族의 우두머리로서
후대에 악인으로 묘사된 인물들이다.

제왕의 자격을 시험하다

순舜을 대록大麓(거대한 늪지대)으로 들여보냈는데 모진 바람과 우레가 치고 비가 쏟아지는데도 미혹되지 않았다. 요임금은 순이 천하를 충분히 물려받을 수 있을 것을 알아차렸다. 요임금이 늙자 순舜을 시켜 천자의 정사를 대행(섭행攝行)[①]하게 하고 제후의 나라를 순회하며 시찰하게 했다. 순이 등용되어 정사를 맡은 지 20년 만에 요임금은 순에게 정사를 대행(섭정攝政)하게 했다. 정사를 대행한 지 8년만에 요임금이 붕어했다. 3년상을 마치자 천하를 단주丹朱에게 양보했지만 천하가 모두 순에게 귀의했다.

舜入于大麓 烈風雷雨不迷 堯乃知舜之足授天下 堯老 使舜攝行[①]天子政 巡狩 舜得擧用事二十年 而堯使攝政 攝政八年而堯崩 三年喪畢 讓丹朱 天下歸舜

①섭행攝行

섭행攝行은 임금의 명을 받들어 임금의 일을 대신 행하는 것이고, 섭정攝政은 정식 절차를 거쳐 임금의 정치를 대신하는 것이다. 그러나 두 용어는 서로 혼용되기도 하므로 명확히 구분되지는 않는다.

우禹와 고요皋陶①와 설契과 후직后稷과 백이伯夷와 기虁와 용龍과 수倕와 익益과 팽조彭祖② 등의 신하들은 요임금 때부터 모두 등용되었지만 직분이 분리되어 있지 않았다.③

而禹 皋陶① 契 后稷 伯夷 虁 龍 倕 益 彭祖② 自堯時而皆擧用 未有 分職③

---

①禹皋陶우고요

정의 皋陶는 '고요高姚'로 발음한다.

【正義】 高姚二音

②契后稷伯夷虁龍倕益彭祖설후직백이기룡수익팽조

색은 팽조彭祖는 곧 육종씨陸終氏의 셋째 아들이고 전견錢鏗의 후예인데, 후에 대팽大彭이 되었으며 또한 팽조라고 불렀다.

【索隱】 彭祖即陸終氏之第三子籛鏗之後 後爲大彭 亦稱彭祖

정의 고요皐陶의 자字는 정견庭堅이다. 영英과 육六 두 나라가 고요의 후예들이다. 契은 '설薛'로 발음하는데 은나라의 시조이다. 백이伯夷는 제齊나라 태공망太公望의 선조이다. 기夔는 악관樂官이다. 倕는 '수垂'로 발음하는데, 수垂로도 쓰며 내언內言의 관직이다. 익益은 백예白翳이며 곧 진秦나라와 조趙나라의 시조이다. 팽조가 요임금 때 등용되어 하夏나라와 은殷나라를 거쳐 대팽大彭에 봉해졌다.

【正義】 皐陶字庭堅 英六二國是其後也 契音薛 殷之祖也 伯夷 齊太公之祖也 夔 巨龜反 樂官也 倕音垂 亦作 垂 內言之官也 益 伯翳也 即秦 趙之祖 彭祖自堯時擧用 歷夏 殷封於大彭

신주 사마천의 계보도에 따르면 소호의 증손자 제요와 제전욱의 후손인 제순은 모두 동이족이다. 고요皐陶의 출생지는 산동성 곡부인데, 중국에서도 그를 동이족이라고 인정하니 임금과 신하가 모두 동이족이다. 영英과 육六이 고요의 후손인데, 영英은 영국英國, 육六은 육안국六安國을 뜻하는데 모두 동이족 국가들이다. 육안은 안휘성 육안六安현, 영국은 호북성 영산英山현 등지로 비정한다. 제나라 태공망의 선조인 백이伯夷는 자성子姓이고, 묵태씨墨胎氏로 이름이 윤尹이다. 자성子姓은 상나라 왕족의 성씨이다. 백이는 상商나라 제후국인 고죽국孤竹國의 8대 임금인 아징亞徵의 장남이었지만 왕위를 사양하고 막내 동생 숙제叔弟와 함께 도주하자 나라 사람들이 아빙亞憑을 왕으로 추대했다.

《사기》〈백이열전〉에는 백이와 숙제는 주무왕이 은주왕을 정벌하려

하자 "아버지가 세상을 떠나셨는데 장례도 치르지 않고 방패와 창이 이르게 하는 것을 효도라고 이를 수 있습니까? 신하로서 임금을 시해하는 것을 인仁이라고 이를 수 있습니까?"라고 말렸다. 주위에서 죽이려고 했으나 태공太公이 "이는 의인입니다"라고 말려서 부축해서 보냈다고 말하고 있다. 태공망은 강성姜姓이고 여씨呂氏인데, 이름은 상尙이어서 여상呂尙이라고도 불린다.

《제왕세기》에는 "신농씨의 성은 강씨姜氏이다."라고 말하고 있는데, 신농씨가 강수姜水에서 태어나 강 이름을 성으로 삼았다고 한다. 신농은 동이족이고 강성姜姓 역시 동이족이다. 익益은 진나라와 조나라의 선조라고 했는데, 백예 역시 소호씨의 후예로 동이족이다.

③未有分職미유분직

정의 分은 발음이 '분[符問反]'이다. 분分이란 것은 나라의 경계를 봉한 작위와 토지를 주는 것을 이른 것이다.
【正義】 分音符問反 又如字 分謂封疆爵土也

이에 순舜이 문조文祖에 이르러 사악四嶽과 계책을 세워 사방의 문을 열어서 사방의 이목耳目을 통하게 해서 밝혔다. 12목十二牧에 명해서 제왕의 덕을 논하게 하고 두터운 덕을 행하게 하면서 아첨하는 사람을 멀리하자① 곧 만이蠻夷들도 모두 따라 복종했다.

於是舜乃至於文祖 謀于四嶽 辟四門 明通四方耳目 命十二牧論帝德 行厚德 遠佞人① 則蠻夷率服

①命十二牧論帝德行厚德遠佞人명십이목론제덕행후덕원영인

[정의] 순임금이 12목牧을 임명해서 제요의 덕을 논하게 하고 또 백성에게 도탑게 하여 사특하고 아첨하는 사람들을 멀리 보냈다. 이렇게 하자 이적(이민족)들도 복종하게 할 수 있었다고 말한 것이다.

【正義】 舜命十二牧論帝堯之德 又敦之於民 遠離邪佞之人 言能如此 則夷狄亦服從也

순임금이 사악에게 일러 말했다.

"능히 밝은 공로로써[1] 요임금의 사업을 아름답게 할 자가 있다면 관직을 맡겨 일을 돕게 할 수 있지 않겠는가?"

모두 말했다.

"백우伯禹를 사공司空으로 삼는다면 제왕의 공로를 아름답게 할 만합니다."

순임금이 말했다.

"아! 그렇다. 우禹여. 그대는 물과 땅을 다스리는 일에 오직 힘써 달라."

우禹가 절을 하고 머리를 조아리며 직稷과 설契과 고요皐陶에게 사양했다. 순임금이 말했다.

"그렇지만 그대가 관직으로 나아가라."[2]

舜謂四嶽曰 有能奮庸[1]美堯之事者 使居官相事 皆曰 伯禹爲司空 可美帝功 舜曰 嗟 然 禹 汝平水土 維是勉哉 禹拜稽首 讓於稷 契與 皐陶 舜曰 然 往矣[2]

①奮庸분용

집해 마융은 "분奮은 '명明'이다. 용庸은 '공功'이다."라고 말했다.

【集解】 馬融曰 奮 明 庸 功也

②然往矣연왕의

집해 정현은 "연然은 적임자를 얻어 등용한 것이다. 네가 가서 이 관직에 있어야 한다면서 그 사양하는 것을 들어주지 않은 것이다."라고 말했다.

【集解】 鄭玄曰 然其舉得其人 汝往居此官 不聽其所讓也

> 순임금이 말했다.
> "기棄여! 백성이 굶주림에 시달리고 있다.① 그대는 후직后稷의 지위에 있으니 제때에 모든 곡식을 파종하도록 하라."②
> 舜曰 弃 黎民始飢① 汝后稷播時百穀②

①棄黎民始飢기여민시기

집해 서광은 《금문상서》에 '(시기가) 조기祖飢'로 되어 있다. 조祖는 '시始'이다."라고 말했다.

【集解】 徐廣曰 今文尚書作 祖飢 祖 始也

색은 《고문상서》에는 "조기阻飢로 되어 있다."라고 말했다. 공씨孔氏는 조阻는 '난難'이라고 했다. 조祖와 조阻는 소리가 서로 비슷하니 어느 것이 옳은지 알지 못하겠다.

②汝后稷播時百穀여후직파시백곡

집해 정현은 "時는 '시蒔'로 읽는다."라고 했다.

【集解】 鄭玄曰 時 讀曰蒔

정의 직稷은 농관農官이다. 파시播時는 네 계절을 따라 온갖 곡식을 심는 것을 이른 것이다.

【正義】 稷 農官也 播時謂順四時而種百穀

신주 후직이 된 기는 제곡과 원비 강원 사이에 난 아들로서 소호의 증손이고, 주周나라 시조이다. 소호의 후손이라는 점에서 역시 동이족이다.

순임금이 또 말했다.

"설契이여! 백성이 서로 친하지 않고 오품五品을 따르지 않는구나.① 그대는 사도司徒가 되었으니 공경히 오교五教를 가르쳐② 관대함이 있게 하라."

舜曰 契 百姓不親 五品不馴① 汝爲司徒 而敬敷五教② 在寬

---

①五品不馴오품불훈

정현은 "오품은 부父 모母 형兄 제弟 자子이다."라고 말했다. 왕숙은 "오품은 오상五常이다."라고 말했다.

【集解】 鄭玄曰 五品 父 母 兄 弟 子也 王肅曰 五品 五常也

정의 馴은 '훈訓'으로 발음한다.

【正義】 馴音訓

②五敎오교

집해 마융은 "오교는 오품지교五品之敎이다."라고 말했다.

【集解】 馬融曰 五品之敎

신주 설은 제곡과 차비 간적 사이에서 난 아들로서 소호의 증손이다. 그가 은나라 시조인데, 소호의 후손이라는 점에서 역시 동이족이다.

또 순임금이 말했다.

"고요皐陶여! 만이蠻夷(이민족)들이 하夏나라를 어지럽게 하고① 또 도둑떼들이 안과 밖에서 노략질을 일삼고 있도다.② 그대를 사士의 관직에 임명하니③ 다섯 가지의 형벌을 행하는데 다섯 가지 벌을 세 곳에서 시행하라.④ 다섯 군데의 귀양 보낼 곳을 정해 놓고⑤ 다섯 곳 가운데 세 곳으로만 귀양을 보내는데,⑥ 마땅히 죄를 밝혀서 믿게 하라."⑦

舜曰 皐陶 蠻夷猾夏① 寇賊姦軌② 汝作士③ 五刑有服 五服三就④ 五流有度⑤ 五度三居⑥ 維明能信⑦

①猾夏활하

集解　정현은 "활하猾夏는 중국을 침략해 어지럽히는 것이다."라고 말했다.

【集解】　鄭玄曰 猾夏 侵亂中國也

신주　고요皐陶는 언성偃姓 고씨皐氏이고, 이름이 요繇, 자가 정견庭堅으로 소호의 옛 터인 산동성 곡부 출신이다. 중국에서도 동이족으로 인정하는데 중국 사법의 시조라고 불린다. 하나라가 건국되기도 전인 순임금 때 만이들이 하나라를 어지럽힌다고 한 말에서 후대에 만든 말임을 알 수 있다.

②寇賊姦軌구적간궤

集解 정현은 "안으로 말미암은 것을 간姦이라고 하고 밖에서 일어나
는 것을 궤軌라고 한다."라고 말했다.
【集解】 鄭玄曰 由內爲姦 起外爲軌

정의 궤軌는 또한 다른 판본에는 귀宄(악할 귀)자로 되어 있다.
【正義】 亦作 宄

③作士작사

集解 마융은 "옥관獄官의 장長이다."라고 말했다.
【集解】 馬融曰 獄官之長

정의 상고해보니 대리경大理卿과 같다.
【正義】 案 若大理卿也

신주 사士는 옥사獄事를 다루는 관의 수장인데, 진秦과 한漢나라 이
후로 정위廷尉 혹은 대리大理라 했다. 9경九卿의 하나이다.

④五刑有服五服三就오형유복오복삼취

集解 마융은 "오형은 묵墨 · 의劓 · 비剕 · 궁宮 · 대벽大辟이다. 삼취三

就란 대죄大罪를 이르는 것인데 첫째는 여러 언덕이나 들에서 형을 베
푸는 것이며, 그 다음은 저잣거리에서 죄를 주는 것이며, 동족同族은 전
사씨甸師氏에게 보내는 것을 이른 것이다. 오형을 받고 나면 마땅히 세
곳으로 간다.

【集解】 馬融曰 五刑 墨 劓 剕 宮 大辟 三就 謂大罪陳諸原野 次罪於市朝
同族適甸師氏 既服五刑 當就三處

정의 공안국은 "복服은 따르는 것이며 가볍고 무거운 것들이 중정中
正을 얻은 것을 말한 것이다."라고 말했다. 살펴보니 묵墨은 그들의 이
마에 점을 찍고 먹물을 들인 것이다. 의劓는 코를 벤 것이다. 비剕는 발
뒤꿈치를 자른 것이다. 궁宮은 음형인데 남자는 고환을 제거하고 여자
는 음부陰部를 유폐幽閉하는 것이다. 대벽大辟은 사형이다.

【正義】 孔安國云 服 從也 言得輕重之中正也 案 墨 點鑿其額 涅以墨 劓
截鼻也 剕 刖足也 宮 淫刑也 男子割勢 婦人幽閉也 大辟 死刑也

신주 전사甸師는 전사田事 직공職貢을 맡은 관리인데,《주례周禮》
《추관秋官》조에는 "천자의 신하로서 작위가 있는 자나 동족이 죄를 지
으면 전사에게 보내서 사형을 기다리게 한다."고 했다.

⑤五流有度오류유탁

정의 度는 '닥[徒洛反]'으로 발음한다.《상서》에는 '택宅'으로 되어 있
다. 공안국은 "오형의 유배는 각각 거처하는 곳이 있다."라고 했다.

【正義】 度音徒洛反 尚書作 宅 孔安國云 五刑之流 各有所居也

⑥五度三居오탁삼거

정의 그 멀고 가까운 것을 헤아려 세 등급三等의 거처를 만드는 것이다.

【正義】 案 謂度其遠近 爲三等之居也

⑦維明能信유명능신

집해 마융은 "팔의八議가 있어서 군주는 차마 형벌을 하지 않고 멀리 보내는 것으로 너그럽게 처리하는 것을 이른 것이다. 오등五等의 차이가 있고 또 삼등의 거처가 있다. 대죄는 사방의 끝에 버리고 다음은 구주 밖에 거처시키고 다음은 중국 밖에 거처시킨다. 마땅히 그 죄를 밝혀서 능히 믿고 복종하게 하는 것이다."라고 했다.

【集解】 馬融曰 謂在八議 君不忍刑 宥之以遠 五等之差亦有三等之居 大罪投四裔 次九州之外 次中國之外 當明其罪 能使信服之

신주 팔의八議란 형벌을 감減해 주는 여덟 가지 조건을 뜻한다.《당률소의唐律疏議》에 의하면, 의친議親·의고議故·의현議賢·의능議能·의공議功·의귀議貴·의근議勤·의빈議賓이다. 임금의 친·인척들이다.

순임금이 말했다.

"누가 나의 백공百工의 일을 가르칠 수 있겠는가?"①

모든 신하들이 수垂가 적합하다고 했다. 이에 수垂를 공공共工

으로 임명했다.②

舜曰 誰能馴予工① 皆曰垂可 於是以垂爲共工②

①馴予工훈여공

집해 마융은 "모든 공인工人을 주관하는 관직을 이른 것이다."라고
말했다.

【集解】 馬融曰 謂主百工之官也

②垂爲共工수위공공

집해 마융은 "사공司空이 되어서 모든 공인百工의 일을 함께 다스리
는 것이다."라고 했다.

【集解】 馬融曰 爲司空 共理百工之事

순임금이 말했다.

"누가 언덕이나 습지나[1] 풀과 나무나 새와 짐승들을 길들 일 수 있겠는가?"

모두 익益이 할 수 있다고 답했다. 이에 익을 짐의 우虞로 삼겠다 고 했다.[2] 익이 절을 올리고 머리를 조아리면서 신하인 주호朱虎 와 웅비熊羆에게 양보했다.[3] 순임금이 말했다.

"가라. 그대가 가서 함께 하라."

마침내 주호와 웅비를 익의 보좌로 삼게 했다.[4]

舜曰 誰能馴予上下[1] 草木鳥獸 皆曰益可 於是以益爲朕虞[2] 益拜稽 首 讓于諸臣朱虎 熊羆[3] 舜曰 往矣 汝諧 遂以朱虎 熊羆爲佐[4]

① 上下상하

집해 마융은 "상上은 원原(언덕)을 이르고 하下는 습隰(습지)을 이른 다."라고 했다.

【集解】 馬融曰 上謂原 下謂隰

② 益爲朕虞익위짐우

집해 마융은 "우虞는 산택山澤을 관장하는 관직 이름이다."라고 했다.

【集解】 馬融曰 虞 掌山澤之官名

③朱虎熊羆주호웅비

주호와 웅비는 곧 고신씨高辛氏의 아들인 백호伯虎와 중웅仲熊
이다.
【索隱】 即高辛氏之子伯虎 仲熊也

공안국은 "주호와 웅비는 2명의 신하 이름이다. 수垂와 익益이
사양한 바 4명은 모두 팔원八元이나 팔개八愷 안에 있는 자들이다."라고
했다.
【正義】 孔安國云 朱虎 熊羆 二臣名 垂 益所讓四人 皆在元凱之中也

④熊羆爲佐웅비위좌

익益의 보좌로 삼았다는 것이다.
【正義】 爲益之佐也

주호와 웅비는 소호의 아들인 제곡 고신씨의 아들이라는 점에
서 동이족이다.

순임금이 말했다.

"아! 사악四嶽이여. 짐의 삼례三禮①를 맡아 능히 할 자가 있겠는가?"

모두가 말했다.

"백이伯夷가 적당합니다."

순임금이 말했다.

"아! 백이伯夷여. 그대를 질종秩宗으로 삼으니② 이른 아침부터 밤까지 오직 공손하고 곧으며 고요하고 깨끗하게 하라."③

舜曰 嗟 四嶽 有能典朕三禮① 皆曰伯夷可 舜曰 嗟 伯夷 以汝爲秩宗②
夙夜維敬 直哉維靜絜③

①三禮삼례

【集解】 마융은 "삼례는 천신天神·지기地祇(땅의 신령, 사직)·인귀人鬼에 대한 예이다."라고 했다. 정현은 "천사天事·지사地事·인사人事의 예이다."라고 말했다.

【集解】 馬融曰 三禮 天神 地祇 人鬼之禮也 鄭玄曰 天事 地事 人事之禮

②秩宗질종

【集解】 정현은 "존비尊卑의 차서次秩를 주관한다."라고 말했다.

【集解】 鄭玄曰 主次秩尊卑

정의　태상太常과 같다.《한서》〈백관표〉에는 "왕망王莽이 태상을 고
쳐서 질종秩宗이라 했다."라고 했는데, 옛 제도에 의거한 것이다. 공안국
은 "질秩은 '서序'이고 종宗은 '존尊'이다. 교묘郊廟를 주관하는 관직이
다."라고 했다.

【正義】 若太常也 漢書百官表云 王莽改太常曰秩宗 依古也 孔安國云 秩
序 宗 尊也 主郊廟之官也

③靜絜정결

정의　정靜은 '청淸'이고 결絜은 '명明'이다. 공안국은 "예를 맡는 직
분으로 정사와 교육을 베풀고 정직하고 청명淸明하게 한다."라고 했다.

【正義】 靜 淸也 絜 明也 孔安國云 職典禮 施政教 使正直而淸明

백이가 기夔와 룡龍에게 양보했다. 순임금이 말했다.

"그렇구나!① 기夔를 전악典樂으로 삼으니 치자冑子(귀족 자제)들을 가르치도록 하라②. 강직하면서도 온화하고③ 관대하면서도 위엄이 있고④ 꿋꿋하면서도 사납지 않고 단순하면서도 오만하지 않게 가르치라.⑤ 시詩는 뜻을 말로 표현한 것이고 노래는 말에 가락을 붙여 길게 읊은 것이다.⑥ 소리는 가락을 따라야 하고 음률은 소리와 조화를 이루어야 한다.⑦ 팔음八音이 조화를 이루어 서로의 이치를 빼앗지 않으면 신과 사람들이 조화를 이룰 것이다."⑧

伯夷讓夔 龍 舜曰 然① 以夔爲典樂 敎冑子② 直而溫③ 寬而栗④ 剛而毋虐 簡而毋傲⑤ 詩言意 歌長言⑥ 聲依永 律和聲⑦ 八音能諧 毋相奪倫 神人以和⑧

①然연

정의 공안국은 "연然이란 그 어진 이를 추천하게 하고 그 사양하는 것을 허락하지 않은 것이다."라고 했다.

【正義】 孔安國云 然其推賢 不許其讓也

②敎冑子교치자

집해　정현은 "치자穉子는 '국자國子'이다."라고 말했다. 살펴보니 《상서》에는 '주자胄子(귀족의 맏아들)'라고 했는데, '치穉'와 '주胄'는 발음이 서로 비슷하다.

【集解】　鄭玄曰 國子也 案 尙書作 胄子 穉胄聲相近

정의　공안국은 "주胄는 장長(맏아들)이다. 원자元子(임금의 맏아들) 이하부터 경卿과 대부大夫의 자제에 이르기까지 노래와 시로써 뛰고 춤을 추며 장국자長國子를 가르쳐 효도와 우애를 중화시켜서 공경히 하도록 한다."라고 했다.

【正義】　穉 胄雉反 孔安國云 胄 長也 謂元子以下 至卿大夫子弟 以歌詩蹈之舞之 敎長國子中和祗庸孝友

③直而溫직이온

집해　마융은 "정직하고 온화한 낯빛이다."라고 했다.

【集解】　馬融曰 正直而色溫和

④寬而栗관이율

집해　마융은 "관대하면서도 삼가고, 공경하면서도 두려워하고 떤다."고 말했다.

【集解】　馬融曰 寬大而謹敬戰栗也

⑤剛而毋虐簡而毋傲강이무학간이무오

정의 공안국은 "꿋꿋함을 잃으면 사나워지고, 간략함을 잃으면 오만해지니, 그러한 실수를 방지하는 것을 가르치는 것이다."라고 말했다.

【正義】 孔安國云 剛失之虐 簡失之傲 教之以防其失也

⑥詩言意歌長言시언의가장언

집해 마융은 "노래는 시詩의 뜻을 길게 말하는 것이다."라고 했다.

【集解】 馬融曰 歌 所以長言詩之意也

정의 공안국은 "시는 뜻을 말하여 그 마음을 인도하는 것이고, 노래는 그 뜻을 읊는데 그 말을 길게하는 것이다."라고 했다.

【正義】 孔安國云 詩言志以導其心 歌詠其義以長其言也

신주 시詩는 뜻을 말로 표현한 것이고 노래는 말에 가락을 넣어 길게 읊는 것이라는 뜻이다.

⑦聲依永律和聲성의영률화성

집해 정현은 "소리의 곡절曲折은 또 말을 길게 하는데 따르고, 소리는 율律에 맞아야 어우러지게 된다."라고 말했다.

【集解】 鄭玄曰 聲之曲折又依長言 聲中律乃爲和也

정의 공안국은 "성聲은 오성五聲으로 궁宮·상商·각角·치徵·우羽이다. 율律은 육률六律과 육려六呂이며 열두 달의 음기音氣를 말한 것이다. 마땅히 성률聲律에 따라 음악을 조화롭게 해야 한다."라고 말했다.

【正義】 孔安國云 聲 五聲 宮 商 角 徵 羽也 律謂六律六呂 十二月之音氣也 當依聲律和樂也

⑧八音能諧毋相奪倫神人以和팔음능해무상탈륜신인이화

집해 정현은 "조고祖考가 와서 이르면 군후群后가 덕으로 그 한구석을 양보한다."라고 말했다.

【集解】 鄭玄曰 祖考來格 羣后德讓 其一隅也

정의 팔음八音은 금金·석石·사絲·죽竹·포匏·토土·혁革·목木이다. 공안국은 "윤倫은 이치다. 팔음이 조화를 이루어 이치가 어그러지거나 빼앗지 않으면 신과 사람이 모두 화락하는 것이므로 기夔에게 힘쓰라고 명한 것이다."라고 말했다.

【正義】 八音 金 石 絲 竹 匏 土 革 木也 孔安國云 倫 理也 八音能諧 理不錯奪 則神人咸和 命夔使勉也

신주 팔음이 조화를 이루어 서로의 이치를 빼앗지 않고 조화를 이루면 신과 사람이 조화를 이룬다는 뜻이다.

기夔가 말했다.

"아아! 제가 경磬을 치고 두드리니 모든 짐승들이 따라서 춤을 추었습니다."①

순임금이 말했다.

"룡龍이여! 나는 참언讒言이나 산악한 행동으로 나의 백성을 놀라게 하는 것을 싫어한다.② 그대를 납언訥言③의 직책에 임명하니 이른 아침부터 밤까지 드나들며 나의 명을 받들어 진실하게 하라."

夔曰 於予擊石拊石 百獸率舞① 舜曰 龍 朕畏忌讒說殄偽 振驚朕衆 命汝爲納言③ 夙夜出入朕命 惟信

---

①擊石拊石百獸率舞격석부석백수솔무

[집해] 정현은 "백수百獸는 복부씨服不氏가 기르는 것이다. 솔무率舞는 음音이 화락한 것을 말한 것이다."라고 했다.

【集解】 鄭玄曰 百獸 服不氏所養者也 率舞 言音和也

[정의] 於의 발음은 '오烏'다. 공안국은 "석石은 경磬이며 음이 맑은 것이다. 부拊는 또한 치는 것이다. 맑은 것을 들어 화락하게 하면 그 나머지는 모두 따르게 된다. 음악이 백수百獸(온갖 짐승)를 감동시키면 서로 따라서 춤을 추게 되어 신과 사람이 화락한 것을 알 수 있다."라고

말했다. 살펴보니 경磬은 한 조각의 흑석黑石이다. 음악에서는 복福이나 원망이 반복되지 않는 것이다. 《주례》에는 "하관夏官에 복부씨服不氏가 있어서 사나운 짐승을 복종시키는 일을 관장하는데 하사下士 한 명에 무리 네 명이 있다."라고 했다. 정현은 "복종하지 않는 짐승을 복종시키는 관직이다."라고 말했다.

【正義】 於音烏 孔安國云 石磬 音之淸者 拊亦擊也 擧淸者和 則其餘皆從矣 樂感百獸 使相率而舞 則神人和可知也 案 磬 一片黑石也 不音福尤反 周禮云 夏官有服不氏 掌服猛獸 下士一人 徒四人 鄭玄云 服不服之獸也

②畏忌讒說殄僞振驚朕衆 외기참설진위진경짐중

집해 서광은 "다른 판본에는 '제설진행진경중齊說殄行振驚衆'(기분을 맞추어 설득하고 잔악한 행동으로 백성이 떨고 놀라게 한다)으로 되어 있다."라고 말했다. 나 배인이 살펴보니 정현이 말한 "이른바 안색에는 인仁을 취하지만 행동은 어긋나게 하는 것, 이것이 나의 여러 신하를 놀라게 하고 동요시켜서 의혹되게 한다."라고 말했다.

【集解】 徐廣曰 一云 齊說殄行 振驚衆 駰案 鄭玄曰 所謂色取仁而行違 是驚動我之衆臣 使之疑惑

정의 말 잘하고 참소하는 사람을 싫어하고 꺼리는 것을 말한 것인데, 겸해서 간사하고 거짓된 무리들을 다 없애려는 것이다. 그들이 나의 백성과 신하들을 놀라게 하고 동요시키는 것을 걱정해서 용龍에게 그것을 막고 끊도록 하는 것이며, 임금의 명을 출입시키는 것을 오직 신실하게 하라고 한 것이다. 이 '위僞' 자는 태사공이 《상서》에 있는 글자로 바꾸었는데, 《상서》에는 위僞자가 '행行' 자로 되어 있다. 자신은 말 잘하고 참소하는 사람이 있는 것을 걱정하고 꺼리므로 덕행이 없는 관리는 모두 없애야 한다고 말한 것이다.

【正義】 僞音危睡反 言畏惡利口讒說之人 兼殄絕姦僞人黨 恐其驚動我衆 使龍遏絕之 出入其命惟信實也 此 僞 字太史公變尚書文也 尚書僞字作 行 音下孟反 言己畏忌有利口讒說之人 殄絕無德行之官也

③納言납언

정의 공안국은 "납언納言은 후설지관喉舌之官(임금의 말을 기록하는 관직)이다. 백성의 말을 듣고 군주에게 올리고 군주의 말을 받아서 백성에게 베푸는데 반드시 믿음이 있게 한다."라고 했다.

【正義】 孔安國云 納言 喉舌之官也 聽下言納於上 受上言宣於下 必信也

또 순임금이 말했다.

"아! 그대들 스물두 명은① 공경하되 오직 제때에 하늘의 일을 살펴서 행하라."②

舜曰嗟 女二十有二人① 敬哉 惟時相天事②

①二十有二人이십유이인

마융은 "직稷·설契·고요皐陶는 모두 관직에 있은 지가 오래되었고 공도 이루었으니 단지 그 아름다움을 기술했을 뿐 다시 타이른 바가 없었다. 우禹와 수垂 이하는 모두 처음 명했는데 모두 여섯 명이며 위의 12목十二牧, 사악四嶽과 함께 총 스물두 명이다."라고 말했다. 정현은 "모두 문조에 이르렀을 때 천자가 임명한 것이다."라고 했다.

【集解】 馬融曰 稷 契 皐陶皆居官久 有成功 但述而美之 無所復勅 禹及垂已下皆初命 凡六人 與上十二牧四嶽 凡二十二人 鄭玄曰 皆格于文祖時所勅命也

②惟時相天事유시상천사

정의 상相은 '시視'이다. 순舜이 스물두 명에게 각각 그 직분을 공경하게 행하고 오직 때에 순종해 하늘이 마땅히 하는 바를 살펴서 일을 행하라고 명한 것이다.

【正義】 相 視也 舜命二十二人各敬行其職 惟在順時 視天所宜而行事也

순임금은 3년마다 한 번씩 그의 공적을 살폈다. 세 번을 살펴서 무능한 자는 내쫓고 유능한 자는 승진시키니 멀리 있거나 가깝게 있거나 여러 공들이 다 일어났다. 이에 삼묘三苗들이 흩어져 달아났다.①

三歲一考功 三考絀陟 遠近衆功咸興 分北三苗①

①三苗삼묘

집해 정현은 "삼묘가 유배된 곳에서 서예西裔(서쪽 변방)의 제후가 되어 오히려 악한 짓을 하자 이에 다시 나누어 유배시켰다."고 했다.
【集解】 鄭玄曰 所竄三苗爲西裔諸侯者猶爲惡 乃復分析流之

이 스물두 명은 모두 그들의 공로를 성취했다. 고요가 대리大理가 되어 죄악을 판단하는 일을 공평하게 하자① 백성이 각각 그 실상을 얻어 복종했다. 백이伯夷가 예를 주관하자 위와 아래가 모두 겸양했다. 수垂가 공사工師를 주관하자② 온갖 기술자들이 공로를 이루었다.
此二十二人咸成厥功 皋陶爲大理 平① 民各伏得其實 伯夷主禮 上下咸讓 垂主工師② 百工致功

①皋陶爲大理平고요위대리평

정의 고요는 사士가 되어 천하의 죄악을 바르고 공평하게 처리했다.
【正義】 皋陶作士 正平天下罪惡也

②工師공사

정의 공사工師는 지금의 대장경大匠卿과 같다.

【正義】 工師 若今大匠卿也

익益은 우虞(산림과 천택)를 주관해 산과 연못을 열게 했다.[①] 기棄는 후직后稷(곡식)을 관장해 온갖 곡식들이 때마다 풍성하게 했다. 설契은 사도司徒를 주관해 백성이 화친하도록 했다. 룡龍은 빈객들을 주관해 멀리 있는 사람들이 이르게 했다. 12개 주의 목牧들이 이를 행하니 구주九州에서 감히 사특한 일을 하지 못했다.[②]

益主虞 山澤辟[①] 弃主稷 百穀時茂 契主司徒 百姓親和 龍主賓客 遠人至 十二牧行而九州莫敢辟違[②]

---

①辟벽

정의 辟은 '벽[婢亦反]'으로 발음하는데 '열다'라는 뜻이다.

【正義】 婢亦反 開也

---

②九州莫敢辟違구주막감피위

정의 우의 구주 백성이 감히 순의 12목牧을 피하거나 어기는 일이 없었다.

【正義】 禹九州之民無敢辟違舜十二牧也

오직 우禹의 공로가 가장 컸다. 아홉 산을 개척하고① 아홉 호수를 통하게 하고, 아홉 하수河水를 트게 했으며, 아홉 주九州를 안정시키고 각각 그 직분에 따라 와서 공물을 바치게 해 그 마땅한 직분을 잃지 않게 했다. 국토는 사방으로 5,000리나 되어서 황복荒服까지 이르렀다. 남쪽으로는 교지交阯와 북발北發을 어루만지고, 서쪽으로는 융戎과 석지析枝와 거수渠廋와 저氐와 강羌을 어루만지고撫, 북쪽으로는 산융山戎과 발發과 식신息愼②을 어루만지고, 동쪽으로는 장長과 조이鳥夷를 어루만져③ 온 천하 안[四海之內]에서④ 모두 제순帝舜의 공로를 추앙했다. 이에 우가 구소九招의 음악을 일으키자⑤ 진귀한 물건들이 이르고 봉황이 날아와 날아다녔다. 천하에 밝은 덕이 모두 스스로 우제虞帝(순)로부터 비롯되었다.

唯禹之功爲大 披九山① 通九澤 決九河 定九州 各以其職來貢 不失厥宜 方五千里 至于荒服 南撫交阯 北發 西戎 析枝 渠廋 氐 羌 北山戎 發 息愼② 東長 鳥夷③ 四海之內④ 咸戴帝舜之功 於是禹乃興九招之樂⑤ 致異物 鳳皇來翔 天下明德皆自虞帝始

①披九山피구산

정의　그 산의 가장자리까지 가깝게 통하게 한 것을 이른 것이다.
【正義】 披音皮義反 謂傍其山邊以通

②息愼식신

정현은 "식신息愼은 혹 숙신肅愼을 이른 것이며 동북이東北夷이
다."라고 했다.

【集解】 鄭玄曰 息愼 或謂之肅愼 東北夷

동북이東北夷라는 식신息愼(숙신肅愼)은 중국 고대 사서에 (고)조
선의 다른 명칭으로도 쓰였다. 위《사기》〈순본기〉에 중국의 북쪽에 산
융·발·식신이 있다고 했다.《관자》에는 〈소광小匡〉·〈규도揆度〉·〈경중
갑輕重甲〉 등 세 편에 발·조선에 대해서 기록하고 있다.《관자》는 서기
전 7세기경의 기록인데,《사기》〈순본기〉는 발·식신이라고 썼지만《관
자》에는 발·조선이라고 썼으니 숙신이 곧 (고)조선의 다른 이름임을 알
수 있다.

《사기》〈사마상여司馬相如열전〉에 실린 〈자허부子虛賦〉에는 "제齊나
라는 비스듬히 숙신과 경계를 이룬다."고 말하고 있다. 〈자허부〉는 사마
상여(서기전 179~서기전 117)가 지은 산문으로서 춘추시대 자허子虛가 초
楚나라를 위해 제齊나라 사신으로 간 것을 가정해서 초나라의 성대한
모습을 설명하자 오유선생烏有先生이 이에 응해 제나라의 성대한 모습
을 묘사한 산문이다. 한무제는 〈자허부〉를 읽고 "짐은 홀로 이 사람과
같은 시대를 함께 얻을 수 없는가?"라고 한탄했다. 〈자허부〉에서 묘사
하는 것은 춘추시대의 상황이므로 춘추시대 때 산동반도에 있던 제나
라 북쪽에 숙신(조선)이 있었다고도 해석할 수 있다.

중국의 부사년은《이하동서설》에서 "옛 숙신은 당연히 한나라 때의

조선으로, 후세의 읍루와는 관계가 없다."고 말했다. 한국 학자들 중에서는 신채호·정인보가 숙신이 조선임을 말했고, 북한의 리지린도《고조선연구》(1962)에서 이를 논증했다.

③東長鳥夷동장조이

[색은] 이것은 제순帝舜의 덕이 모두 사방의 이인夷人(이민족)에 이르기까지 어루만짐을 말한 것이다. 그러므로 먼저 '무撫'로써 총괄했다. 북발北發은 마땅히 '북호北戶'라고 해야 하는데 남방에 북호北戶라는 지명地名이 있기 때문이다. 또《한서》를 참고해보니 북발은 북방의 나라 이름인데, 지금 북발北發을 남방의 나라라고 한 것은 잘못이다. 여기서는 문장이 생략되어 사이四夷(사방의 이민족)의 이름이 어지러워졌다. '서융西戎' 위에 '서西' 자 한 자가 줄었고 '산융山戎' 아래 '북北' 자 한 자가 줄었으며, '장長' 자 아래 '이夷' 자 한 자가 줄었다. 장이長夷는 조이鳥夷가 되어야 그 뜻이 마땅할 것이다.

지금 살펴보니《대대례》에 또한 '장이'라고 일렀는데 장長은 이 이夷의 호칭이다. 또 '선지鮮支와 거수渠搜'라고 일렀는데 선지鮮支는 여기에서는 '석지析枝'라고 해야 마땅하다. '선鮮'이나 '석析'은 발음이 서로 가깝다. 추씨鄒氏와 유씨劉氏가 '식息'은 아울러 '숙肅'으로 발음한다고 이른 것은 잘못이다. 또 이적夷狄의 이름이 고서古書에는 반드시 다 같지는 않은데 지금은 글자 그대로 읽는다.

【索隱】 此言帝舜之德皆撫及四方夷人 故先以 撫>字總之 北發當云 北戶 南方有地名北戶 又案漢書 北發是北方國名 今以北發爲南方之國 誤也 此

文省略 四夷之名錯亂 西戎 上少一 西 字 山戎 下少一 北 字 長 字下少一 夷
字 長夷也 鳥夷也 其意宜然 今案 大戴禮亦云 長夷 則長是夷號 又云 鮮支
渠搜 則鮮支當此析枝也 鮮析音相近 鄒氏 劉氏云 息並音肅 非也 且夷狄之
名 古書不必皆同 今讀如字也

정의 주석에 '조鳥'는 어떤 이는 '도島'라고 했다. 《괄지지》에는 "백
제국百濟國의 서남해 가운데 대도大島 열다섯 곳이 있는데 모두 읍邑을
두어서 사람이 살고 있는데 백제에 속해 있다. 또 왜국倭國은 서남쪽 대
해大海 중의 섬에 거주하는데 무릇 100여 개의 작은 나라가 있고 서울
남쪽[京南]에서 1만 3,500리에 있다."고 했다. 상고해보니 무후武后(측천
무후)가 왜국의 이름을 일본국日本國이라고 고쳤다.

【正義】 注 鳥 或作 島 括地志云 百濟國西南海中有大島十五所 皆置邑 有
人居 屬百濟 又倭國西南大海中島居凡百餘小國 在京南萬三千五百里 案
武后改倭國為日本國

신주 중국의 역사지리 서술은 후대에 쓰여진 사료일수록 앞 시대
의 강역을 크게 확대해서 서술하는 경향이 있다. 백제에 대해서 서술
한 《괄지지》는 당태종 이세민李世民의 넷째 아들 위왕魏王 이태李泰
(618~653년)가 주관해서 편찬한 550권의 지리서로서 역사지리서의 전
형으로 높게 평가받았다. 여기에 등장하는 백제의 위치는 현재 서울·
충청·전라도에 걸쳐 있었던 반도 백제를 뜻하는 것으로 보기에는 무리
가 많다. 《괄지지》를 편찬한 당나라 때는 백제 말기인데 당시 백제가 당
나라 서남해의 섬들에 있다고 말했으므로 반도 백제에 대한 묘사는 아

니다. 《신당서》는 백제의 위치를 이렇게 기록했다.

"백제는 부여의 별종이다. 경사京師에서 곧바로 동쪽 6,000리 영贏·빈濱의 바다 북쪽에 있다. 서쪽은 월주越州와 경계하고 남쪽은 왜倭, 북쪽은 고구려와 경계하고 있는데 모두 바다를 건너야 이를 수 있고, 그 동쪽은 신라이다. 그 왕은 동서 두 성에 거주한다[百濟, 扶餘別種也°直京師東六千里而贏, 濱海之陽, 西界越州, 南倭, 北高麗, 皆蹂海乃至, 其東, 新羅也°王居東´西二城]"

영贏은 옛 읍의 이름으로 지금의 산동성 내무萊蕪현 서북쪽을 뜻한다. 경사京師(당나라 도읍 장안) 동쪽 6,000리의 영주贏州에 대해 청나라에서 편찬한 《독사방여기요讀史方與紀要》〈당상唐上〉 조는 "한나라의 탁군으로 지금의 하간河間이다."라고 말하고 있다. 청나라 때 하간은 지금의 천진시 서남쪽 창주滄州시 관할 현급시로 발해만 서쪽에 있었다. 하간은 한때 영주瀛州라고도 했으므로 영·빈의 바다 북쪽이 발해 연안임을 알 수 있다.

"그 왕은 동서 두 성에 거주한다."는 서술은 백제의 왕성이 둘이라는 사실을 말해준다. 동성은 반도 백제의 왕성, 서성은 대륙백제의 왕성을 뜻한다고 해석할 수 있다. 이는 《구당서》에도 나오는 내용인데 중국 기록들이 반도백제에 대한 내용과 대륙백제에 관한 이야기를 구분하지 않고 쓰면서 해석에 혼란을 가져왔다. 《양서梁書》에 "진晉나라 때 고구려가 요동을 경략하여 차지하자 백제 또한 요서·진평晉平 두 군을 점거하고 스스로 백제군을 설치했다[晉世句驪既略有遼東 百濟亦據有遼西 晉平二郡地矣 自置百濟郡]"라는 기록이 있다. 백제가 요서를 차지했다는 말은 물론 대륙 백제를 말해주는 것인데, 고대의 요동이 지금의 천진 일대였음을 감안하면 대륙 백제는 그 서쪽에 있었을 것이다.

한편 측천무후(624~705)가 왜국의 이름을 일본으로 고쳐주었다는 이야기는 주목된다. 일본은《일본서기》에 따라 스스로 일본이란 국호를 지었다고 주장해왔기 때문이다. 일본의《타키가와 가메타로瀧川龜太郞(1865~1946년)》가 편찬한《사기회주고증史記會注考證》은 측천무후가 일본국이란 이름을 지어주었다는 기록에 대해서 별다른 이견을 달지 않았다.

④四海之內사해지내

정의 《이아》에는 "구이九夷 · 팔적八狄 · 칠융七戎 · 육만六蠻을 사해四海라고 이른다."라고 했다.
【正義】 爾雅云 九夷八狄七戎六蠻謂之四海

⑤九招之樂구소지악

색은 招는 '소韶'로 발음한다. 곧 순舜임금의 음악인 소소簫韶이다. 아홉 장으로 이루어지므로[九成] '구소九招'라고 했다.
【索隱】 招音韶 即舜樂簫韶 九成 故曰九招

신주 소韶는 동이족 임금인 순舜임금의 음악을 뜻한다. 공자는《논어》에서 소악韶樂은 진선진미盡善盡美(극도로 착하고 극도로 아름답다)하다고 칭송했다.

61세에 천자의 자리에 오르다

순舜은 20세에 효자로서 명성이 세상에 드러났다. 30세에 요임금에게 등용되었다. 50세에 천자天子의 일을 대행했다. 58세에 요임금이 붕어하자 61세에 요임금의 뒤를 이어 제왕의 자리에 올랐다.①

舜年二十以孝聞 年三十堯擧之 年五十攝行天子事 年五十八堯崩 年六十一代堯踐帝位①

①踐帝位천제위

[집해] 황보밀은 "순임금의 도읍지를 어떤 이는 포판蒲阪이라고 하고 어떤 이는 평양平陽이라고 하고 어떤 이는 반潘이라고 말한다. 반潘은 지금의 상곡上谷이다."라고 말했다.

【集解】 皇甫謐曰 舜所都 或言蒲阪 或言平陽 或言潘 潘 今上谷也

정의 《괄지지》에는 "평양平陽은 지금의 진주성晉州城이 이곳이다. 반潘은 지금의 규주성嬀州城이다. 포판은 지금의 포주蒲州 남쪽 2리里의 하동현 경내의 포판 고성이 이곳이다."라고 말했다.

【正義】 括地志云 平陽 今晉州城是也 潘 今嬀州城是也 蒲阪 今蒲州南二里河東縣界蒲阪故城是也

신주 순 임금 사적은 크게 산동성 내 사적들과 산서성 운성運城시 영제永濟 등지로 갈린다. 산동성에 있던 순임금에 대한 사적이 후대에 보태지면서 산서성에도 유적들이 만들어졌을 것이다.

제왕의 위에 오른 지 39년에 남쪽으로 순수하다 창오산蒼梧山의 들판에서 붕어했다. 강남의 구의산九疑山에 장례를 치르고 이곳을 '영릉零陵'이라고 했다.[1]

踐帝位三十九年 南巡狩 崩於蒼梧之野 葬於江南九疑 是爲零陵[1]

---

[1] 零陵영릉

집해 《황람》에는 "순임금의 묘지는 영릉零陵 영포현營浦縣에 있다. 그 산에는 9개의 계곡이 있는데 서로가 비슷했다. 그러므로 구의九疑라고 했다."라고 했다. 전하는 말에 "순임금은 창오산에 장례를 지냈는데 상象(이복동생)은 밭을 갈았다."라고 했다. 《예기》에는 "순임금은 창오산에 장례를 치렀는데 두 비妃는 따르지 않았다."라고 했다. 《산해경》에는 "창오산은 제순을 양陽(산의 남쪽)에 장사를 지내고 단주丹朱를 음陰(산의 북쪽)에 장사를 지낸 곳이다."라고 말했다. 황보밀은 "어떤 이는 이비 二妃(두 왕비)는 형산衡山에 장례를 치렀다."라고 말했다.

【集解】 皇覽曰 舜冢在零陵營浦縣 其山九谿皆相似 故曰九疑 傳曰 舜葬蒼梧 象爲之耕 禮記曰 舜葬蒼梧 二妃不從 山海經曰 蒼梧山 帝舜葬于陽 丹朱葬于陰 皇甫謐曰 或曰二妃葬衡山

순임금이 천자의 자리에 올라 수레에 천자天子의 깃발을 꽂고 가서 아버지인 고수瞽叟에게 문안 인사를 드리는데 조심하고 공경하며① 오직 삼가 자식의 도리를 따르듯이 했다.

舜之踐帝位 載天子旗 往朝父瞽叟 夔夔①唯謹 如子道

①夔夔기기

집해 서광은 "기기는 화락하고 공경하는 모습이다."라고 말했다.

【集解】 徐廣曰 和敬貌

아우인 상象을 봉해 제후로 삼았다.① 순임금의 아들은 상균商均

인데 또한 불초不肖(현명하지 못함)했다.②

封弟象爲諸侯① 舜子商均亦不肖②

①封弟象爲諸侯봉제상위제후

집해 《맹자》에는 '그를 봉한 곳이 유비有庳이다.'라고 했다. 庳의 발

음은 '비鼻'다.

【集解】 孟子曰 封之有庳 音鼻

정의 《제왕기帝王紀》에는 "순舜임금의 동생 상象을 유비有鼻 땅에

봉했다."라고 했다. 《괄지지》에는 "비정신鼻亭神은 영도현營道縣의 북쪽

60 리에 있다."라고 했다. 고로故老가 전하는 말에는 "순임금을 구의산

에 장례를 치르고 상象이 와서 이곳에 이르자 후인이 사당祠을 세웠는

데 이름을 비정신이라고 했다."라고 했다. 《여지지》에는 "영릉군零陵郡

응양현應陽縣 동쪽에 산이 있고 산에는 상묘象廟가 있다"고 했다. 왕은

王隱의 《진서晉書》에는 "본래 천릉현泉陵縣인데 북부北部 동쪽 50 리에

비허鼻墟가 있는데 이곳이 상象을 봉한 곳이다."라고 했다.

【正義】 帝王紀云 舜弟象封於有鼻 括地志云 鼻亭神在營道縣北六十里 故

老傳云 舜葬九疑 象來至此 後人立祠 名爲鼻亭神 輿地志云零陵郡應陽縣

東有山 山有象廟 王隱晉書云本泉陵縣 北部東五里有鼻墟 象所封也

②商均亦不肖상균역불초

집해 황보밀은 "아황娥皇은 자식이 없고 여영女英은 상균商均을 낳았다."라고 했다.
【集解】 皇甫謐曰 娥皇無子 女英生商均

정의 초주譙周는 "우虞땅에 순의 아들을 봉했는데 지금 송주宋州 우성현虞城縣이다."라고 했다. 《괄지지》에는 "우국虞國은 순임금의 후손을 봉한 읍이다."라고 했다. 어떤 이는 "순임금의 아들 균均을 상商에 봉했다. 그러므로 상균商均이라고 부른다."라고 했다.
【正義】 譙周云 以虞封舜子 今宋州虞城縣 括地志云 虞國 舜後所封邑也 或云封舜子均於商 故號商均也

신주 《정의》의 내용 중에 순의 아들 균을 상에 봉했다는 것은 상균이 순임금의 뒤를 이어받았다는 뜻으로 순이 우에게 선양했다는 《사기》의 기사와는 다른 것이다. 그래서 고사변학파의 양관은 《중국상고사 도론》(《고사변》제 7책 상편)에서 "초주의 《고사고古史考》에 이르기를 '어떤 이는 말하기를 순의 아들 균을 상에 봉했으므로 상균이라고 불렀다고 한다.' 위소韋昭는 《국어》를 주석해 말하기를 '균은 순의 아들로 상에 봉하였다.'고 했다."고 말한 것이다. 《국어》〈노어魯語〉에 "은殷(상商)나라 사람들은 순에게 큰 제사(체禘)를 지낸다."고 말하고 있는데, 은나라 사람들이 순임금에게 큰 제사를 지내는 것은 상균의 아버지이기 때문일 가능성이 크다. 은나라 시조가 설인지 균인지에 대해서도 여러 의견이 있지만 둘 다 동이족이라는 사실은 분명하다.

또 초주(201~270)가 우성현을 송주 소속이라고 한것은 시기상 문제가 있다. 당唐 무덕武德 4년(621)에 양주를 소주로 바꾸었으므로 초주 생전에는 송주가 존재하지 않았다. 서주西周에서 전국戰國 초에 우성이 송국宋國에 속해 있던 데서 발생한 오류로 생각된다.

순임금이 미리 우禹를 천자로 추천하고① 17년 만에 붕어했다. 3년 상을 마치고 우禹가 또한 순임금의 아들에게 제위를 양보했는데,② 순임금이 요임금의 아들에게 한 것같이 했다. 제후들이 우禹에게 귀의한 연후에 우禹가 또한 천자의 자리에 올랐다. 요임금의 아들은 단주이고 순임금의 아들은 상균商均인데 모두 강토疆土를 갖게 해서③ 선조들의 제사를 받들게 했다. 그들은 천자의 아들이 입는 의복을 입었고 예악도 그와 같이했다. 빈객으로 천자를 배알했지만① 천자天子는 신하로 삼지 않아서 감히 전횡하지 않는다는 뜻을 보였다.

舜乃豫薦禹於天① 十七年而崩 三年喪畢 禹亦乃讓舜子② 如舜讓堯子 諸侯歸之 然後禹踐天子位 堯子丹朱 舜子商均 皆有疆土③ 以奉先祀 服其服 禮樂如之 以客見天子④ 天子弗臣 示不敢專也

①豫薦禹於天예천우어천

색은　하늘에 고해서 우禹에게 섭위攝位하도록 한 것을 이른 것이다.

【索隱】 謂告天使之攝位也

신주　요·순 선양설처럼 순·우 선양설도 만들어졌을 가능성이 크다. 《한비자》〈설의說疑〉 편에 '우가 순을 핍박하고…'라는 기록이 있고, 당나라의 유지기劉知幾도 《사통史通》〈의고疑古〉 편에서 "(순이 요를 폐하고 요의 아들 단주를 세웠고) 우는 순을 폐하고 순의 아들 상균을 세웠다면…"이라고 말한 것처럼 평화로운 선양이 아니라 폭력에 의한 강제 퇴위임을 시사하는 기록도 적지 않다.

②讓舜子양순자

정의　《괄지지》에는 "우가 낙주洛州 양성陽城에 산 것은 상균商均을 피한 것인데, 그때 오랫동안 거주한 것은 아니다."라고 했다.

【正義】 括地志云 禹居洛州陽城者 避商均 非時久居也

③皆有彊土개유강토

집해　초주는 "당唐 땅에는 요의 아들을 봉했고 우虞 땅에는 순의 아들을 봉했다."라고 말했다.

【集解】 譙周曰 以唐封堯之子 以虞封舜之子

색은　《한서》〈율력지〉에 따르면 요임금의 아들 주侏를 단연丹淵에

봉해서 제후로 삼았다. 상균은 우에 봉했는데 양국梁國에 있고 지금의
우성현虞城縣이다.

【索隱】 漢書律曆志云封堯子朱於丹淵爲諸侯 商均封虞 在梁國 今虞城縣也

정의 《괄지지》에는 "정주定州 당현唐縣이 요의 후손을 봉한 곳이다.
송주宋州 우성현은 순의 후손을 봉한 곳이다."라고 했다.

【正義】 括地志云 定州唐縣 堯後所封 宋州虞城縣 舜後所封也

④以客見天子이객견천자

정의 천자의 빈객으로 삼은 것이다.

【正義】 爲天子之賓客也

신주 요·순 임금의 아들들은 빈객으로서 천자天子를 알현토록 한
것을 뜻한다.

황제로부터 순과 우에 이르기까지는 모두가 동성同姓이었는데
그 국호만을 다르게 해 밝은 덕明德을 빛냈다.①

自黃帝至舜 禹 皆同姓而異其國號 以章明德①

---

①皆同姓而異其國號以章明德개동성이이기국호이장명덕

[집해] 서광은 《외전外傳》에는 황제는 스물다섯 명의 아들이 있었는데 그 성씨를 얻은 자는 열네 명이다."라고 말했다. 우번虞翻은 "덕으로써 씨성氏姓이 되었다."라고 했다. 또 우번의 설명에는 모두 스물다섯 명의 아들 중에서 두 명이 동성同姓인 희씨姬氏이고, 또 열한 명은 열한 개의 성씨가 되었는데, 유酉·기祁·기己·등滕·침葳·임任·순荀·이釐·길姞·현儇(전)·의依씨가 그것이다. 나머지 열두 개 성씨는 덕이 박해서 기록되지 못했다고 했다.

【集解】 徐廣曰 外傳曰 黃帝二十五子 其得姓者十四人 虞翻云 以德爲氏姓 又虞說以凡有二十五人 其二人同姓姬 又十一人爲十一姓 酉祁已滕葳任 荀 釐 姞 儇 衣是也 餘十二姓德薄不紀錄

[정의] 釐의 발음은 '리[力其反]'이다. 姞의 발음은 '길[其吉反]'이다. 儇의 발음은 '전[在宣反]'이다.

【正義】 釐音力其反。姞音其吉反。儇音在宣反

신주 황제부터 순·우에 이르기까지 모두 동성이라는 말은 이들이 모두 태호 복희씨의 자손이라는 뜻이다. 황제의 선조인 태호와 황제의 장자인 소호가 모두 동이족인 것처럼 황제부터 제위를 이은 황제, 제전욱, 제곡, 제요, 제순, 하우는 모두 동이족이다. 임금은 동성이었지만 국호만은 달랐다고 말한 사마천과 달리 고사변학파의 동서업은 《제요도당씨명호삭원》에서 황제부터 제순까지 나라 이름은 모두 우虞로 같았다고 했다.

그러므로 황제는 유웅有熊씨가 되었고 제전욱帝顓頊은 고양高陽

씨가 되었다. 제곡帝嚳은 고신高辛씨가 되었고 제요帝堯는 도당

陶唐①씨가 되었고 제순帝舜은 유우有虞씨가 되었다.②

故黃帝爲有熊 帝顓頊爲高陽 帝嚳爲高辛 帝堯爲陶唐① 帝舜爲有虞②

①陶唐도당

　집해　 위소는 "도당은 모두 국가 이름이며 탕湯을 은殷과 상商이라고

일컫는 것과 같다."라고 했다. 장안은 "요는 당후唐后가 되어 중산中山에

나라를 세웠으니 당현唐縣이 이곳이다."라고 했다.

【集解】 韋昭曰 陶唐皆國名 猶湯稱殷商矣 張晏曰 堯爲唐侯 國於中山 唐

縣是也

　신주　 같은 성에서 씨가 갈라졌다는 뜻이다.

②有虞유우

　집해　 황보밀은 "순이 우虞에서 아내를 맞았으므로 이에 따라 씨氏로

삼았는데 지금의 하동군 대양大陽의 서쪽 산 위에 있는 우성虞城이 이

곳이다."라고 말했다.

【集解】 皇甫謐曰 舜嬪于虞 因以爲氏 今河東大陽西山上虞城是也

제우帝禹는 하후夏后(하나라 임금)가 되었으므로 별도의 씨가 되었으며 성은 사씨姒氏가 되었다.① 설契은 상商(상나라)이 되었으며 성은 자씨子氏②였다. 기棄는 주周(주나라)가 되었고 성은 희씨姫氏였다.③

帝禹爲夏后而別氏 姓姒氏① 契爲商 姓子氏② 弃爲周 姓姫氏③

① 姓姒氏성사씨

색은 《예위禮緯》에는 "우임금의 어머니 수기脩己는 의이薏苡(율무)를 삼키고 우를 낳아서 이에 따라서 성씨를 사씨姒氏로 했다."고 했다.

【索隱】 禮緯曰 禹母脩己吞薏苡而生禹 因姓姒氏

② 姓子氏성자씨

색은 《예위禮緯》에는 설契의 성이 자씨子氏인 것 또한 그의 어머니인 간적이 제비알[乙子]을 삼키고 설을 낳았기 때문이다.

【索隱】 禮緯曰 契姓子氏者 亦以其母吞乙子而生

신주 사마천이 은나라의 시조로 내세운 설의 탄생 사화史話도 동이족 건국사화의 일종인 난생卵生 사화인 것이 주목된다.

②棄爲周姓姬氏기위주성희씨

<u>집해</u> 정현이 허신의 《오경이의五經異義》를 논박해서 이렇게 말했다. "《춘추좌전》에는 무해無駭가 세상을 떠나자 우보羽父가 시호와 족명族名을 내려 달라고 청했다. 공공(노나라 은공)이 족명을 중중衆仲에게 물으니 중중이 대답하기를, '천자는 덕이 있는 사람을 제후로 삼을 때 출생한 지명으로 성姓을 하사하고, 내려준 토지[胙之土]로써 씨氏의 이름을 명합니다. 제후는 자字를 씨氏로 삼는데 이를 따라 족명族名으로 삼습니다. 관직으로 대대로 공로가 있으면 벼슬 이름으로 족명을 삼기도 하는데 고을 이름도 또한 이와 같습니다.'라고 말했다."

이에 은공隱公이 그의 자字로 족명을 삼아 전씨展氏로 하라고 명했다. 이런 것으로 말한다면 천자는 성을 하사하고 씨를 명하고 제후는 족명을 명하는 것이다. 족명이란 씨의 별명이다. 성이란 백세百世를 거느리고 묶어서 나누어지지 않는 것이다. 씨란 자손이 나온 바를 분별하는 것이다. 그러므로 《세본世本》의 편編에는 "성씨를 말하면 위에 두고 씨를 말하면 아래에 두는 것이다."라고 했다.

【集解】 鄭玄駁許慎五經異義曰 春秋左傳 無駭卒 羽父請謚與族 公問族於衆仲 衆仲對曰 天子建德 因生以賜姓 胙之土而命之氏 諸侯以字爲氏 因以爲族 官有世功 則有官族 邑亦如之 公命以字爲展氏 以此言之 天子賜姓命氏 諸侯命族 族者 氏之別名也 姓者 所以統繫百世 使不別也 氏者 所以別子孫之所出 故世本之篇 言姓則在上 言氏則在下也

<u>신주</u> 지금은 성姓과 씨氏가 대부분 일치하지만 상고시대에는 성과

씨가 달랐다. 간단하게 말하면 성姓이 씨氏보다 큰 개념으로서 성에서 여러 씨가 갈라져나왔다. 학자들은 성씨는 토템에서 생긴 것으로 생각한다. 《설문해자》에 성姓의 뜻을 "옛날에 신성한 어머니가 하늘과 감응해서 아들을 낳아서 천자라고 한다."고 말하고 있다. 주체가 어머니이고. 성姓 자의 부수가 '여자 여女자'인 것은 동이족 모계사회의 전통을 이은 것이기 때문이다. 중국 고대 8대성大姓이 희姬·요姚·규嬀·사姒·강姜·영嬴·길姞·운妘인데, 이중 '희姬·요姚·규嬀·사姒·강姜·영嬴' 등 성姓의 부수가 여女 자인 것도 마찬가지다.

황제는 희수姬水가 살아서 희姬를 성으로 삼았는데, 《사기》〈오제본기〉 황제 조에서 "《국어》에서 서신胥臣이 '황제의 성을 얻은 자는 12성이다'라면서 '희姬·유酉·기祁·기己·등滕·침葴·임任·순荀·희僖·길姞·환儇·의衣가 그것이다'라고 말했다. 이중 주나라의 시조 후직后稷이 희성姬姓을 계승했는데, 상나라를 꺾고 주나라 천하를 만든 무왕 희발姬發이 주문왕 희창姬昌과 태사太姒의 적차자다. 무왕이 제후들을 제후로 분봉할 때 희성을 쓰는 나라가 53개였다.

염제炎帝는 강수姜水 근처에서 살아서 강姜으로 성을 삼았는데, 여呂·사謝·제齊·고高·노盧·최崔가 여기에서 나왔다. 운성妘姓은 제곡 고신씨에서 나왔고, 진나라를 세운 영성嬴姓은 소호 김천씨에게서 나왔고, 요姚·규嬀성은 제순에게서 나왔고, 사성姒姓은 대우大禹에게서 나왔다.

모계사회가 부계사회로 전환되면서 성姓이 나누어져 씨氏가 다수 나타나는데, 하·상·주夏商周 3대 때 씨는 귀족 종족제도의 대표적 칭호가 되었다. 하상주 3대 때에 여자는 성姓을 칭했고, 남자는 씨氏를 칭했다. 모계사회가 부계사회로 나아가면서 성도 부친의 것을 따르게 되었고, 같은 성을 가진 가족 성원들이 각지에 나누어 살게 되면서 성 외에 씨를 갖게 되었다. 성이 한 가족이 후대에 공동으로 사용하는 칭호라면 씨는 그 성 중에서 갈라져 나간 일부가 사용하는 것으로 나누어졌다. 그래서 나라 이름이나 읍의 이름, 또는 관직이나 직업의 이름을 씨로 삼게 된 것이다.

성으로 씨를 삼는 경우가 있는데 이는 대부분 모계사회의 모친의 성을 씨로 삼은 것으로 '희姬·강姜·사姒·요姚씨 등으로 부수를 여女자로 쓴다. 나라 이름으로 씨를 삼은 경우는 제齊·노魯·진晋·송宋·정鄭·오吳·월越·진秦·초楚·위衛·한韓·조趙·위魏·연燕·진陳·채蔡·조曹·허許 등의 경우다. 읍의 이름을 씨로 삼기도 하는데, 나라 임금과 같은 성이나 경대부의 경우로서 지智·윤尹·한韓·위魏 등이 이런 경우이다. 단성單姓 외에 복성復姓도 있는데 이 경우 태사太史처럼 벼슬 이름으로 씨를 삼기도 하고, 영호令狐·양설羊舌처럼 봉호받은 읍의 이름을 씨로 삼기도 하고, 동곽東郭·남곽南郭·여구閭丘처럼 사는 곳을 씨로 삼기도 하고, 칠조漆雕처럼 직업을 씨로 삼기도 하는 등 다양한 경로가 있다.

태사공①은 말한다.
太史公①曰

① 太史公태사공

정의   태사공은 사마천이 스스로를 일컬은 것이다. 〈자서전自敍傳〉에
는 "태사공이 말하기를 선인先人의 말씀이 있었다."라고 했고, 또 이르
기를 "태사공이 말하기를 나는 그것을 동생董生에게 들었다."라고 했으
며, 또 이르기를 "태사공이 이릉李陵의 재앙을 만났다."라고 했다. 태사
공은 사마천의 자호自號가 명백하다. 사마천은 태사공의 관직이었기에
품평을 밝히는 첫머리로 삼은 것이다. 우희虞憙는 "옛날 천관天官을 주
관하는 자는 모두 상공上公이지 사마천 혼자가 아니었다."라고 했다.
【正義】 太史公 司馬遷自謂也 自敍傳云 太史公曰先人有言 又云 太史公
曰余聞之董生 又云 太史公遭李陵之禍 明太史公 司馬遷自號也 遷爲太史
公官 題贊首也 虞憙云 古者主天官者皆上公 非獨遷

"학자들이 오제五帝에 대해 많이 일컬은 지가 오래되었다.① 그러
나 《상서》(서경)는 유독 요임금 이후만을 기재했다. 백가百家에서
황제에 대해 말했으나 그 문장이 바르고 숙련되지 못해서② 높은
지위의 선생들은③ 거론하기를 꺼려했다.

學者多稱五帝 尚矣① 然尚書獨載堯以來 而百家言黃帝 其文不雅馴②
薦紳③先生難言之

① 尚矣상의

　색은　상尚은 '상上'으로써 오래된 것을 말한 것이다. 그러나 '상의尚矣'라는 문장은 《대대례》에서 나왔다.

【索隱】 尚 上也 言久遠也 然 尚矣 文出大戴禮

②雅馴아순

　정의　순馴은 '훈訓'이다. 백가百家의 말이 모두 바르고 고상한 가르침이 아니라는 것을 이른 것이다.

【正義】 馴 訓也 謂百家之言皆非典雅之訓

③薦紳천신

　집해　서광은 "천신薦紳은 곧 진신縉紳(고관)이다. 옛 글자에서 가차假借한 것이다."라고 했다.

【集解】 徐廣曰 薦紳即縉紳也 古字假借

　신주　공자의 《상서》 첫머리인 〈요전堯典〉은 "옛날 제요帝堯가 있었다."라고 시작하고 있다. 제요가 중국사의 시작이라는 인식이다. 그러나 사마천은 유가이면서도 요堯에서 중국사가 시작했다는 공자의 학설을 따르지 않고 황제에 대한 백가의 학설도 따르지 않겠다는 것이다. 황제가 오제의 첫 번째라는 사마천의 주장과는 다른 학자들이 많았는데 이는 황제를 중국사의 시작으로 만들려는 사마천의 생각이 사료와는 다른 것이어서 따르지 않겠다는 뜻이다.

사마천의 천하유력

오원五原 윤중雲中 탁록涿鹿 갈석산碣石山
삭방朔方 하수河水 대代 계蓟
항산恒山 지부산芝罘山
상군上郡 진양晋陽 임치臨淄
하수河水 제수濟水 낭야대琅邪臺
공동산空桐山 감천甘泉 태산泰山
용문龍門 무릉茂陵 설薛
옹雍 화산華山 낙양洛陽 곡부曲阜
장안長安 대량大梁 패沛 팽성彭城
남정南鄭 남양南陽 수춘壽春 회음淮陰
촉蜀 회수淮水 말릉秣陵 단도丹徒
성도成都 강수江水 천주산天柱山 종양종陽 오吳
파巴 전당錢塘
작도笮都 강릉江陵 회계산會稽山
상산湘山 여산廬山
공도邛都 멱라汨羅
원수沅水 장사국長沙園
전滇(곤명昆明) 상수湘水

【참고문헌】
司馬遷,《史記》<列傳 太史公書><河渠書>
譚其驤,《中國歷史地圖集》(第2冊), 1982, 中國社會科學院

공자는 재여宰予가 '오제덕五帝德'과 '제계성帝繫姓'에 대해 물은 것을 전한 바가 있는데 유자儒者들은 혹 전하지 않기도 했다.[1]

孔子所傳宰予問五帝德及帝繫姓 儒者或不傳[1]

[1] 儒者或不傳유자혹부전

색은 〈오제덕〉과 〈제계성〉은 모두 《대대례》와 《공자가어》의 편명篇名이다. 이 두 가지는 모두 정경正經(정통 경서)이 아니다. 그래서 한나라 때 유자儒者가 성인의 말씀이 아닌 것으로 여겼다. 그래서 학자들에게 전해지지 않은 것이 많았다.

【索隱】 五帝德帝繫姓皆大戴禮及孔子家語篇名 以二者皆非正經故漢時儒者以爲非聖人之言 故多不傳學也

나는 일찍이 서쪽으로 공동空桐에 이르고,[1] 북쪽으로 탁록涿鹿
을 지나고,[2] 동쪽으로 바다까지 나아가고 남쪽으로 강수江水와
회수淮水까지 배를 타고 건넜었다. 이때 장로長老들이 모두 각각
이따금씩 황제黃帝와 요堯와 순舜이 거처한 곳에 대해 말했는
데, 풍속과 교화가 진실로 달랐지만, 총체적으로는 고문古文에
서 말하는 내용에서 떠나지 않았고 옳은 것에 가까웠다.[3]
余嘗西至空桐[1] 北過涿鹿[2] 東漸於海 南浮江淮矣 至長老皆各往往
稱黃帝 堯 舜之處 風教固殊焉 總之不離古文者近是[3]

①余嘗西至空桐여상서지공동

[정의]　여余는 태사공이 스스로를 일컬은 것이다. 상嘗은 일찍이[曾]란
뜻이다. 공동산空桐山은 원주原州 평고현平高縣 서쪽 100리에 있고 황제
黃帝가 광성자廣成子에게 도道를 물은 곳이다.
【正義】　余 太史公自稱也 嘗 曾也 空桐山在原州平高縣西百里 黃帝問道
於廣成子處

②涿鹿탁록

[정의]　탁록산涿鹿山은 규주嬀州 동남쪽 50리에 있고 산의 곁에는 탁
록성涿鹿城이 있으며 곧 황제黃帝와 요堯와 순舜이 도읍한 곳이다.
【正義】　涿鹿山在嬀州東南五十里 山側有涿鹿城 即黃帝 堯 舜之都也

③古文者近是고문자근시

색은 고문古文은 곧《제덕帝德》과《제계帝系》의 두 가지 글이다. 근시近是는 성인聖人의 설說이다.

【索隱】 古文即帝德 帝系二書也 近是聖人之說

내가《춘추》와《국어國語》를 관찰해보니 진실로〈오제덕五帝德〉과〈제계성帝繫姓〉의 문장을 펼쳐 밝혀 놓았다.① 생각컨대 다만 깊이 고찰하지 않은 것이지② 표현해서 나타낸 것들이 모두 헛된 것은 아니었다.③

予觀春秋 國語 其發明五帝德 帝繫姓章矣① 顧弟弗深考② 其所表見 皆不虛③

①予觀春秋國語其發明五帝德帝繫姓章矣여관춘추국어기발명오제덕제계성장의

색은 태사공이 말하기를 "자신은《춘추》와《국어》및 고서古書를 넓게 고증을 더하고 더욱 오제덕五帝德 등을 밝게 펴서 그 설명이 매우 밝게 나타나게 했다."고 말했다.

【索隱】 太史公言己以春秋 國語古書博加考驗 盎以發明五帝德等說甚章著也

②顧弟弗深考고제불심고

　서광은 "제弟는 '단但(다만)'이다. 《사기》와 《한서》에서 이것을
나타낸 것이 하나가 아니다. 또 좌사左思의 《촉도부蜀都賦》에는 '제여전
지弟如滇池(다만 큰 연못과 같다)'라고 했는데 자세히 살피지 않은 자들이
대부분 글자가 잘못된 것으로 여겼다. 학자들이 어찌 널리 살피지 않아
서 되겠는가?"라고 했다.

【集解】　徐廣曰 弟 但也 史記 漢書見此者非一 又左思蜀都賦曰 弟如滇池
而不詳者多以爲字誤 學者安可不博觀乎

　고顧는 '염념(생각)'이다. 제弟는 '차且(또)'이다. 태사공이 널리
고문古文을 고증해서 그 말 중 표현이 헛되지 않은 것을 가려서 매우 밝
게 드러냈으므로, 또다시 깊게 고증해서 논하지 않아도 된다고 생각한
다는 말이다.

【正義】　顧 念也 弟 且也 太史公言博考古文 擇其言表見之不虛 甚章著矣
思念亦且不須更深考論

③表見皆不虛표견개불허

　《제덕》과 《제계》에 있는 것을 표현한 것이 모두 허망하지 않다
는 말이다.

【索隱】　言帝德 帝系所有表見者皆不爲虛妄也

《서경》은 빠진 부분이 있지만[1] 그 잃어버린 것이 때때로 다른 설명에서 나타난다.[2] 학문을 좋아하고 깊이 생각해서 마음으로 그 뜻을 깨달은 사람이 아니라면 진실로 본 것이 엷고 들은 것은 적은 자가 방법으로 삼기는 어려운 것이다. 나는 (기록을) 아우르고 논하고 차례를 정해서 그 말 중에서 더욱 우아한 것을 가렸다. 그래서 '본기本紀'의 첫머리 글로 저술했다.

書缺有閒矣[1] 其軼乃時時見於他說[2] 非好學深思 心知其意 固難爲淺見寡聞道也 余并論次 擇其言尤雅者 故著爲本紀書首

①書缺有閒矣서결유간의

[정의] 《고문상서古文尚書》에는 그 속에 빠져 없어진 것이 많아서 황제의 이야기를 설명한 것이 없다는 말이다.
【正義】 言古文尚書缺失其閒多矣 而無說黃帝之語

②其軼乃時時見於他說기일내시시견어타설

[색은] 고전古典에서 세월이 흘러 이지러져서 빠진 것이 있으므로 '유한有閒'이라고 한 것이다. 그래서 황제들의 남겨진 일들이 흩어져 잃어버렸는데, 때때로 곁의 다른 기록이나 설명에 나타나 있는데 곧 제덕帝德이나 제계帝系 등의 설명이라는 것이다. 그래서 자신이 지금 캐고 살펴서 황제 이래의 일들을 논해서 갖추었을 뿐이라는 것이다.

【索隱】 言古典殘缺有年載 故曰 有閒 然皇帝遺事散軼 乃時時旁見於他記 說 即帝德 帝系等說也 故己今探案而備論黃帝已來事耳

정의 사마천은 고문에 의거하고 제자백가가 논하고 열거한 것을 합쳐 그 언어 중에 전아典雅한 것을 가렸다. 그래서 오제본기를 지어서 《사기》 130편의 책 중에 첫머리로 두었다.

【正義】 太史公據古文幷諸子百家論次 擇其言語典雅者 故著爲五帝本紀 在 史記百三十篇書之首

색은술찬 사마정이 펼쳐서 밝히다.

황제黃帝는 소전少典에서 출생하여 헌구軒丘에 거처했다. 염제炎帝의 시대를 대신하고 마침내 치우蚩尤를 붙잡았다. 고양씨高陽氏가 후계자의 지위를 이었는데 맑고 깊으며 지모가 있었다. 크고 작은 사람이나 멀고 가까이서 좋은 마음을 품지 않은 이가 없었다. 이에 제곡帝嚳에 이르러 성조聖祖에 가지런하고 백성과 즐거움을 함께 했다. 제지帝摯의 아우를 방훈放勳이라 불렀다. 그에게 쏠리는 것은 태양을 향하는 것 같고 그에게 바라는 것은 구름이 덮는 것 같았다. 우이郁夷에서 봄 농사를 시작하고 매곡昧谷에서 가을이 영근다. 밝음이 드날리니 어둠을 기울게 하고 현덕玄德으로 상제에게 제사 지냈다. 능히 천하를 사양했으니 현명하구나. 두 군주여!

【索隱述贊】 帝出少典 居于軒丘 旣代炎曆 遂禽蚩尤 高陽嗣位 靜深有謀 小大遠近 莫不懷柔 爰洎帝嚳 列聖同休 帝摯之弟 其號放勳 就之如日 望之如雲 郁夷東作 昧谷西曛 明敭仄陋 玄德升聞 能讓天下 賢哉二君